U0498604

本书为四川省社会科学研究"十三五"规划2019年度课题"四川乡村振兴人才成长环境与培养路径"（项目批号：SC19B042）的结项成果。

四川乡村振兴人才成长环境
和培养路径研究

王素君〇 著

西南财经大学出版社

四川·成都

图书在版编目(CIP)数据

四川乡村振兴人才成长环境和培养路径研究/王素君著.—成都:西南
财经大学出版社,2023.5
ISBN 978-7-5504-5514-6

Ⅰ.①四… Ⅱ.①王… Ⅲ.①农村—社会主义建设—研究—四川
②农村—人才培养—研究—四川 Ⅳ.①F327.71②C964.2

中国版本图书馆 CIP 数据核字(2022)第 149877 号

四川乡村振兴人才成长环境和培养路径研究

SICHUAN XIANGCUN ZHENXING RENCAI CHENGZHANG HUANJING HE PEIYANG LUJING YANJIU

王素君 著

责任编辑:李　才
责任校对:周晓琬
封面设计:何东琳设计工作室
责任印制:朱曼丽

出版发行	西南财经大学出版社(四川省成都市光华村街55号)
网　　址	http://cbs.swufe.edu.cn
电子邮件	bookcj@swufe.edu.cn
邮政编码	610074
电　　话	028-87353785
照　　排	四川胜翔数码印务设计有限公司
印　　刷	四川五洲彩印有限责任公司
成品尺寸	170mm×240mm
印　　张	17.25
字　　数	301 千字
版　　次	2023 年 5 月第 1 版
印　　次	2023 年 5 月第 1 次印刷
书　　号	ISBN 978-7-5504-5514-6
定　　价	98.00 元

1. 版权所有,翻印必究。
2. 如有印刷、装订等差错,可向本社营销部调换。

序言

党的十九大报告指出，农业农村农民问题是关系国计民生的根本性问题，必须始终把解决好"三农"问题作为全党工作的重中之重，要坚持农业农村优先发展，要按照农业农村现代化的总目标，按照产业兴旺、生态宜居、乡风文明、治理有效、生活富裕的总要求，实施乡村振兴战略。乡村振兴战略是国家"五位一体"总体布局、"四个全面"战略布局在"三农"工作中的集中体现，乡村振兴是实现中华民族伟大复兴的一项重大任务。2018年，中共中央、国务院发布《关于实施乡村振兴战略的意见》，就新时代实施乡村振兴战略的重大意义、总体要求、主要振兴内容做了全面阐述。同年，出台了《国家乡村振兴战略规划（2018—2022年）》，擘画了到2035年、2050年乡村振兴的愿景。2021年，国家乡村振兴局正式挂牌，十三届全国人大常委会通过了《中华人民共和国乡村促进法》。乡村振兴正在以前所未有的深度和广度在全国范围内展开。

习近平总书记指出，乡村振兴，人才是关键。2021年2月，中共中央办公厅、国务院办公厅印发的《关于加快推进乡村人才振兴的意见》强调，坚持把乡村人力资本开发放在首要位置，大力培养本土人才，引导城市人才下乡，推动专业人才服务乡村，吸引各类人才在乡村振兴中建功立业，健全乡村人才工作体制机制，培养造就一支懂农业、爱农村、爱农民的"三农"工作队伍，为全面推进乡村振兴、加快农业农村现代化提供有力人才支撑。四川是全国农业大省，也是全国重要的农产品供应基地、长江上游重要生态屏障、农业农村改革领跑者，四川实施乡村振兴不仅是其自身实现农业强省跨越、促进治蜀兴川再上新台阶的需要，更是事关全国农业农村宏观布局和粮食安全的保障。

四川是人口大省，但同时也是劳动力输出大省。长期以来，四川农业农村发展面临着人才总量不足、结构失衡、素质偏低、老龄化严重等问题。随着乡村振兴建设的深入，乡村人才供求矛盾更加凸显。因此，对于四川而言，破解人才瓶颈制约，打造一支强大的乡村振兴人才队伍，以更好质量、足够数量、结构合理的人才队伍作支撑，就显得尤为重要和迫切。

王素君等同志一直重视乡村人才培养的实践经验总结和理论研究。本书以实施乡村振兴战略为背景，以四川特殊现实为出发点，剖析乡村振兴人才成长环境和培养路径，对四川乡村振兴中的人才培养问题进行了全面、系统的分析研究。与其他同类别乡村人才振兴研究成果比较，本书在以下几个方面具有自身的特色和新意：

一是立足实践，人才现状分析具体。在深入调查研究的基础上，较为具体地从乡村常住人口、乡村人才供需匹配程度、人才培训资源、外部人才进入乡村的激励机制、乡村人才培训内容和培训制度等多个方面剖析了四川省乡村振兴人才支撑的薄弱之处。

二是结合理论，人才类别界定精准。从乡村振兴战略丰富内涵对人才支撑提出的新需求出发，分析了乡村振兴所需的各种类型的人才，包括产业发展人才、生态环境建设人才、乡村文化建设人才、乡村社会治理人才等，让乡村人才从一个总体概念细化为一个结构性体系，对乡村人才概念有了一个更加具体的理解。

三是多维拓展，影响因素分析科学。本书从乡村产业发展空间、对人才的教育培训、城乡二元制度和农村土地制度、社会价值取向、生产生活基础设施、乡村人才的社会保障体系和乡村社会治理体系等多个维度出发，对乡村振兴人才成长的影响因素进行了比较详细的分析，以探寻如何促进人才向乡村流动和集聚。

四是着眼系统，总体框架构建全面。本书从乡村振兴人才培育的指导思想、培育目标、培育的组织领导、培育的工作原则、各类人才向乡村流动的机制、乡村人才建设体制机制、乡村人才培训主体、乡村人才培训方式和课程设置、乡村人才培育的相关保障等方面构建了一个乡村振兴人才培育的系统框架。

五是瞄准痛点，解决策略选择合理。本书紧扣课题研究主旨，分别阐述了乡村农业现代化人才培育、乡村实用专业人才建设、乡村科技人才建设、乡村社会治理人才建设、乡村基层公共服务人才建设、乡村乡土人才培育的各具特色的培育方式方法，以及促进各类人才和社会各界参与乡村建设的具体路径。

本书注重对相关问题在理论上的深入探讨。在对相关学术研究成果进行归纳提炼的基础上，作者恰当地提出了自己独到的见解。比如对于乡村振兴的重大现实意义和历史意义、乡村生态环境建设、乡村传统历史文化的地位与作用、乡村基层社会治理体系建设、城市人才向乡村流动等主题，作者采用辩证唯物主义和历史唯物主义的方法观察和分析问题，在接受学者们研究成果的基础上，表达了自己鲜明而中肯的观点。

本书注重研究成果对实践活动的指导性。作者从我国和四川省乡村振兴现实情况和存在的问题出发，着眼于解决乡村振兴中存在的问题与不足，为乡村振兴的人才建设提出了切实可行、科学合理的对策建议，可以为乡村振兴人才培养政策的制定和实践提供有益参考，具有重要的现实意义。相信本书的付梓将对当前四川省正在大力推进的乡村振兴产生积极影响。

郭晓鸣

2022 年 10 月

前言

乡村振兴是党的十九大提出的重大国家战略。习近平总书记指出，农业农村现代化是实施乡村振兴战略的总目标。没有农业农村现代化，就没有整个国家现代化。实施乡村振兴战略是新时代做好"三农"工作的总抓手。2018年中央一号文件对乡村振兴战略进行了全面部署。2019年中央一号文件提出要坚持农业农村优先发展，做好"三农"工作。2020年中央一号文件提出要抓好"三农"领域重点工作，确保如期实现全面小康。2020年中国共产党第十九届中央委员会第五次全体会议通过的《中华人民共和国国民经济和社会发展第十四个五年规划和2035年远景目标纲要》提出要坚持农业农村优先发展，全面推进乡村振兴。2021年中央一号文件提出要全面推进乡村振兴，加快农业农村现代化建设。2022年中央一号文件聚焦乡村振兴，提出要全面推进乡村振兴重点工作。

习近平总书记指出，乡村振兴，人才是关键。乡村振兴，关键在人，要创新乡村人才工作体制机制，汇聚农业农村现代化人才资源。为深入贯彻落实习近平总书记关于推动乡村人才振兴的重要指示精神，落实党中央、国务院有关决策部署，促进各类人才投身乡村建设，我们需要加快推进乡村人才振兴。为此，我们要从根本上树立人才是第一资源的理念，要把人力资本开发放在首要位置，把乡村人才振兴放在乡村振兴的首要位置，破解人才瓶颈制约。

四川省是我国农业大省，是我国乡村振兴的重要战场。2017年自国家提出乡村振兴战略以来，省委省政府全力推进实施本省的乡村振兴战略，取得了巨大的成绩。作为国家深度贫困县集中的省份，四川省如期实现了全省贫困县全部摘帽，如期完成了脱贫攻坚任务。四川省在乡村振兴中所取得的这些成绩，离不开四川省委省政府构建的一整套行之有效的政策体系、工作体系、制度体系。

截至 2020 年，四川省乡村振兴建设取得了不少成绩，基本完成了预定的阶段性建设任务，达成了阶段性建设目标。从总体上看，四川省乡村振兴的制度框架和政策体系已经初具轮廓。农业生产能力和供给质量有了明显提升，农村贫困人口摆脱了绝对贫困，农村公共服务水平进一步提升，城乡融合体制机制初步建成。广大农村地区对人才的吸引力逐步增强。农村生态环境明显改善。四川广大农村地区的乡村治理体系逐步建立，治理能力明显提升，党组织更加健全。

当然我们也应当看到四川省的乡村振兴与党和国家对我们的要求和期望还有较大的差距。我们还需要砥砺前行，继续深入实施乡村振兴战略，推动四川省乡村振兴取得更大成绩。

四川省乡村振兴战略要取得可持续成功，需要高度重视乡村人才在乡村振兴中的基础性作用。乡村人才是四川实施乡村振兴的最重要的战略资源，我们在乡村振兴战略中布置的各项任务、布局的各项建设工程都离不开相应的人才支撑。

乡村振兴所需的各种人才，需要有合适的环境才能成长起来。乡村振兴人才成长的环境包括：人才成长的个人家庭因素、乡村产业发展空间和发展潜力、对人才的教育培训、城乡二元制度和乡村土地制度、乡村创业相关支持政策、社会价值导向、生产生活基础设施、乡村创业人员的社会保障体系、乡村基层的社会治理体系等。四川省乡村振兴所需人才的成长环境还有不完善的地方。我们需要破除制约乡村人才成长的各种障碍，为四川乡村振兴人才茁壮成长提供良好的环境。

在本书中，笔者提出了四川乡村振兴人才培养的总体框架。四川省乡村振兴人才培育首先要有科学的指导思想，其次要有合理的培养目标。要加强乡村振兴人才培育的组织领导。要构建满足乡村振兴需要的人才结构体系。建立健全人才流向乡村的机制，拓宽乡村振兴人才进入和参与渠道。创新乡村人才培养的体制机制。要完善培训主体，创新培训方式和课程设置。加强乡村振兴人才培育的相关保障建设，加强城乡职业技能公共实训基地建设，搭建乡村人才集聚平台，加强人才思想政治教育。

在乡村振兴人才培育上，我们需要重点抓好以下几个方面的工作：

加快农业生产经营人才培养。开展现代农业全产业链职业技术技能培训，科学设置培训内容，健全和完善"一主多元"的新型职业农民教育培训体系，要探索培训模式，规范培训管理指导和考核，要以职业农民为主体完善相关支持政策，要开展新型职业农民认定，实施四川省新型职业农民学历提升工程。

加强乡村实用专业人才队伍建设。立足新发展阶段、贯彻新发展理念、构建新发展格局，加大"三农"领域实用专业人才培育力度，提高农村专业人才服务保障能力。大力培育新型农业经营主体带头人，加快农村二、三产业实用专业人才培养，大力培养农产品加工业各类专门人才，培训壮大农村职业经理人队伍，加强农村手工艺人培育，壮大农村手工艺人队伍。扶持培养农业产业化龙头企业和农民专业合作组织负责人，还要加强会计、金融、电商、旅游等乡村实用专业人才的培养。

强化科技人才培育。培养农业农村科技创新人才，加强农业关键核心技术科研公关人才培养，加强涉农院校乡村振兴所需科技人才学科专业建设和技术转化体制机制建设。

大力培育乡村社会治理人才。巩固党对乡村振兴战略的领导核心地位，加强农村乡镇村级党组织建设，扎实推进农村基层党组织建设，优化村委会议事规程，扩大村干部来源。对农村基层党员干部进行全员培训，推动村党组织带头人队伍整体优化，开展乡村县级党校分类建设。提升党员干部培训质量，创新运用信息化手段，搭建农村基层党员干部教育培训平台。加强农村社区工作者队伍建设，创新乡村基层治理模式。

大力培育乡村基层公共服务人才。加强乡村教师队伍建设，大力培育乡村教育事业人才。加强乡村卫生健康人才队伍建设，大力培育乡村医疗卫生人才。加强农村仲裁、法律、安防、规划等社会工作人才队伍建设。

大力培育本土人才。实施乡土实用专业人才培养行动，大力培育农村传统工艺人才，大力培育传统农耕文化传承人才，培育挖掘乡土文化本土人才，支持乡村文化能人。

鼓励社会各界投身乡村建设。建立各类人才返乡服务平台，继续实施"三区"人才支持计划，落实县域内人才统筹培养使用制度，发挥乡贤在乡村治理和产业发展中的作用。完善用好东西部省份协作和对口支援机制。

王素君

2022 年 10 月

目录

1 乡村振兴战略概述

1.1 乡村振兴的提出与演进

1.1.1 乡村振兴战略的缘起

我国乡村振兴战略是一个逐渐明晰的概念。乡村振兴的雏形是 21 世纪初党中央提出的美丽乡村建设。随着改革开放时代的到来，城市汇聚了更多的资源与人才，城市经济较之于农村经济发展更快，城乡经济社会发展速度和发展差距随着时间的延伸日益明显。与城市发展相比较，我国乡村发展显得缓慢与滞后，乡村已经逐渐成为我国经济社会发展的短板，对我国经济社会均衡发展的制约越来越明显。乡村的落后已经成为我国建设美丽中国、实现中华民族伟大复兴的中国梦的薄弱环节。没有乡村的发展和繁荣，我国无法全面建设美丽中国，中国梦也无法完整实现。正是在这样的情况下，在 21 世纪初，随着城市与乡村经济社会发展差距逐渐拉大，国家提出了建设美丽乡村的农村经济社会建设目标，为乡村经济社会发展助力。因此，美丽乡村建设可以看成我国乡村振兴战略的前身。2006 年 3 月 14 日，中华人民共和国国民经济和社会发展第十一个五年规划纲要在第十届全国人民代表大会第四次会议得到通过。该规划纲要为我国农村建设描绘了新的蓝图，提出经济上要发展生产，生活上要让农民生活宽裕，乡风文明建设提上日程，乡村环境卫生和乡村布局也是新农村建设的组成部分，乡村社会治理的民主化也是乡村建设的重要内容。上述几个方面成为我党扎实推进乡村建设的重要抓手。社会主义新农村建设是我党在这次会议上提出的关于农村建设的全新概念。相比原有的美丽乡村建设，社会主义新农村建设是更高层次、更高水平的农村建设，也是前者的必然延伸，也可以说是后来的乡村振兴的雏形。

1.1.2 乡村振兴战略的正式提出

21 世纪初，我党在我国社会主义新农村建设的基础上，对原有政策措施进行归纳总结，在此基础上进一步提出了乡村振兴战略。这既是对前者的完善，也是对前者的发展。在乡村振兴战略的发展演进过程中，党的第十九大报告占有特别重要的历史地位。十九大报告明确提出要在我国全面实施乡村振兴战略，发出了我国乡村振兴的动员令。习近平总书记在报告中明确指出，实施乡村振兴战略是我国全面建成小康社会的关键，是夺取新时代中国特色社会主义伟大胜利的关键。习近平总书记明确告诉大家，我国的农业农村和农民问题，是现阶段我国最重要的问题，是我国社会主义现代化建设的根本性问题。只有解决好这个问题，我们的社会主义现代化才能取得决定性胜利。正因为如此，我们必须将农业农村农民问题作为我党各项工作中最重要的工作来抓。也就是说，抓乡村振兴这件事情，实现乡村振兴，是我们党各项工作的重点，是我们需要重点投入人力物力财力的领域，是我们人力物力财力需要优先投入的领域。为了统筹解决"三农"问题，我们需要一个总体的战略，那就是乡村振兴战略。这也是乡村振兴战略这一概念第一次明确出现在中国共产党全国代表大会文件里。

党的十九大报告对我国乡村振兴要做什么、从哪些方面去做、如何做等问题做了进一步阐述。

对于怎样才算是乡村振兴，报告从五个方面进行了解释说明：第一，乡村的经济建设要搞上去，乡村的产业要发展起来，农村要有现代化的产业。第二，乡村的环境卫生要好起来，要干净清洁起来，自然生态要好起来，要有山清水秀的自然风光。第三，乡村的精神文明要建设起来，要发扬优秀传统文化，要让社会主义精神文明成为乡村文化的主旋律。第四，乡村社会治理要更有效率、更加公平公正。第五，在乡村生活的各个群体的生活要好起来、富裕起来。

对于实现乡村振兴的路径，报告也给出了科学合理的阐释。第一条路径，要加强城乡经济社会的全面融合，实现城乡之间资源要素的畅通流动。第二条路径，要在广大农村深化改革，特别是农村土地制度的改革。要完善农村集体土地的承包经营制度，切实落实承包土地的三权分置政策，完善农村集体经济的集体产权制度，让集体经济更有生机与活力，让集体经济成为农村重要的经济主体。第三条路径，要把粮食生产作为农村产业的重要组成部分。农业是农村产业的基础，只有农业发展起来了，农业有竞争力了，人民的饭碗端在自己手里了，我国的乡村产业才算得上是振兴了。抓好粮食生产，是农村产业发展的大有可为的舞台。第四条路径，要在农村建立起现代农业产业链，发展壮大农副产品加工业以及农业生产性服务业，延伸农村产业链，让农村产业更丰富，容纳就业的能力更强，创造的财富更多。第五条路径，要通过健全乡村治理体系来推动乡村振兴。党的十九大报告关于乡村振兴的论述勾勒了我国乡村振兴行动的基本轮廓。

1.1.3 乡村振兴战略的丰富和完善

从乡村振兴战略的提出，到乡村振兴战略的具体落实，融入乡村建设的日常工作，2017 年的中央农村工作会议起到了非常重要的承接作用。在这次会议上，一个比较抽象的概念被进一步具体化。通过这次会议，乡村振兴在人们心目中不再抽象，并且逐渐鲜活起来。这次会议将乡村振兴提高到一个新高度，成为高于各项农村工作的最基本的工作，成为统领农村各项工作的要务，也就是我们所说的它是乡村各项工作的总抓手。我们抓农村工作都要从乡村振兴这个概念出发，从乡村振兴的角度来思考问题，来组织各项工作，来评价工作成绩。其他各项工作都是对这个概念的外化和具体化，是对这个概念的衍生和延伸。同时乡村振兴在国家的各项工作中，也是最基本、最重要的工作，居于优先地位。地方政府一把手自然需要首先抓好这项工作。会议强调乡村振兴时间紧任务重，等不得。由于任务艰巨，仅仅依靠乡村自身的资源和人力不能达到目的，所以我们需要汇聚全社会的资源和力量，形成全国一盘棋，大家一起来搞乡村振兴。乡村振兴的提出是我国对乡村经济社会发展各个方面认识的根本性进步、实质性提高。

在 2017 年召开的中央农村工作会议，还提出了我国乡村振兴的三个阶段性达成目标。

第一个阶段性目标是"十三五"结束后我们要实现的目标。"十三五"结束之年是我国全面建成小康社会之年，因此要有阶段性建设目标。到"十三五"结束，我们的乡村振兴要达到的目标就是在乡村振兴的制度建设和政策体系建设方面取得重大进展，有实质性突破，从而为后续的乡村振兴提供一个良好的制度框架和宏观政策环境。

第二个阶段性目标是 2035 年要达到的阶段性目标。这是我国乡村振兴的中长期建设目标。到这一年，乡村振兴提出的建设目标要基本实现，乡村振兴的任务基本完成，并且取得良好成效，这也就意味着我们基本上实现农业农村现代化。

第三个阶段性目标是 2050 年要达到的建设目标。这是我们第二个一百年时间节点需要实现的目标。到这一年，通过近三十年乡村振兴战略的实施，我国乡村将实现农业产业现代化，实现农村人文生态环境美好，实现农民收入稳定增长。

2017 年的中央农村工作会议还对乡村振兴建设可行的推进路径进行了分析，提出了我国乡村建设五路并进的设想。要将乡村的经济、政治、文化、社会和生态五个方面有机结合起来，齐头并进，整体推进，全面建设，不断补短板、强长板，相互衔接，相互耦合，相互支撑和支持。五路并进，充分体现了党中央对我国乡村建设规律的深刻认识和理解，是对乡村建设规律内在逻辑的自然展开和遵循。如果只是片面地抓某些方面而忽略另外一些方面，就不能对乡村进行全面协调建设。因为乡村建设的各个方面是相互依存、相互支撑的，只有坚持协调、整体推进才能形成合力，相互配合，共同进步。

2017 年的中央农村工作会议，还对乡村建设的主体做了分析和说明。乡村振兴的建设主体应当是生活和工作于乡村中的各个群体，特别是广大农民。因此，要实现乡村振兴，首先要促进农民职业收入的增长。也正因为如此，我国实施乡村振兴一定要继续把脱贫攻坚作为乡村振兴的一项重要工作，作为乡村产业发展的一项基础性工作。实施乡村振兴，还需要从调整城乡关系入手，将原来的城乡单向资源流动转变为双向资源流动。让城乡关系成为相互依存、相互支持的双向支撑关系，更好促进二者的发展与进步。在人力物力财力各个方面，要强化城市对农村的帮扶和带动，增强农村产业与城市产业之间的联系，加强城乡之间交通、生态环境的紧密衔接，实现工业化与农业现代化同步发展。

2017 年的中央农村工作会议，对农村土地制度改革进行了说明。实施乡村振兴，进行乡村经济社会体制机制创新，确保相关制度供给是必要条件。土地是乡村最重要的资源，也是乡村振兴最基本、最重要的资源，怎样才能把这个最重要的资源利用起来，有效发挥资源在乡村建设中的作用，为农村实现共同富裕打下制度基石，是我们必须解决的问题。在稳定农村集体土地所有制和农户承包经营权制度的现实条件下，要进一步完善农村集体土地权益的相关制度，完善土地所有权、承包权、使用权各个层面权益的相关制度。在农村基本经营制度安排中，我们既要坚持农村土地承包关系的稳定，又要坚持农村集体土地所有制，在此基础上，我们要探索建立新型的集体经济有效运行机制。只有建立起有效的集体经济运行机制，我们才能发展壮大乡村的集体经济，才能让农村人口的收入水平进一步提升，让农村人口就业更加有保障。2017 年的中央农村工作会议还提出，要推进农村宅基地政策创新，加强农村宅基地管理，加快农房的市场流动与周转，确保职业农民基本用房需求得到有效满足。

2017 年的中央农村工作会议指出，实施乡村振兴战略，体现在乡村农业发展方面就是要建设高质量农业产业。农业要高质量发展，就需要在原有农业产业体系的基础上，将基于农业产业链的相关环节进一步完善和健全，延长农业产业链，实现农业生产性服务业和农产品加工制造业的发展壮大。通过完善农业产业链，让农业产业的话语权、控制权更多掌握在我们自己手中。比如发展壮大农业种业，让农作物种子的生产掌握在自己手中，确保农作物种植的安全和可靠。通过完善农业产业组织，发展壮大新型经营主体，让我国农业经营主体在国际农产品市场中更有话语权、有更强的议价能力和定价能力。完善农业生产资料供给机制和农产品收储机制，强化市场机制在农业产业中的基础性地位。

2017 年的中央农村工作会议，特别关注农村建设的人才来源问题。针对农业产业发展的人力资源保障问题，中央提出要大力发展职业农民，让农业成为一种职业，让农业从业者具有农业职业的相关专业知识和素质。畅通全社会人员参与农业产业建设的渠道，要让真正懂农业的人去从事农业生产活动，要让那些爱农业的人去从事农业生产活动。只有让农业成为职业从业人员可以进入的产业，农业发展所需的科技知识才能够源源不断地进入农业产业，农业也才能够现代化。

2017 年的中央农村工作会议，还从生态环境与乡村振兴建设的关系角度对乡村建设提出了要求：要在自然生态环境可持续发展的基础上开展乡村建设，要让乡村振兴建设与乡村自然生态环境相生相长、相得益彰，要让良好的自然生态环境成为乡村建设的自然生态底色。

2017 年的中央农村工作会议明确要求要加强党对乡村振兴工作的领导。在乡村振兴中，坚持和巩固党的领导地位是一项基础性工作。乡村振兴的各项工作必须有领导者、组织者——那就是中国共产党。全面加强党对乡村振兴工作的领导，是乡村振兴取得成功的关键。要明确政府、社会组织、公众在乡村治理中的地位，强化法治、德治在乡村治理中的作用，确保乡村治理有效。正因为如此，这次中央农村工作会议，明确要求各地在乡村建设中要改进党对农村工作的领导，要实现党对农村工作的全面领导，这是乡村振兴有效推进的必要条件和重要保障。在我们的乡村建设进程中，建设什么、如何建设等重大问题，应当是我们的党来决定的。而且党也是这些重大决策的实施者和组织者。要确保五级书记一起来抓乡村振兴。要确保乡村振兴在党的各项工作中的优先地位，要确保乡村振兴工作中党的队伍建设。在党对乡村建设的领导中，要抓好对农村公共服务的改革和创新，要抓好对乡村管理职责职能的改革，有的方面要放下去，有的方面一定要承担起职责。

从我党乡村振兴政策推出来看，中央一号文件已经成为我国出台农村政策的重要依托。2018 年，中央一号文件也对农村建设问题进行了全面系统的阐述，从而成为我国乡村建设的又一个重要文件。在 2018 年中央一号文件中，乡村建设的思想内涵更加丰富、更加全面、更成体系。该文件基于新时代中国特色社会主义时代背景审视乡村建设，指导乡村建设，对乡村建设进行定位。文件高屋建瓴地指出了乡村建设的重大时代意义，也明确了乡村振兴应当坚持的主要原则，还梳理了乡村建设的基本思路，进一步开阔了乡村建设的思路，也找到了更多建设出路。文件特别提到，要构建乡村治理体系，要抓好乡村建设的人才支撑问题，并且提出了如何为乡村建设提供人才保障。乡村振兴在我国全面实施。

1.1.4 乡村振兴中长期战略规划的出台

2018 年，在大力实施乡村振兴战略的时代背景下，在相关文件支撑下，我国又进一步制定了操作性更强的国家层面的乡村振兴五年规划①，对此后五年我国乡村振兴战略要实现的目标和主要任务以及主要对策作了明确规定。乡村振兴要做哪些具体的工作，要实施哪些重大工程，由谁去做这些工作，由谁去实施这些工程，规划中都有了清楚的表述。规划还对乡村建设实施路径等进行了全面阐述。当然，文件也不是要搞一刀切，文件明确要求各个地方要从当地的实际情况出发，要符合各个地方的实际情况，要有地方地域特色。通过这个规划，我国的乡村建设指标体系也更加清晰起来。乡村建设在各个方面有了更加细化的建设内容和指标体系，建设和考核都更加有根有据。

第一，要加强农业建设，要让农业实现现代化。农业现代化的核心要义就是农业生产力得到提高，农业产出更有保障、更有竞争力。特别是粮食生产的自给自足能力更加有保障；农业生产的资源等基础条件更加有保障和可持续；土地资源、水资源、农业种子等生产要素有保障。农业生产布局更加科学合理，符合自然资源分布规律，农业生产发展与生态环境保

---

① 中共中央 国务院印发《乡村振兴战略规划（2018—2022 年）》［EB/OL］.（2018-09-26）［2022-08-08］. https://www.gov.cn/xinwen/2018-09/26/content_5325534.htm.

护和谐共进。通过发展特色农业实现农业产业结构的深度调整。要加强化肥、农药、转基因种子等农用物资的监督管理，确保农产品安全放心。在农业产业经营体系上，发展壮大新型农业经营主体，充分发挥新型农业经营主体对农村农户的带动牵引作用，为农户生产发展注入动力，为共同富裕注入活力。要将科技生产力更多地引入农村农业产业，让科技和知识成为农业重要的投入要素。要在农村和农业搭建更多科技平台，让农业科技成果顺畅地转化为生产力，成为农业现代化的重要推动力量。要做到这些，就需要政府在政策层面有创新、有改革，形成配套的政策支持体系。

第二，要从自然生态环境角度入手，把乡村建设成自然环境优美的美丽村寨。要从污染物排放、生活垃圾清理和处理、乡村布局规划等方面入手，加强生态环境建设。通过调整生产投入，让生产成为清洁生产。抓好乡村垃圾综合利用，发展循环经济。通过加强乡村村落布局规划，让乡村生活垃圾更容易处理和利用。要对已经遭到破坏的乡村自然生态环境进行修复和保护，让被破坏的生态环境焕发生机。

第三，要让乡村文化文明回归。要抓好乡村传统文化建设，让传统的农耕文明发扬光大，落地生根，开花结果，成为我国乡村文明的重要组成部分。同时还要弘扬社会主义精神文明，让社会主义核心价值观在乡村深入人心，蔚然成风。让歪风邪气在乡村没有市场，被人嫌弃。让诚实守信、吃苦耐劳、亲善友好、互帮互助成为每个人的信念。要通过乡村文化服务体系建设，增加公共文化产业和服务。发展乡村特色文化产业，让村民有更多机会接触优秀文化。

第四，要加强乡村基层社会治理体系建设。乡村基层社会治理体系薄弱是乡村建设的现实问题。为此，我们要坚持党在基层社会治理体系中的基础地位，发挥其核心作用。要加强乡村党员队伍建设、组织纪律建设、责任心使命感建设。要让乡村党员熟悉和精通乡村建设的各项工作。要加强村民参与乡村社会治理的体制机制建设，树立、增强和提高村民参与乡村社会事务、建设美好家园的意识、责任和能力。要让乡村自治变得更加公开公平公正高效。要增加乡村社会治理中的法律成分和法律体制机制，让法律成为乡村治理的重要依托。要加强乡村德育教育，让内化于心的德治根植于乡村社会治理。

第五，要保障和改善乡村民生。乡村建设就是要让乡村的生活更方便、更舒适。因此，我们要加强乡村的道路管网和通信网络等基础设施建设。要加强乡村水利基础设施建设，构建乡村现代能源体系，夯实乡村信息化基础。做好乡村就业服务工作，为乡村人口提供更多就业机会，特别是就地就业机会，提升乡村人口工作生活舒适度。要完善、增强乡村公共服务网络和服务能力，让群众就近就可以享受教育、医疗卫生、养老、文化娱乐、社会保障、减灾防灾等方面的公共服务。

第六，要把乡村人才保障放在突出位置。人才支持是乡村建设的必要保障。没有人才也就谈不上乡村建设。如何找到乡村建设人才、如何为这些人才搭建起发挥才能的舞台、如何充分发挥这些人才建设乡村的积极性、主动性和创造性，都是我们在人才政策层面需要解决的问题。这也需要我们对现有乡村土地制度、建设用地政策进行创新，还需要建立乡村振兴金融服务体系。

1.1.5 乡村振兴战略的不断细化

2019 年的中央农村工作会议，在乡村振兴战略规划框架下，着重强调了两个方面。一是强调了五级党委书记在乡村振兴中的领导责任。基层党组织是乡村振兴的核心组织，是乡村建设的战斗堡垒。二是进一步强调了人才在乡村建设中的重要地位。人才是乡村建设的实施主体，是科技进入乡村建设的载体。总之，这次会议进一步凸显了乡村基层党组织、人才和科技在乡村振兴战略中的重要性。

2020 年以来，中央一号文件、"十四五"规划建议等文件，乡村振兴都是其主要内容。

"十四五"规划建议文件明确指出，实现乡村振兴是"十四五"期间我国主要建设目标。让农村优先发展，让农业优先发展，让农民彻底告别绝对贫困是我们今后五年主要建设目标。乡村建设是以乡村为对象的涉及各个方面的全面建设，是一个系统化的整体性建设。同时，我国的乡村振兴具有鲜明的中国特色，是中国特色社会主义框架下的乡村建设。它涉及新型城乡关系的重新建构，涉及农业产业结构、农业生产方式、组织形式的重新建构[1]。

2020 年的中央一号文件[2]、2021 年的中央一号文件[3]更是直接以乡村

① 中共中央关于制定国民经济和社会发展第十四个五年规划和二〇三五年远景目标的建议 [EB/OL].（2020 - 11 - 03）[2022 - 08 - 08]. https://www.gov.cn/zhengce/2020 - 11/03/content_5556991.htm.

② 中共中央 国务院关于抓好"三农"领域重点工作确保如期实现全面小康的意见 [EB/OL].（2020-02-05）[2022-08-08]. https://www.gov.cn/zhengce/2020-02/05/content_5474884.htm.

③ 中共中央 国务院关于全面推进乡村振兴加快农业农村现代化的意见 [EB/OL].（2021-02-21）[2022-08-08]. https://www.gov.cn/zhengce/2021-02/21/content_5588098.htm.

振兴为主题，对我国乡村振兴的实施提供了强大助推动能。不仅如此，中央还就如何将脱贫攻坚专项问题与乡村建设这个系统问题对接，专门发文进行说明与指导，并明确指出，这是一个局部与整体的关系问题，前者将深深嵌入后者的整个体系。乡村整体建设将会为脱贫攻坚提供更多资源，提供更多思路和出路。我们可以这样说，脱贫攻坚是乡村振兴战略启动阶段的工作重点。现阶段，我国脱贫攻坚取得了全面胜利，乡村振兴进入各项任务、各个方面都要重点抓、全面抓、全面建设的新阶段。乡村振兴这个关于农村建设的整体战略的提出，标志着我国"三农"工作将以更加科学合理的理论来指导，建设也将会更加有成效。文件还表示，原来用于脱贫攻坚的中央资源，全面用于乡村振兴战略。

1.1.6　乡村振兴的组织法治保障

在乡村建设的组织机构建设方面，党和国家也有成熟的考量。国家层面的组织建设是实施国家层面战略的重要保障。为此，2021 年党和国家批准设立了国家乡村振兴局。这样一来，我国乡村建设就有了一个国家层面的归口推动管理部门，这进一步理顺了乡村振兴的组织体系，乡村建设将在统一的组织体系下有力推进。

在党中央的大力推动下，乡村振兴法律层面的建设也在稳步推进。2021 年，《中华人民共和国乡村振兴促进法》在全国人大常委会获得通过，这是依法治国在乡村振兴战略中的重要体现，也为依法推进乡村振兴提供了法律依据。

1.1.7　习近平总书记关于乡村振兴战略的重要论述

习近平总书记在党的十九大报告中首次提出乡村振兴战略。他是乡村建设的倡导者、领导者和主要推动者。他在多个场合对乡村振兴战略中的一系列重大问题作了深刻的理论阐述和问题回应，他是我国乡村建设的掌舵者、领航者，他为我国乡村振兴指明了正确方向。

习近平总书记在党的十九大报告中提出了乡村振兴战略这一概念，并进行了概括性表述。在 2017 年的中央农村工作会议上，习近平总书记提出了在中国特色社会主义总体框架下开展乡村振兴的可行道路。他从不同角度不同侧面为我们的乡村建设指明了道路——包括从城市与乡村衔接角度，从高质量农业产业发展角度，从自然生态环境角度，从乡村社会基层治理角度，从乡村文化精神文明角度，从乡村减贫脱贫方式方法角度，从乡村建设成果共享角度进行路径阐述。

习近平总书记一直没有停止对乡村建设的思考。2018 年，习近平总书记又对乡村振兴的主要任务作了明确的阐述。乡村建设的任务主要有五个方面：一是实现乡村产业发达兴旺；二是实现乡村文化清纯，充满正能量；三是实现乡村人才汇聚，能人辈出；四是实现乡村自然生态环境越来越美好；五是实现乡村社会组织治理有力，公平公正，人人参与。

习近平总书记一直在思考如何才能实现乡村建设的宏伟目标。这也是他深入基层调研时特别关注的问题。2018 年习近平总书记在基层考察时，就对乡村建设的人才保障问题进行了重点阐述。他指出，人才是乡村建设的关键点，只有人才才能推动乡村建设的各项任务落实。充分尊重和使用乡村现有人才，抓好本土人才存量培育，积极争取引入更多的外来人才，比如返乡创业人才、大学毕业生入乡创业人才，让这些人才融入农村、扎根农村，我们的乡村建设才有动力。习近平总书记指出，在乡村人才建设中，首先要抓好乡村基层党组织干部队伍建设。

在 2018 年，习近平总书记还专门就乡村建设举办了中央政治局专题集体学习会议，请专家为乡村建设建言献策。习近平总书记对乡村振兴作出的众多阐述，使乡村振兴的内容更加丰满、乡村振兴战略更加清晰，极大地深化了我们对这一重大战略的认识和理解。习近平总书记主要阐述了以下几个方面的观点。

（1）乡村振兴的重大意义

习近平总书记指出，乡村振兴是我国全面建设社会主义现代化国家的不可或缺的基本组成部分。没有我国乡村的全面建设，我国整个国家的现代化就不能实现[1]。乡村发展滞后会带来一系列严重经济社会问题。横向地看，世界上一些国家陷入中等收入陷阱，其中一个重要因素就是乡村发展滞后。现阶段我国地域经济社会发展的最大不平衡就是乡村经济社会发展相对缓慢，城市与乡村差距导致的乡村相对落后，由此带来了不少社会问题。从总体上看，作为一个人口众多的大国，今后我们还将有 4 亿人口生活在乡村。不解决乡村发展缓慢的问题，我们就无法解决这个群体的经济和社会问题。我们就不能实现共同富裕和全体人民的小康。

（2）乡村振兴工作与农业农村方面其他工作的关系

乡村振兴是我国"三农"工作的指针，是我们关于"三农"问题的根本指导思想。"三农"的各项工作千头万绪，而乡村振兴就是指挥这众多

---

① 张开，王声啸，郑泽华，等. 习近平新时代中国特色社会主义经济思想研究新进展 [J]. 政治经济学评论，2021 (4)：140-166.

工作的那只手①。其他各项工作都要围绕它展开，都是对它的具体化，也就是所谓的总抓手。乡村振兴是我党对多年来"三农"工作的总结和理论升华。习近平总书记认为，农业农村现代化包含物的现代化、人的现代化和乡村社会治理的现代化三个方面。

（3）乡村振兴的时代内涵

乡村振兴要振兴什么，习近平总书记认为振兴包括五个方面的振兴：一是农村产业要实现振兴，要实现以农业为基础的产业振兴②；二是要实现人居环境的适宜居住；三是要实现农村精神文明有文化底蕴，充满正能量③；四是要实现乡村社会治理的民众广泛参与，能体现公平公正④；五是要实现乡村居民生活富裕，人人安居乐业，生活有保障。习近平总书记还对这五个方面内涵的内在逻辑关系进行了阐述。他认为，乡村农业产业链的高质量发展是整个乡村振兴的经济基础。要实现产业兴旺，农村产业就需要实现以市场为基础的产业运行体系。乡村的生态建设，不仅要做到自然生态环境好，还要适宜人民居住，让人居住起来舒适安全。乡村文化建设，是乡村建设的心灵建设，有对传统乡村文明的传承，也有对社会主义精神文明的发扬。乡村社会秩序是乡村建设的组织保障。良好的社会治理才能为乡村建设提供有序的社会环境。乡村建设是为广大乡村群众建设的，他们生产生活顺心如意才是我们开展乡村建设的归宿。

（4）我国乡村振兴必须从我国的国情出发

我国的乡村振兴一定要从我国各个地方乡村实际情况出发，各个地方也要从当地乡村实际情况出发，把握我国各地乡村的差异性，尊重客观规律，制订符合当地实际情况的振兴方案。搞乡村振兴一定要充分发挥市场机制在资源、要素配置方面的基础性作用，通过市场机制把资源高效配置到各个环节、各个方面。政府这只"看得见的手"在乡村建设中要发挥重要作用——不仅要弥补市场机制的不足，还要在市场机制发挥作用的领域确保市场机制高效运行、公平公正运行。当然，政府的参与与支持不是要

---

① 习近平. 把乡村振兴战略作为新时代"三农"工作总抓手［J］. 社会主义论坛，2019（7）：4-6.

② 习近平. 坚持把解决好"三农"问题作为全党工作重中之重 举全党全社会之力推动乡村振兴［J］. 乡村振兴，2022（4）：8-15.

③ 罗嗣亮. 乡村文化振兴要处理好五对关系：基于习近平相关重要论述的分析［J］. 党的文献，2021（6）：48-53.

④ 季雨亭，郑兴明. 习近平关于农民主体地位重要论述的三重维度［J］. 福建农林大学学报（哲学社会科学版），2021（6）：21-27.

取代市场机制的作用，在政府的支持下，市场机制的很多不利影响将得到有力的遏制，资源的配置更有效率，收益的分配更加公平。此外，在市场不能充分发挥作用的领域，政府要积极主动发挥作用，包括坚持农村集体土地所有制的基本土地制度、保护基本耕地面积、开展乡村规划、加强市场监管、提供法治保障和政策支持等。实施乡村振兴要让农民群众有获得感，要围绕农民群众最关切的问题进行乡村建设。

通过完善农业社会服务体系，推动集体经济、农业合作社和家庭农场等农业经营主体健康发展，实现小规模农户与现代农业协同发展，只有这样的农业现代化道路才符合我国农村实际情况。在我国乡村社会治理方面，我们一定要充分吸取和借鉴我们传统农业社会优秀的社会治理经验，要继承传统农耕文明中的优良文化基因，并将其发扬光大。这就要求我们在乡村治理方面要充分重视德治的地位与作用，实现传统农耕文化与法治社会建设的有机融合与统一。城乡融合也是我国乡村振兴的国家特色，在城乡如何融合发展问题上，我们需要不断完善创新二者融合发展的体制机制以及相关政策体系，破除体制和政策障碍。要通过财政转移支付手段加大对乡村建设的投入。要通过户籍制度改革，通过对农村集体土地承包权的完善和分解，对农村宅基地使用权的完善与分解，对农村集体经济经营制度的完善，推动人才、土地和资本等生产要素在城乡之间的双向畅通流动，从而促进乡村各项事业的发展，实现城乡融合发展。习近平总书记指出，乡村振兴首先要实现的目标就是农村人口的脱贫。乡村人口全部都脱贫了，广大农村没有绝对贫困了，我们也就实现全面小康了。乡村建设始终要有一个领导者，那就是我们的党。党就是一面旗帜，始终为乡村建设指明方向，指出正确道路。

（5）乡村振兴的基础是乡村要有丰富的人才

我们要不断创新乡村人才工作的体制与机制，才能激发乡村现有人才群体的积极性和主动性，也才能吸引更多城镇人才投身乡村振兴。从农村职业来看，职业农民是人数最多的群体。我们只有让农业成为有竞争力的产业，成为收益高的产业，才能让职业农民成为有吸引力的职业。

（6）我国的乡村振兴绝不是某一个时期的一项工作，而是长时期都要做的一项艰巨工作

任务的长期性是由任务的艰巨性、复杂性决定的。这就要求我们要有短期目标、阶段性目标，一步一步，持之以恒才能达成最终目标。对于这一点，习近平总书记一再告诫我们要有历史的耐心，要不断积跬步而成大业。

习近平总书记对 2018 年中央农村工作会议作出重要指示，要求会议必

须将高质量发展融入乡村振兴各项工作中去。还从当时的国际国内环境出发，要求乡村振兴要适应当前国内外环境的变化。习近平总书记一再强调，一定要搞好五级书记抓乡村振兴这项工作，这是乡村振兴的政治保证。为此，我们要把从事乡村振兴的各级党政组织的负责人甚至全部工作人员培养成农业生产的行家里手，培养成热爱农村热土的有抱负的党员干部。

习近平总书记在 2019 年对乡村振兴的内涵作了精确提炼。习近平总书记把乡村振兴的任务明确概括为五个方面：一是乡村要实现农业产业的高质量发展；二是农村要实现精神文明的质的进步；三是乡村要抓好自然生态环境建设；四是要抓好乡村基层社会组织治理建设；五是要以人为本，抓好乡村人才供给建设。习近平总书记把乡村振兴的总目标概括为一句话，那就是要实现我国农村的现代化。为了实现这个目标，我们要始终坚持乡村振兴的优先地位。

习近平总书记有关乡村振兴的一系列重要论述，深刻阐述了什么是乡村振兴、为什么要开展乡村振兴工作、怎样实施乡村振兴等一系列重大理论问题和实施操作的方式方法问题，是新时代新发展理念在"三农"工作中的贯彻落实，是新时代新发展理念的重要组成部分。

1.2　乡村振兴战略丰富的时代内涵

乡村振兴是我们国家的一项根本战略，是国家战略体系的重要组成部分。我们只有从国家总体战略视角才能真正领会乡村振兴战略的历史地位与时代作用。乡村振兴是国家基本战略在我国乡村领域的体现，因此是国家基本战略的重要支撑。相较于 21 世纪初的社会主义新农村建设，党的十九大提出的乡村振兴战略，根植于新时代我国社会主要矛盾、"三农"建设主要矛盾，它对我国农业、农村和农民发展提出了更高的要求。乡村振兴是我国乡村经济社会发展以及其他各个方面的根本性进步、实质性发展与提高。

乡村振兴从内涵上看，包括乡村产业和经济建设、乡村政治建设、乡村文化文明建设、乡村自然生态环境建设、乡村人民生活建设等几个方面。因此，乡村振兴涵盖乡村经济、政治、文化、社会生活的各个方面，是对我国农业农村的全面建设，是对农村的整体性建设，是一个系统工程。实施乡村振兴战略的总目标，可以用习近平总书记的一句话概括，那就是农业农村现代化。

农村产业要现代化，意味着农业农村产业的组织方式要进一步适应市场需求，农业农村产业要优化升级，产业间融合度要进一步提升。在乡村振兴视角下，农业发展不仅要有量的属性，还要有质的要求；不仅要保证产量，还要不断提高农业产品的品质。农业产业发展要与自然生态环境协同，让二者相辅相成，相互促进。这些都是农业高质量发展的内在要求。生态宜居，是对乡村生态环境建设的全面升级，是对广大农民群众希望有一个自然环境优美、干净的美好家园的直接回应。乡风文明，是社会主义核心价值观在乡村建设中的体现与落实。乡风文明建设是对乡村精神面貌的建设。通过不断植入优秀传统文化元素，让传统农业文明源远流长；通过融入社会主义核心价值观，让农村文化跟上时代步伐，让农民精神面貌焕然一新。社会治理有效是乡村振兴建设的组织保障。现代社会需要有现代化的社会治理模式，只有这样我们才能对参与乡村振兴的各种力量进行有机整合，实现乡村社会和谐有序、充满活力。生活富裕充分体现了我们党以人民为本的治国方略。我们所做的一切都是本着为人民服务的。我们要让最广大人民群众充分享受乡村建设的成果，让农民群众物质生活水平显著提高。上述各项任务和目标的实施和实现，都需要有充足合格的人才来推动。因此，人才建设是乡村振兴的重要保障。没有人才队伍建设，乡村振兴战略中的各项任务，就没有合适的人才和人力资源去落实和实施。

1.3 实施乡村振兴战略的重大意义

实施乡村振兴战略是践行习近平新时代中国特色社会主义思想的需要。党的十九大报告对当前我国经济社会所处历史发展阶段做了科学论断，指出当前我国处于中国特色社会主义新时代。乡村振兴是我党在新时代中国特色社会主义建设的七个重大战略任务之一。乡村振兴作为中国共产党新时代重大战略之一，已经被写进其党章之内。乡村振兴战略是党中央对我国农村建设做出的重大战略部署。乡村振兴理论是习近平新时代中国特色社会主义理论体系的重要组成部分，这是党中央对中国特色社会主义理论体系的重大贡献。习近平总书记站得高看得远，他清楚告诉大家，乡村振兴是我国全面建设社会主义现代化国家的重要组成部分，对我国社会主义现代化建设具有非常重要的作用，直接关系着我国将建设成为什么样的社会主义国家。习近平总书记指出，乡村振兴是我们民族复兴的重要板块，我国全面建设社会主义现代化国家这幅巨画离不开乡村现代化这块拼图。而且这块拼图也是这幅巨画最难以描摹的板块，是需要我们花费更多精力、经历更长时间才能完成的板块。很多人还没有认识到农业农村现代化在我国全面建设社会主义现代化国家中的重要历史地位。其实，农业农村现代化是我国全面建设社会主义现代化国家大厦的深厚基石和坚实基础。乡村发展滞后会带来一系列严重的经济社会问题。横向地看，一些国家陷入中等收入陷阱，其中一个重要因素就是乡村发展滞后。当前我国最大的不平衡就是城乡经济社会发展各个方面的不平衡。无论我们的城镇化推进到什么程度，我们始终都有绝对数量很大的群体在农村生活。农业农村始终是我国经济社会的重要组成部分。作为我国现代化重要组成部分的农业农村现代化，是我国现代化不可或缺的基本组成部分。而农业、农村和农民也是当前我国经济社会发展体系中的薄弱环节。对于我国来讲，我们不能没有农村，也不能消灭农村。我国农业农村的现代化直接关系着我国4亿农村人口的生产与生活。我国仍处于并将长期处于社会主义初级阶段的特征在很大程度上表现在乡村。乡村振兴的目的就是要让广大农村人口生产就业更有保障，生产生活环境更加便捷、安全、生态环保，就是要让他们的生活水平得到实质性提高，就是要消除乡村相对发展不足和发展缓慢的状况，从而消除我国的城乡发展差距，实现城乡均衡发展。可见，乡村振兴就是要实现我国全体人民的共同富裕。我们要通过农业农村各个方面的建设，实现乡村经济社会各个方面的全面发展，从而实现我国乡村面貌的根本性改善，让乡村成为广大群众安居乐业之所。对于我国来讲，乡村兴旺发达，国家则兴旺发达。我国现代化建设最广泛最深厚的基础在农村，最大的潜力和后劲也在农村。正是基于这样的认识逻辑，我党提出了实施乡村振兴，推动农村建设新高潮。

乡村振兴战略是我们解决农业农村农民问题的根本战略，是新时代我们解决"三农"问题的总抓手。长期以来，我国广大农村地区经济社会发展没有得到足够重视，经济和产业发展基础薄弱，人们从事农业生产活动的积极性受到了严重抑制，农业产业缺乏效率，也没有国际竞争力。虽然我们也一直在想办法解决，但是一直都没有找到合适的方法，以至于这些问题渐趋严重。在新时代我们对传统的农业农村农民问题需要有更加科学合理的解决办法。经过多年的探索和经验积累，我们终于找到了适合我国农业农村经济社会发展的正确方法，提出了乡村振兴的根本决策，这将为我们补齐我国现代化建设的最大短板提供科学指引。乡村振兴是对新时代我国农业农村主要矛盾发展变化的直接回应。乡村振兴战略抓住了我国新时代农业农村工作中的主要矛盾，并且找到了解决矛盾的正确方法，在我国解决"三农"问题历程中具有划时代的里程碑意义。乡村振兴在我国社会主义发展进程中将会占据非常重要的历史地位，我们将依托此战略从根本上解决农业农村问题，从而实现城乡经济社会的均衡发展。新时代我国提出的乡村振兴战略为我国做好新时代农业农村工作指明了前进方向，提供了根本遵循。乡村振兴战略进一步明确了"三农"工作在党和国家各项重要工作和任务中的优先性，也是开展各项"三农"工作的总要求。当前，我国农业产业结构不合理，农产品供需结构不平衡，农产品质量有待提高，农业缺乏国际市场竞争力，不少农业产业从业人员职业素质和能力不高，不能适应农业现代化发展的需要，农业产业高投入低产出的不可持续的问题亟待解决，符合农业产业发展需要的职业农民队伍亟待发展壮大。农村公共服务和基础设施落后、生态环境突出等问题必须从根本上予以解决。对农业农村的支持政策不健全，乡村社会治理组织机构运行效率不高，相关人员素质不高等问题必须得到根本解决。我们只有解决了这些问题，实现了农业农村现代化，我国才能真正全面实现现代化①。随着这一战略的实施，我国农村经济社会将会发生翻天覆地的变化。在新时代，广大农民群众对共同富裕的追求，对乡村美好生活的向往，对农村生态环境改善的迫切需要，对积极健康的精神文化生活的追求都将逐渐实现。我国城乡之间发展不平衡的矛盾将从根本上得到解决。

乡村振兴战略是发展壮大我国农业、保障我国粮食等农产品供给安全的需要。实施乡村振兴战略的一项重大任务就是要为我国建设社会主义现代化国家提供强大的农业产业基础。农业产业始终是我国国民经济最重要的基础。农业产业始终是我国产业体系最重要的组成部分。在乡村振兴战略中，乡村农业产业的振兴被放在最重要的位置，这就抓住了我国乡村问题的根本。只有解决了乡村农业产业发展问题，我们才能够为其他各种问题的解决创造条件。而农业产业问题的解决又需要从农村经济所有制产权

---

① 中共中央 国务院关于实施乡村振兴战略的意见［EB/OL］.（2018-02-04）［2022-08-08］. https://www..gov.cn/zhengce/2018-02/04/content_5263807.htm.

制度、农村土地承包制度等基本经济制度安排层面入手，对农村基本经济制度进行改革和创新，形成适合我国农村经济社会发展要求的经济制度安排。现代农业的发展还需要有愿意从事农业、有能力从事现代农业生产的人才队伍。

乡村振兴战略是保护乡村生态环境的需要。实施乡村振兴，我们不能只着眼于经济活动，还要有生态环境视野和思维，要从人类可持续生存角度来谋划乡村建设。良好的生态环境是人类可持续发展的基础，我们需要为子孙后代留下可以继续生存的自然环境。经济发展不能以生态资源的大规模消耗和破坏为代价。不仅如此，经济发展应当与生态环境相生相长。

乡村振兴战略是保护我国传统农耕文明的需要。乡村振兴还要有历史文明视角和思维，要有传承我国优秀农耕文明的历史自觉。文明始终是人类的重要标志，我国几千年的传统农耕文明是人类文明宝库的重要组成部分。我们不能让其消失。我们有责任有义务让其传承和发扬光大。农耕文化是我们中华文明的根和灵魂，乡村是中华文明的来源和基本载体，乡村是我们的精神家园。乡村振兴就是要建好我们的精神家园。

乡村振兴战略是推动我国乡村治理现代化的需要。乡村振兴，也是对我国现有乡村社会基层治理结构的一个根本性创新和变革。既然乡村对于我国如此重要，加强乡村社会治理就是理所当然。而我国乡村社会治理则是乡村经济社会的薄弱环节。乡村社会治理是乡村经济社会发展的中枢和心脏。没有良好的乡村基层社会治理，乡村经济社会就不可能高效健康运行，乡村建设的其他任务也就无法完成。只有构建有效的乡村治理体系，打造共建共治共享的现代乡村社会治理格局，才能确保广大乡村群众安居乐业、农村社会安定有序。

实施乡村振兴是实现我国广大人民群众共同富裕的必然选择。乡村振兴的出发点和落脚点就是要让乡村广大人民群众过上幸福美满的生活，安居乐业，就是要增加他们的获得感、幸福感、安全感，就是要全面改善农村生产生活条件，不断拓宽乡村群众就业增收渠道，就是要增加乡村群众的福祉，让亿万乡村群众走上共同富裕的道路，让社会公平正义在我国乡村彰显。

1.4 乡村振兴是一项艰巨的历史任务

作为党和国家的重大战略，乡村振兴必定是一项艰巨的任务，也注定是一项长期的任务。如果我们将脱贫攻坚与乡村振兴做一个比较，脱贫攻坚虽然艰巨，但是还只是局部性建设任务，仅仅聚焦在贫困人口。而乡村振兴无论是建设内容的广度还是深度，都要远远超过脱贫攻坚，其艰难程度可想而知。正因为如此，我们需要集聚社会力量，动员整个国家的力量来建设。乡村振兴注定是中华民族的一项伟大历史使命，我们必须深刻领会党的重大部署，潜心践行这项重大战略，为乡村振兴贡献应有的智慧和力量。

2　四川实施乡村振兴战略的实践

2.1　四川实施乡村振兴战略的必要性

　　开展乡村振兴建设是四川省建立现代农业产业体系的需要。农业是四川省的重要产业。通过乡村振兴，提升四川省农业产业的生产效率和市场竞争能力，才能实现可持续发展，四川的乡村才能充满生机与活力。

　　在四川乡村开展乡村振兴建设是改善四川自然生态环境的需要。生态环境是生产和生活的基础。经过几十年的快速发展，四川省自然生态环境十分脆弱，大气、河流、土壤等自然生态环境质量明显下降，部分地方甚至不适合人居。一些农村居民成为自然生态环境恶化的受害者。只有开展生态环境建设，让自然界恢复应有的生机与活力，我们才能有一个舒适的生产生活环境。同时，四川是长江流域的上游，也是黄河流域的上游，是我国长江和黄河流域生态环境的重要屏障，在长江流域和黄河流域自然生态环境中处于非常重要的地位。四川不仅是我国产业大省，也是我国生态产品供给的大省。

　　在四川省开展乡村振兴建设，是传承四川省源远流长而且丰富的农耕文明的需要。四川省拥有悠久的农业耕种历史，这里的自然气候等条件非常适合农作物生长，物产富饶。在长期农业发展过程中，形成了关于农业生产方面的农业文化。四川也是我国农耕文明的重要发祥地之一。如此有底蕴、有价值的农耕文明不应为历史所淹没，也不应当弃而不用，我们不但应当保护好四川的农耕文化，而且还应当应用于四川省现代农业生产活动中，为四川省农业发展与自然生态环境和谐相处、共同发展服务。

　　在四川省开展乡村振兴建设，是四川省乡村社会治理建设的需要。四川乡村人口众多，乡村数量众多，乡村治理建设任务十分艰巨。在四川省的部分乡村，基层社会治理薄弱一直是我们没有能够很好解决的问题，这直接制约了四川省乡村的发展建设。乡村振兴将为本省的乡村社会治理提供新的思路，乡村整体建设也将让乡村治理建设更加有群众基础和社会可行性，乡村治理将会取得根本性突破，将会构建起四川省乡村治理的新体系和新模式，四川省乡村社会建设的基础将会更加稳固①。

在四川省开展乡村振兴建设，是四川省乡村共同富裕建设的需要。乡村共同富裕是四川省全社会共同富裕的重要组成部分，也是四川省共同富裕建设的薄弱部分。四川省曾经是我国贫困县最多的省份、贫困人口最多的省份，也是贫困程度最严重的省份。四川省自然环境多样，很多地方属于高山深谷地形，不适合发展生产，交通运输也十分不便，建设难度大。生活在山地和横断山区的广大农村人口生产生活条件十分恶劣。相信在党和国家乡村振兴战略指引下，依靠国家的帮助与支持，并在自身的努力下，四川省广大乡村的生产生活条件将会进一步得到改善，农牧业将会更有效率、更有竞争力。生产发展了，人民的生活水平和收入水平自然会更高。特别是那些相对贫困地区将会在四川乡村振兴中得到更大力度的国家支持，四川省相对落后的乡村将会得到更快的发展，乡村发展不平衡状况、城乡发展不平衡状况都会得到改变。

2.2 乡村振兴战略在四川省的循序推进

2.2.1 四川省关于乡村振兴的第一个一号文件

2018 年，四川省出台了乡村振兴战略实施以来的第一个关于农业农村的一号文件②。这个一号文件直接对接党和国家的乡村振兴建设，以四川省实施乡村振兴为主题，以开创四川省"三农"建设新局面为目标。这是四川省对本省乡村振兴建设的第一次全面布局。

文件对四川农业产业发展做了全面部署。文件提出要加强耕地保护和农业生产政策支持。围绕地域特色优势农产品，重点抓农产品的主要生产地域，确保农产品种植土地和面积有保障，确保农产品种植地生产条件不断改善。推动农村一二三产业融合发展。通过各类产业基地建设构建现代农业产业链。这些产业基地包括粮食生产功能区、重要农产品生产保护

① 张军. 乡村价值定位与乡村振兴 [J]. 中国农村经济, 2018 (1): 2-10.
② 中共四川省委 四川省人民政府: 关于实施乡村振兴战略开创新时代"三农"全面发展新局面的意见 [EB/OL]. (2018-02-08) [2022-08-08]. https://www.sc.gov.cn/10462/10464/10797/2018/2/8/10444762.shtml.

区、现代农业产业融合示范园区。大力实施"川字号"知名品牌创建行动。大力实施农产品加工业壮大行动。支持农业产业化龙头企业发展壮大。大力推动绿色农业发展。建立农工业绿色生产评价体系，发展绿色、低碳、循环农业。推动农村新产业新业态融合发展。推动农业科技发展。通过农业科技进步和农业科技产业化，加强农业资源保护，掌握农业领域关键核心技术，实现农业现代化，提升农业产业竞争力。发展新型农业经营主体，推动农业生产社会化服务体系建设。

文件对加快建设幸福美丽新村进行了部署。2018年四川省一号文件提出，分类推进彝家新寨、藏民新居、巴山新居和乌蒙新村建设，统筹推进川中丘陵地区和川西平原地区幸福美丽新村建设。深入开展农村土坯房改造整治。开展农村环境整治行动。推进农村土地污染治理，加强污染土壤生态修复综合治理，开展耕地重金属污染治理试点。加快推进农村生活垃圾分类和治理，全面推行"户集、村收、镇运、县处理"城乡环卫一体化模式。大力实施农村生活污水治理千村示范工程，制定实施全省农村生活污水处理专项规划，总结推广适用于不同地区的农村生活污水治理模式。扎实推进"厕所革命"，开展农村户用卫生厕所建设和改造，同步实施粪污治理。全面推进河（湖、库）长制，完善乡村水生态治理体系。

文件对加强乡风文明建设进行了部署。要积极构建新时代农村核心价值体系，推动社会主义核心价值观内化于心、外化于行。推动爱国主义、集体主义、中国特色社会主义在乡村落地生根。倡导传承乡村优秀传统文化、乡风民俗和伦理道德，实现乡村精神面貌的移风易俗。推动乡村优秀文化遗产的挖掘和保护，支持乡村非遗传承人开展非遗文化传承和传习活动。推动乡村基本公共服务发展，推动乡村文艺作品、乡村公共文化服务、乡村文化活动发展。推动文明村镇建设。推动乡村文化产业发展壮大。

文件对乡村社会治理建设进行了部署。加强农村基层党组织建设，强化农村基层党组织在社会治理中的核心地位。完善村级治理体系，健全村级治理中的各类组织。推动村民自治组织的体制和机制建设。推动乡村治理法制化建设。加强乡村综合治理的体制机制建设。加强乡村治理中德治的体制机制建设。推动乡村治理能力现代化。推动农村集体经济组织发展壮大，充分发挥农村集体经济组织在乡村治理中的作用。

文件对乡村基本公共服务建设进行了部署。推动乡村教育发展，推进城乡教育的均衡化。健全乡村民众就业和增收的体制机制，推动城乡劳动者平等就业。加强农村社会保障体系建设，推动城乡社会保障平等化。加强乡村医疗卫生和医疗保险制度建设，建立覆盖城乡的基本医疗卫生制度。推动乡村生产生活基础设施建设。

2.2.2 《四川省乡村振兴战略规划（2018—2022 年）》

为了科学合理有序推进四川省乡村振兴，四川省制定了《四川省乡村振兴战略规划（2018—2022 年）》。该规划对四川省乡村振兴建设的各个方面作了精心谋划和详细部署①。该规划的主要内容包括如下几个方面：

1. 明确了农业综合生产能力提升行动的主要任务

要加强粮食生产功能区的规划建设与管理。要搞好粮食生产区数量规划和地域规划，确保粮食种植生产用地数量、土壤质量以及生态环境、农业用水水源。要加强对粮食生产片区农田水利设施建设，加强粮食生产区域的田间生产配套设施建设，实现粮食生产的稳产和高产。要加强粮食生产流程标准化建设。确保粮食生产产品质量安全和生产活动过程安全。要加强农业精细化生产体系建设，实现粮食种植的精耕细作。要加强粮食生产片区粮食种植长期性、可持续性规划和维护。在粮食生产片区周围尽可能布局生态涵养等非建设用地，确保粮食生产片区的生产活动不会受到非农业生产活动的污染破坏和侵占。确保基本农田不会变性成为其他建设用地。开展粮食生产片区土地整理，让农田连成片，更加平整，日照充足，适宜粮食作物生长。加强田间农业生产活动道路建设，便于耕种和收割。开展粮食生产片区农田土壤改良，增加土壤微量元素，补充土壤有机质，提升土壤肥力，防止水土流失。加强农业生产活动管理，确保粮食作物实际种植面积不减少，确保粮食种子安全，确保国家粮食生产自给自足。加快农田秸秆、畜禽粪便发酵与还田，减少化肥使用量。加强粮食病虫害生物防治技术的推广，减少农药使用。要加强农业生产活动中病虫害的防止及相关科研活动的开展。要加强对农业病虫害的检测与预测，防止农业种植地出现大面积病虫害，建立农业病虫害防止专业组织，及时开展病虫害防治。实行农业病虫害预测和防治免费服务。加大对地域病虫害防治的科研投入，建立各种病虫害防治专门研究机构，为研究人员提供良好的科研环境，实现科技成果及时向生产领域的转化应用。要加强粮食生产功能区数字化建设，构建粮食生产全过程的数字化监测体系，实现粮食生产全过

---

① 四川省发展改革委员会. 四川省乡村振兴战略规划（2018—2022 年）［EB/OL］.（2020-04-01）［2022-08-08］. https://fgw.sc.gov.cn/sfgw/njzc/2020/4/1/a66d12f9c2524fd78397756ceee4d5e9.shtml.

程的数字化管理。在农村养殖活动中开展数字化养殖建设，实现养殖全过程的数字化监测管理，实现养殖生产活动精细化。加强农业气象服务建设，特别是自然灾害预报和适宜种植天气预报，为农业生产活动提供准确的天气信息，方便经营者科学合理安排农业生产活动时间和提前进行旱涝灾害预防和应对。加强四川省地理标识农业产品认证，打造地域优质农产品品牌。加强对粮食的收购和储备管理，确保农业种植户的粮食能够以合理价格及时销售出去，防止价格过低伤农事件发生。抓好国家和地方储备粮管理，加强防火防盗防病虫害防潮管理，确保粮食储藏安全。加强粮食加工产业园区建设，建设集粮食加工各个环节于一体的农产品加工产业园。实施高原畜牧业提升工程。加强畜牧业基础设施（道路、暖棚、储草棚等）建设，大力开展草原沙化、鼠虫害治理。积极开展人工种草，加大优质草场建设力度。积极开展实用技术推广，提高改良繁育水平。引导草场合理流转，加快畜牧业基地建设，促进畜牧业向专业化、规模化经营迈进。

2. 加强四川省地域特色农产品建设

规划四川省地域特色农产品种植生产功能区。不同地市州、不同县市区的农业生产条件是有差异的，有些地方生产条件要好些，有些地方生产条件要差些。因此，农业生产活动应当尽可能布局到适合农业生产发展的地域空间。四川省可以以乡镇为单位，开展农业产业重点镇、乡建设，各个乡镇主要应当围绕一两个特色农产品来组织农业生产活动，形成一批不同农产品生产重点乡镇。这样有利于实现农业生产的规模化，提升农业生产活动效益。梳理四川省地域特色农业产品名录清单，为每一种特色农产品匹配适合其生长的地理区域，将每一种特色农产品种植农田规划纳入各地农业生产土地规划之中，确保特色农产品生产用地。四川省特色农产品可以分为几个大类，包括特色粮食产品、特色经济作物、畜禽、特色园艺作物、特色水产养殖、特色林业产业等。积极参与国家层面的特色农产品遴选活动，争取纳入国家特色农产品规划，在种植用地、经费方面获得更多国家层面的扶持。维护好地域农产品公共品牌，不能将不符合要求的农产品纳入农产品公共品牌销售体系。搭建地域特色农产品销售网络。提升"攀枝花枇杷果""蜀道""广元七绝""遂宁鲜""南充嘉作""巴食巴适""味在眉山""宜宾早茶""雅安五雅""资阳资味""净土阿坝""圣洁甘孜""大凉山"等四川著名特色农产品品牌的知名度和市场认可度。开展农产品加工业提升行动。大力发展农产品原产地初加工。在各种农产品主产区、成片生产地域建立农产品加工业，实现农产品在种植生产地的就地加工转化。抓好农产品加工企业和组织建设，实现农产品加工的规模化生产、流水线作业、标准化作业，确保农产品加工过程的安全和产品质量安全。加强农产品加工园区建设，实现农产品加工产业链各个主体集中发展，打造农产品加工产业集群，推动农产品加工产业链向高端领域延伸，提升产业链条竞争力。合理规划农产品加工产业园区，防止相互之间过度竞争。加强适宜农业生产的生态环境建设。将农业生产与生态环境有机结合起来进行规划。让生态环境与农业生产活动相互支撑，相辅相成。加强农产品溯源体系建设。溯源管理体系应当扩大应用覆盖面，让四川出产的每一件农产品都能找到完整的上游环节的各个方面的源头，确保粮食质量安全和安全事故全程可追溯。健全产地准出和市场准入衔接机制。实施兴林富民行动。进一步完善四川省林业产业体系，优化林业产业布局。进一步完善林业产业基地建设。加强林业产业生产活动标准化体系建设，加强林业生产规模化建设，加强林业生产活动集约化建设。推动"互联网+"与林业生产活动的融合。在林业生产活动中实现信息收集的实时化、即时化、全程化。通过5G通信等网络信息基础设施建设，对林业生产进行全过程数字化管理和监测，构建林业生产大数据。打造林业生产服务大数据平台。四川省林业生产资源丰富，林业产出种类多样，加强林业产品质量认证体系建设，也是推动四川林业产业发展的重要举措。同时，还需对林业产品建立起全覆盖、全流程的信息跟踪体系，确保产品来源可全程追溯，保障林业产品安全。

3. 加强农业经营体系建设

在农业经营体系建设方面，四川需要发展壮大新型农业经营主体。农业经营活动的组织应当不断发展，要适应时代发展的需要。传统的农业经营主体只是简单地从事农业生产活动，生产活动单一，生产规模较小。在乡村振兴进程中，我们需要培育生产规模较大、与互联网数字化结合更加紧密的农业生产经营主体。我们也需要专门从事农业生产服务的专业化生产性服务组织。通过这些专业化的生产性服务组织，提供部分农业生产活动的外部专业服务，提高农业生产活动的效率。通过农业生产活动的专业化生产服务主体培育，推动农业生产活动内部的分工与协作，让从事每一项细分活动的人员不断积累特定农业活动的知识技能，实现农业生产活动的高效化。服务于农业生产活动的供销合作社是农业经营主体中的重要组成部分。四川省传统农业生产主体主要是农户，生产规模小，农产品销售范围就是附近区域，销路很有限，通过成立农业供销合作社可以将农产品销售到更远的地方，还可以降低销售成本，增加收益。成立供销合作社，还可以采购到价格更加实惠、质量更加可靠的农用物资，确保农业生产增产丰收。还可以成立农业生产活动领域的生产合作社等新型经营主体，增强为农业服务的能力。

4. 明确了农村一二三产业融合发展重大工程主要任务

在农业一二三产业融合发展方面，我们可以做的事情很多。加强农业生产经营主体与大型销售零售企业之间的合作与对接就是其中之一。农业生产经营主体主要在乡村，而大型农产品销售组织主要在大中城市，二者之间难以形成紧密联系，地方政府可以在二者之间起到连接作用，让二者实现畅通对接。通过销售企业直接与农业生产企业签订供销协议、销售企业入股农业生产组织等形式，强化二者之间的经济联系，形成稳定的农产品产销关系。发展乡村休闲农业和乡村旅游也是我们可以做的事情之一。让休闲和旅游与农业农村结合，形成休闲旅游的新业态。在休闲旅游方面，乡村具有城市不一样的自然风貌和资源条件，可以形成与城市休闲旅游不一样的新型产业。在这方面乡村的短板在于道路、旅游基础设施、环境卫生、生活条件等方面，只要把这些短板补上，就能够满足人们休闲旅游的需要，就可以把城市休闲旅游消费需求引流到广大的乡村。乡村可以在乡村宜居生活环境建设规划中，在乡村道路、厕所、停车场、公共活动场所等公共基础设施建设中，把乡村休闲旅游也规划进去。建设为乡村休闲旅游服务的公共基础设施网络，包括道路、停车场、厕所、客栈住宿、餐饮等。

5. 明确了农业生产活动中要实施的科技创新工程

农业产业要现代化，离不开农业科学技术在生产活动中的推广与应用。农业科学技术是农业生产的第一生产力。现代农业产业一定需要现代农业生产技术的支撑。四川省农业生产主体主要是农户，他们不可能成为农业科技研发的主体，他们只能是农业科技的应用主体。农业科学技术的进步是政府应当承担的一项重要职责。四川省在农业科技建设方面，要重点抓好以下几个方面的科技工程。一是农业生产污染物防治科技工程。通过科技进步，实现农业生产中的废弃物综合利用、循环利用。二是农业生产活动节约用水科技工程。实现农业用水精准化和高效化，减少单位产量的生产用水量，从而节省水资源。三是农业种子科技工程。种子是农业生产最基本的生产资料，直接关系着农业产量。四川省正好是我国重要的种子培育基地。我们一定要在种子培育上面增加投入，保障国家农业生产的种子安全。加快推进现代种业发展，培育集育、繁、推等育种环节于一体的种业龙头企业。四是农业生产活动中减灾防灾科学技术工程。四川省地质条件复杂，地形地貌多样，农业自然灾害频发，每年造成的经济社会损失很大。加强地质自然灾害预报与防治极为迫切。为了促使农业科技进步，我们应当实现农业科技活动的园区化，建立农业科技产业园区和双创园区。还需要集聚更多农业科技人才，激活农业科技研发、创新体制机制。

6. 明确了农业农村对外开放行动主要任务

在农业农村对外开放方面，政府也是可为的。为四川省农产品打开国际市场，扩大农产品在国际市场上的销路，为四川省农产品在国际市场销售保驾护航，都是政府可以做的事情。比如，建立农产品出口基地，培育专门的农产品出口企业主体，培育为本省农产品出口服务的政府公共平台，主办农产品出口展销会，抓好农产品出口质量体系建设，等等。深入挖掘天府农耕文化，传承天府农耕文明，赋予四川农产品更多地域传统农耕文化内涵，提升四川农产品文化内涵。

7. 明确了生态宜居乡村建设行动主要任务

农村环境卫生建设是乡村振兴的一个重要领域。农村卫生环境受重视程度还不够，不少农户的生活垃圾都是直接扔在房屋周围，有些垃圾被自然分解净化，有些垃圾不能被自然分解，就造成环境污染。随着农村人口生活水平的提高，农村生活垃圾越来越多，对乡村生态环境造成的污染越来越严重，也影响到了乡村居民的身体健康。为此，要解决好农村垃圾的收集和科学处理问题。对垃圾中的有害物质要做好回收工作。对农户倒掉的剩饭剩菜要回收利用。要实施村容村貌提升"六化"工程。为了让农村居民居住得更加舒适和安全，要进一步完善乡村宅基地规划。有些农户居住在远离乡村道路的地方，出行非常不方便。有些民房修在不安全的山坡悬崖附近，有很大安全隐患。我们应当为这些农户规划新的宅基地。在农村，我们还应当推进乡村的家园美化。实施道路硬化，合理选择路面材料，改善村内交通条件。要加宽乡村道路，要让乡村道路通行更安全。要加强乡村道路的照明建设。要加强对乡村传统乡土文化的保护，加大全省范围内 869 个省级以上传统村落的保护。要让传统村落得到维修，要用传统的工艺对传统建筑进行加固和修复。

8. 明确了生态保护与修复行动主要任务

实施农业节水综合示范工程。在大规模成片开展农业生产活动的地域，实施农业生产灌溉节水工程。从改进灌溉技术入手，建设农业节水工程，从大水漫灌向精准滴灌转变，推广秸秆覆盖保水等农业节水技术。因地制宜开展坡改梯工程建设，改进耕作方式。加强抗旱农作物品种开发，在水资源不足的地方种植抗旱农作物，避免对地下水过度开发和抽灌。构建多元化、立体式、组合型资源利用模式。实施化肥、农药零增长行动。加强对土壤成分的分析与监测，科学合理施肥，减少对土壤的伤害与破坏。完成天然林资源保护二期工程公益林建设200万亩（1亩≈666.67平方米，下同）。在适合地方建设国家储备林。主要选择那些不适合田地农业生产的地域来建设林业基地。实现土地资源的充分利用。林地建设应当与江河湖泊生态环境建设结合起来。新建和改造沿江基干防护林带300万亩、重要湖（库）基干防护林10万亩。要加强乡村石漠化、水土流失综合治理。加强湿地自然保护区、湿地公园和生态型河塘建设。在湿地、滩涂等地方，应当保持其自然风貌，防止对这些地方进行大规模生产建设、破坏当地生态环境。要加强对农村野生动物的适度保护，实现人与动物的和谐相处。要加强生物多样性建设。搞好生物物种调查，做好生物物种资源库建设工作。加强国家级和省级自然保护区建设。特别是要重视自然保护区内的道路网络建设，减少火灾等灾害发生。在土地岭、泥巴山、黄土梁、拖乌山等地修复大熊猫基因交流走廊带300万亩，在岷山山系南部和大相岭山系各建1个大熊猫野化放归基地，在广元等市建设林麝野化放归基地。

9. 在乡村开展公共文化服务体系建设

乡村文化生活贫乏，是四川省乡村发展的薄弱环节。工作劳动之余，没有什么大众化的建康性文化娱乐活动，让乡村生活显得枯燥乏味，一些不良休闲娱乐形式由此出现。为此，要大力开展乡村公共性健康文化娱乐活动。在村里建设公共文化活动室等文化娱乐场所，随时对当地群众免费开放，组织大家开展琴棋书画等文化娱乐活动，丰富大家的业余文化生活，传递正能量。在村里建设图书室，方便群众阅读。以前农村的流动院坝电影也可以再兴起来。乡村小河沟清洁安全地段也可以建设成为体育运动场所，在合适的河段建设游泳场所，打造居民自己的水上乐园。深入广大农村、乡镇、牧区开展送文艺下乡演出，让乡村重新热闹起来。村级综合文化服务中心和公共服务网点要推进信息化建设，构建"县以上有队伍、乡镇有网点、村组有专人"的三级文化服务体系。开展乡村文化创意活动。编制"四川乡村艺术节"总体方案，在"四川乡村艺术节"整体框架内，推出各具特色的"××之乡艺术节"，如"熊猫之乡艺术节""竹文化之乡艺术节""石刻之乡艺术节""乡愁文化节""森林音乐节"等，形成四川乃至全国乡村文化振兴系列品牌。实施乡村艺术创作扶持工程。建立省、市、县联动机制，组织优秀艺术家深入生活、深入乡村，扎根人民，建立帮扶创作联系点，结对子、种文化，重点打造农业、农村、农民题材的艺术作品。实施少数民族地区艺术创作提升计划。开展省级与少数民族地区文艺院团结对帮扶，对反映民族地域风情、民族团结、民族自立自强的艺术作品给予重点扶持，特别是在国家级、省级艺术人才培训和赛事活动中对民族地区艺术人才和作品给予倾斜。持续加大对民族地区牧骑演出队和藏戏团的扶持力度。要有支持乡土文化人才的专门计划。在广大相对贫困地区，要充分发掘和保护本土乡村文化人才，让他们的技艺有用场，有人欣赏，并得到传承。落实政府购买公益岗位政策，为每个村招募 1 名文化志愿者。实施乡村群众读书计划，让天府之国书声琅琅。让乡村群众以书为伴，读书不倦。实施"农民读书月""全民阅读"计划，开展读书演讲比赛，让更多乡村读书者分享读书心得体会，分享从书中得到的收获与乐趣，形成读书热潮。实施广播影视提档升级工程。让中央电视台的各套节目、各个省市州的各套节目都能够顺畅免费收看，方便大家及时准确了解国家大事，让国家大政方针能够及时准确被乡村群众了解和掌握。加快高山无线发射台站建设，加快乡村区县一级广播电视台制作业务能力建设，实施涉藏地区州县广播电视节目覆盖工程，推动乡村广电一体化信号线路建设，方便乡村每家每户收看广播电视节目，开展智慧广电无线网络工程、视听乡村、数字文化视听社区建设，广泛提供"零距离"政务、基层远程党校、农村电商等智慧广电业务应用。

10. 提出了优秀乡村文化遗产保护传承行动主要任务

要加强对乡村传统农业耕种文化的使用、维护、保护和传承。要加强对乡村古树的维护与保护，让乡村古树成为乡村悠久历史文化的见证。要加强古树名木周围生态环境建设，制定分级保护措施，并进行挂牌保护。要加强各个村庄名胜古迹的保护。这些都是人们乡愁的重要组成部分，也是村庄历史的重要组成部分。在这些地方开展乡村居民区建设要防止大拆大建、推翻重建。要开展乡土建筑开发保护行动，推动有条件的乡土建筑申报为各级保护文物，不断探索保护利用的新途径。要对少数民族地区的传统农村文化加以弘扬和保护。少数民族乡村是少数民族文化的主要载体，这些文化载体是少数民族的根与魂。少数民族对自己祖祖辈辈生长繁衍之地的尊重与保存就是对自己祖辈历史的尊重与保存。要让乡村非物质文化发扬光大。要让四川文化艺术发扬光大，评比选出一批文化艺术之乡。四川悠久的历史孕育了深厚的四川本地特色乡间文化艺术。这些乡间文化艺术以民间农历节庆的形式存在于民间。让这些传统节庆文化重焕生机、重新融入大众生活，是一项系统的社会生产生活变革工程。要借助现代数字技术手段，加强历史文化信息保存和场景的线上传播。

11. 明确了乡村文化产业繁荣行动的主要任务

实施乡村文化融合行动。实施"乡村文化+农业、旅游、生态、科技"融合工程，打造乡村文化融合示范区。实施乡村传统技艺振兴行动。建立四川乡村传统工艺振兴目录。实施乡村技艺传承人群研修研习计划，帮助乡村群众掌握一门手艺或技术，推动乡村技艺与市场结合，加强乡村技艺合作交流。振兴乡村传统工艺美术品市场。乡村传统文化艺术的保护一定要因地而异。乡村工艺美术即使在较小地域范围内也会有差异，因此一定要尊重各个地方乡村不同的传统工艺技术路线。要构建乡村传统工艺美术产品市场体系和培育消费群体。加大乡村农副产品的文化植入力度，优化乡村农副产品的创意设计和品牌包装，注入体现地域特色的优秀设计元素。要加强面向大众的乡村传统文化知识推广与普及，让更多群众认识到乡村传统工艺美术的博大精深和艺术魅力，在提高大众文化素质的基础上，让传统工艺美术品的群众基础得到巩固。

12. 明确了开展农村基础设施工程建设的主要任务

农村基础设施建设滞后是乡村相对于城市落后的主要表现。一是搞好乡村村级公路建设。乡村交通运输网络体系落后，比如乡村道路路面窄，有些地方道路应修却未修，道路滑坡等隐患点较多。为此，应加宽乡村道路路面，做好道路坡坎的加固防护和桥梁修建，让村与村之间的道路更加畅通安全，让每个村内部的生产道路和生活道路更加完善方便。二是抓好乡村企业生产和生活基础设施建设。加强国有农场、林场场内基础设施建设。加强森林地区交通基础设施建设。加强乡村物流体系建设。抓好乡村村与村之间、乡与乡之间的人员流动交通运输体系建设，加强乡村物流配送体系建设，实现货物的快速运达。三是开展大中小型水利工程建设。要做好水利工程论证规划和建设规划，抓好水利工程与其所覆盖的乡村生产生活水利网络的建设。充分发挥水利工程造福于民的潜力。做好米市水库、三坝水库、毗河工程二期、资中两河口水库等一批大中型水利工程建设前期工作。积极做好水利工程的规划论证工作。水利工程项目的选址和工程大小应当科学合理，应多修一些更安全、更环保、更有利于地方经济社会发展的小水利工程。四是强化农村能源基础设施建设。在农村大力发展清洁安全能源。允许和鼓励乡村从当地实际情况出发发展多样化的分布式能源。在生物质资源丰富的村庄，继续鼓励和支持农户使用沼气作为生活用能源。五是开展农村信息通信基础设施建设。布设完善乡村信息网络，让乡村更好地融入互联网。大力发展乡村 4G 通信无线网络，让乡村的每个地方都能接收到无线通信信号。六是实施针对自然灾害的防洪减灾工程。加强对乡村水库的监测、维护治理，加强对大渡河、金沙江以及长江支流的监测、维护治理。要加强乡村道路桥梁的监测与维护，防范各种自然灾害的发生。加强乡村滑坡、泥石流等自然灾害监测体系建设。

13. 开展农村公共服务的主要任务

一是提升乡村教育质量。要重新振兴乡村教育。乡村学校应当邻近乡村居民集聚点，要让乡村群众的子女可以就地上学、安全上学、方便上学。推行乡村幼儿教育义务化，要加强乡村幼儿园建设，让更多幼儿能够免费入园。二是加强乡村健康基础设施建设，开展健康乡村行动。乡村健康基础设施包括乡村卫生基础设施和乡村体育运动基础设施两项。要提升乡镇卫生院治病救人的技术能力，要让社区卫生服务机构具有基本疾病治疗能力，让村卫生室能够处理一些应急的受伤救治事件。要为这些基层医疗卫生机构制定一定的配置标准，要有专门的经费保障和人员配置保障。让群众有运动锻炼的场所和器械。篮球和乒乓球是我国乡村最喜闻乐见的体育运动，篮球场、乒乓球场馆是乡村体育基础设施的主要组成部分。这些场馆应该依托乡村居民住宅的院坝等平地。村社要经常组织群众性体育活动和比赛，活跃乡村生活。鼓励大家参加健康保险，减轻医疗救治负担。鼓励地方政府实行村民医疗保险集体统筹统交制度，利用村集体经济收入为乡村每个人购买一份健康保险。三是实施乡村养老公共服务计划。随着我国进入老龄化社会，乡村老年人养老问题越来越需要重视。如何让乡村老年人老有所养、老有所乐，是乡村振兴需要关注和解决的问题。要发扬乡村邻里之间互帮互助的优良传统，鼓励相邻各户人之间轮流照顾各户的老人。要把照顾留守老年人作为村社干部工作的一部分。村里的老年人活动设施，要与村社的卫生室、读书室、文化活动设施统筹规划建设，方便老年人生活起居和日常锻炼。

14. 明确了农民就业创业增收行动的主要任务

一是大力发展乡村农业产业。要发展农业产业，让农业成为具有竞争力、充满生机与活力的现代农业，让农业重新成为可以吸纳大量劳动力的产业，让乡村具有农业种植经验的劳动力可以凭借自己的劳动技能获得满足生活需要的收入。为那些想从事农业又有农业生产经验的农民提供土地流转服务，帮助他们流转更多土地，扩大生产规模，实现规模化生产种植。鼓励那些在外打工的种田能手回村创业。二是对农村年轻劳动力进行农业生产技能培训。培养更多具有农业生产技能的农业劳动力新生代，让农业生产后继有人。三是建立乡村就业公共服务机制。在县一级可以成立面向全县劳动力就业的就业和社会保障公共服务组织，并且将其组织的毛细血管延伸到乡镇，在这里设立服务点，就近为劳动力提供服务。加强全县范围内的就业信息网络建设，方便劳动者在县域范围内就近找到合适的工作。

15. 继续实施扶贫计划

一是对那些因身体健康等原因返贫的村民，政府为他们提供持续支持和帮助。针对这些群体的扶贫不是一时的行动而是长期的行动。要帮助他们搞好生产活动：可以从事农业生产活动的要帮助他们发展农业生产，可以从事手工艺生产的要帮助他们建立手工业作坊，可以从事乡村旅游的，要在资金、客源方面提供帮助——帮助他们从事一些力所能及的事情，增加他们的收入。二是为他们提供更多公益性岗位。随着乡村振兴的深入，乡村公共服务活动会相应增加，比如乡村生态环境保护、乡村清洁卫生打扫、乡村集体经济企业工作岗位都在不断增加，政府应当鼓励贫困群众到这些公共服务岗位和集体企业就业，并为他们优先安排工作。政府还应当与城市就业服务部门协调，为贫困人口提供更多的其他渠道就业岗位。三是为贫困户建设住房。认真落实全省农村住房统筹管理联席会议制度，确保贫困户有安全舒适的自有房屋。地方政府还要搞好因为乡村水利设施以及其他国家重大建设项目而需要搬迁的农村居民的新居建设工作。各类农房建设项目要严格落实相关政策。要加强对原来的深度贫困地区脱贫攻坚农房建设的专项检查和督促，做到专项资金不挪用、不短斤少两，确保新建房屋质量达标。四是开展教育扶贫行动。改善贫困地区义务教育阶段学生寄宿条件。落实乡村义务教育相关政策，进一步减轻贫困家庭子女读书受教育的经济负担。确保每个家庭的子女都有书读、都能就近方便上学。鼓励和引导更多贫困学生接受职业教育，增加就业。着力加强贫困地区教师培养培训，推进内地学校优质教育资源和贫困地区学校共建共享，让贫困地区学生享受到更多、更高质量的教育，不断提升乡村教育质量。实施贫困地区本土人才培养计划，为那些相对贫困地区的村民子女升学读大学提供更多机会，向相对贫困地区的学生提供一定数量的定向招生名额，鼓励他们学成后回到本地从事建设家乡的各项工作。五是实施健康扶贫计划。为贫困人口和贫困家庭提供一定水平的医疗帮助和支持，让他们有病敢看，有病能治，不会因病拖累家人。要加强贫困地区医疗卫生机构建设和医疗卫生人员培养，提升贫困地区医疗卫生水平。对于贫困地区的群众可以实行大病政府兜底计划。开展大小凉山彝区艾滋病防治攻坚和涉藏地区棘球蚴病防治攻坚。六是继续开展东西部扶贫协作和对口支援行动。加强与浙江、广东等对口帮扶的东部发达省份的沟通对接，东部省份在推动贫困地区产业发展、劳动力就业、人才培养方面有其优势和资源，可以与贫困地区现有资源进行结合，实现优势互补。七是继续开展飞地园区建设项目。在省内经济相对发达的成都平原经济圈，为甘孜、阿坝、凉山等经济相对落后地区建设一批产业园区，利用这些经济基础比较好的地区的各方面优势为其建设飞地产业园。为落后地区搭建飞地产业园区，增加落后地区的收入，还可以通过这种模式加强两地经济之间的联系，加强落后地区与外地经济的联系，为落后地区引入更多资源。八是把贫困地区交通放在重要位置。交通落后是不少贫困地区落后的重要制约因素。贫困地区地方政府财政收入有限，交通建设经费有限，而这些地方往往又是山区，道路建设难度大、成本高。加大贫困地区道路交通建设的政府财政资金支持力度，特别是县乡村等层级的道路交通建设显得尤为重要。这些层级的道路交通是当地经济社会发展的毛细血管，对当地的经济社会发展的推动作用更明显。

2.2.3 制定确保乡村振兴相关政策措施落地的激励考核制度

为了调动四川省各级地方政府开展乡村振兴的积极性和主动性，2018年，四川省委省政府制定了专门的与乡村振兴战略规划内容紧密衔接的考核制度①。考核制度适用对象是实施乡村振兴战略的四川省各级地方政府的工作人员。考核办法注重实际效果，以成绩说话。该考核办法从2019年开始实施。考核对象从县（市、区）层面开始，向下一级是乡镇，一直深入到村，共三个层级。考核优秀的评为先进，受到表扬和奖励。考核不搞一刀切，而是从四川省经济社会发展的区域差异性出发，将考核对象分为五个片区，分片区进行考核。经济社会发展水平相对较高的成都片区，考核指标要求更高。攀西和川西北两个片区考核指标要求相对较低，其他片区考核指标要求处于中间水平。从考核指标看，国家乡村振兴所提出的产业发展、生态宜居等建设模块是考核的重要模块，在模块下的具体考核指

---

① 解读：《四川省县（市、区）实施乡村振兴战略分类考评激励办法》[EB/OL].（2021-11-15）[2022-08-08].https://www.sc.gov.cn/10462/10464/13298/13303/2021/11/15/4fa17bb0755344478414708119cc3683.shtml.

标上也从四川省实际情况出发进行了调整。县、乡、村的考核指标也存在明显的差异，从而突出不同基层政府部门的不同建设侧重点，避免上级政府将责任下放到基层。

《四川省县（市、区）实施乡村振兴战略分类考评激励办法》细化了乡村振兴中的先进基层单位评选标准。翻开四川省乡村振兴考核指标文件，我们可以看出这些指标的设置是比较符合四川省乡村建设的实际情况的。在面向县（市、区）级组织的考核中，从考核指标模块看，考核指标包括农业高质量发展、宜居乡村建设、乡风文明善治、生活水平提高、落实农业农村优先发展原则五个模块。在每个模块内的二级指标数值设定上，体现了从四川省实际情况出发、从五个片区实际情况出发的实事求是态度。四川省五大片区县（市、区）类区设定的考核指标具体数值见表 2-1。

表 2-1　先进县（市、区）类区考评标准

指标及分值		类区及标准				
		成都平原经济区	川南经济区	川东北经济区	攀西经济区	川西北生态示范区
农业高质量发展（30分）	农村居民人均可支配收入中家庭经营性收入占比/%	>30	>30	>30	>40	>40
	特色优势产业产值占农业总产值的比重/%	>50	>45	>45	>45	>45
	农业劳动生产率/(万元·人$^{-1}$)	>5	>4	>4	>4	>4
	农产品加工业产值与农业总产值比	>2.5	>2.5	>2.5	>2.5	>2
	农业科技进步贡献率/%	>62	>62	>62	>62	>60
	高标准农田占比/%	>40	>30	>30	>30	>20
	主要农作物耕种收综合机械化水平/%	>70	>60	>60	>60	>50
	农业信息化水平/%	>70	>65	>65	>65	>50
	有新型职业农民的村民小组占比/%	>70	>60	>60	>60	>50
	农产品产地加工、冷链物流体系	健全	健全	健全	健全	健全
	"农户+"的新产业组织方式	全面建立	建立	建立	建立	建立

表2-1(续)

指标及分值		类区及标准				
		成都平原经济区	川南经济区	川东北经济区	攀西经济区	川西北生态示范区
宜居乡村建设(40分)	户分类、村收集、镇运输、县处理的垃圾收运处置模式(或就近分散处理等模式)	建立	建立	建立	建立	建立
	生活垃圾得到有效处理的村占比/%	>95	>90	>90	>90	>80
	村民小组保洁员配备率/%	100	100	100	100	100
	有正常运行的污水处理厂的乡镇占比/%	>80	>70	>70	>70	>50
	生活污水得到有效处理的村占比/%	>85	>65	>65	>65	>50
	农村户用卫生厕所普及率/%	>95	>90	>90	>90	>85
	有独立的、管理良好的、干净整洁的、粪污得到有效处理的农村公共厕所的村占比/%	>90	>85	>85	>85	>80
	化肥、农药用量减少幅度/%	>20	>15	>15	>25	>10
	农业废弃物资源化利用及回收处置率/%	>85	>75	>75	>75	>60
	"六网"基础设施建设水平	类区前列	类区前列	类区前列	类区前列	类区前列
	美丽四川宜居乡村达标村(特色村落)占比/%	>85	>65	>65	>65	>50
	省级卫生县(市、区)	是	是	是	是	是
乡风文明善治(10分)	县级以上文明乡镇、文明村占比/%	>50	>50	>50	>50	>50
	基层党组织领导核心作用	明显	明显	明显	明显	明显
	平安建设群众满意度排位	全省前60位	全省前60位	全省前60位	全省前60位	全省前60位
	公共法律服务体系建设水平	类区前列	类区前列	类区前列	类区前列	类区前列
	县级文化馆、图书馆	3级以上	3级以上	3级以上	3级以上	3级以上
	乡镇综合文化站达标率/%	>90	>80	>80	>60	>60
	村综合性文化服务中心覆盖率/%	>98	>95	>95	>95	>90
	适龄儿童少年义务教育阶段入学率/%	100	100	100	100	100

表2-1(续)

指标及分值		类区及标准				
		成都平原经济区	川南经济区	川东北经济区	攀西经济区	川西北生态示范区
生活水平提高(10分)	农村居民人均可支配收入/万元	±2(成都市>2.5)	±2	±2	±2	±1.5
	农村居民人均可支配收入增幅	高于类区平均水平	高于类区平均水平	高于类区平均水平	高于类区平均水平	高于类区平均水平
	农村居民恩格尔系数/%	<35	<35	<35	<35	<35
	城乡居民医疗保险、低保、特困人员救助、养老保险	全覆盖	全覆盖	全覆盖	全覆盖	全覆盖
落实农业农村优先发展原则(10分)	三级书记抓乡村振兴的领导责任制和实绩考核制度	落实	落实	落实	落实	落实
	编制实施多规合一的乡村振兴规划	完成并实施	完成并实施	完成并实施	完成并实施	完成并实施
	各地单列用于农村新产业新业态用地规模占省上下达年度新增建设用地计划比例/%	≥8	≥8	≥8	≥8	≥8
	乡村振兴财政投入在县级财政公共支出中的比重	高于类区平均水平	高于类区平均水平	高于类区平均水平	高于类区平均水平	高于类区平均水平
	涉农贷款余额增速	高于类区平均水平	高于类区平均水平	高于类区平均水平	高于类区平均水平	高于类区平均水平
	公办义务教育学校	达到省定基本办学条件标准	达到省定基本办学条件标准	达到省定基本办学条件标准	达到省定基本办学条件标准	达到省定基本办学条件标准
	县城小学、初中义务教育校际均衡状况评估差异系数	分别小于或等于0.65和0.55	分别小于或等于0.65和0.55	分别小于或等于0.65和0.55	分别小于或等于0.65和0.55	分别小于或等于0.65和0.55
	每千乡村人口卫生技术人员数	高于类区平均水平	高于类区平均水平	高于类区平均水平	高于类区平均水平	高于类区平均水平
	农村居民最低生活保障标准和农村特困人员供养标准	不低于全省标准低限	不低于全省标准低限	不低于全省标准低限	不低于全省标准低限	不低于全省标准低限
	农业农村体制机制改革	重大农村改革年度任务全面完成;改革试点实验取得可复制可推广的经验	重大农村改革年度任务全面完成;改革试点实验取得可复制可推广的经验	重大农村改革年度任务全面完成;改革试点实验取得可复制可推广的经验	重大农村改革年度任务全面完成;改革试点实验取得可复制可推广的经验	重大农村改革年度任务全面完成;改革试点实验取得可复制可推广的经验

在面向乡镇一级组织的考核中,考核指标分为乡村产业、宜居乡镇、乡风文明、基层治理、生活水平五个模块。这些模块下面的考核指标具有显著的基层特色,体现了从基层组织职责工作出发进行考核的特点。四川省五大片区乡镇类区设定考核指标具体数值见表2-2。

表 2-2　先进乡镇类区考评标准

指标及分值		类区及标准				
		成都平原经济区	川南经济区	川东北经济区	攀西经济区	川西北生态示范区
乡村产业（30分）	主导产业收入占农民家庭经营性收入的比例/%	>60	>55	>55	>55	>50
	村有农民合作社或农民联合社	有	有	有	有	有
	村有农户家庭农场（牧场、林场、渔场）	有	有	有	有	有
	新型经营主体带动小农户机制	全面建立	全面建立	全面建立	全面建立	建立
	高标准农田占比/%	>50	>40	>40	>40	>30
	主要农作物耕种收综合机械化水平/%	>80	>70	>70	>70	>50
	农业信息化水平/%	>85	>75	>75	>75	>50
	有新型职业农民的村民小组占比/%	>90	>80	>80	>80	>60
宜居乡镇（50分）	特色场镇建设水平	类区前列	类区前列	类区前列	类区前列	类区前列
	生活垃圾得到有效处理的村占比/%	>100	>95	>95	>95	>80
	村民小组保洁员配备率/%	100	100	100	100	100
	有正常运行的污水处理厂	有	有	有	有	有
	生活污水得到有效处理的村占比/%	>95	>75	>75	>75	>60
	农村户用卫生厕所普及率/%	>100	>100	>100	>100	>80
	有独立的、管理良好的、干净整洁的、粪污得到有效处理的农村公共厕所的村占比/%	>95	>90	>90	>90	>85
	化肥、农药用量减少幅度	>20	>15	>15	>25	>10
	农业废弃物资源化利用及回收处置率/%	>85	>75	>75	>75	>60
	"六网"基础设施建设水平	类区前列	类区前列	类区前列	类区前列	类区前列
	建有村级公共服务中心的村占比/%	100	100	100	100	95
	美丽四川宜居乡村达标村（特色村落）占比/%	>95	>75	>75	>75	>60
	省级卫生乡镇	是	是	是	是	是

表2-2(续)

指标及分值		类区及标准				
		成都平原经济区	川南经济区	川东北经济区	攀西经济区	川西北生态示范区
乡风文明(5分)	市级以上文明乡镇	是	是	是	是	是
	镇域内县级以上文明村占比/%	>60	>60	>60	>60	>60
	乡镇综合文化站达标率/%	100	100	100	100	100
	村综合性文化服务中心达标率/%	100	100	100	100	100
	适龄儿童少年义务教育阶段入学率/%	100	100	100	100	100
基层治理(5分)	乡镇党委政府职能职责	强化	强化	强化	强化	强化
	基层党组织领导核心作用	强	强	强	强	强
	农村"三留守"关爱体系	健全	健全	健全	健全	健全
	乡镇普法依法治理水平	类区前列	类区前列	类区前列	类区前列	类区前列
	镇域内村民违法犯罪率	<全县平均	<全县平均	<全县平均	<全县平均	<全县平均
生活水平(10分)	农村居民人均可支配收入/万元	>2.5	>2.2	>2.2	>2.2	>1.8
	城乡居民医疗保险、低保、特困人员救助、养老保险	全覆盖	全覆盖	全覆盖	全覆盖	全覆盖

在面向村一级组织的考核中,考核指标分为特色产业、村落宜居、村风文明、基层治理、生活水平五个模块。这些模块下面的考核指标更加显示出基层特色,体现了从村组织工作职责出发进行考核的特点。四川省五大片区村一级类区考核指标、具体数值设定见表2-3。

表2-3 示范村类区考评标准

指标及分值		类区及标准				
		成都平原经济区	川南经济区	川东北经济区	攀西经济区	川西北生态示范区
特色产业(30分)	主导产业收入占农民家庭经营性收入的比例/%	>65	>60	>60	>60	>55
	省级以上优势特色产业专业村	是	是	是	是	是
	村有农民合作社或农民联合社	有	有	有	有	有
	组有农户家庭农场(牧场、林场、渔场)	有	有	有	有	有
	新型经营主体带动小农户机制	建立	建立	建立	建立	建立
	高标准农田占比/%	>80	>70	>70	>70	>50
	主要农作物耕种收综合机械化水平/%	>85	>75	>75	>75	>50

表2-3（续）

指标及分值		类区及标准				
		成都平原经济区	川南经济区	川东北经济区	攀西经济区	川西北生态示范区
村落宜居（50分）	生活垃圾处理农户覆盖率/%	100	100	100	100	>85
	生活垃圾实现分类处理	是	是	是	是	是
	村民小组保洁员配备率/%	100	100	100	100	100
	生活污水处理农户覆盖率/%	>70	>60	>60	>60	>50
	全面消除黑臭水体	是	是	是	是	是
	户用卫生厕所普及率/%	>100	>100	>100	>100	>90
	有独立的、管理良好的、干净整洁的、粪污得到有效处理的公共厕所	有	有	有	有	有
	化肥、农药用量减少幅度/%	>20	>15	>15	>25	>10
	农业废弃物资源化利用及回收处置率/%	>85	>75	>75	>75	>60
	村容村貌"六化"实施水平	类区前列	类区前列	类区前列	类区前列	类区前列
	"六网"基础设施建设水平	类区前列	类区前列	类区前列	类区前列	类区前列
	"有制度、有标准、有队伍、有经费、有督查"的农村人居环境整治长效管护机制	全面落实	全面落实	全面落实	全面落实	全面落实
	美丽四川宜居乡村达标村（特色村落）	是	是	是	是	是
	省级卫生村	是	是	是	是	是
村风文明（5分）	市级以上文明村	是	是	是	是	是
	开展文明家庭、星级文明户评选活动	开展	开展	开展	开展	开展
	村综合性文化服务中心达标	是	是	是	是	是
	适龄儿童少年义务教育阶段入学率/%	100	100	100	100	100
基层治理（5分）	村"两委"班子专业化能力	强	强	强	强	强
	村党组织领导核心作用	强	强	强	强	强
	一村一法律顾问配备率/%	100	100	100	年度达标	年度达标
	吸毒、卖淫、拐卖妇女儿童等违法犯罪行为，封建迷信和邪教活动，村霸等黑恶势力	无	无	无	无	无
	稳定可靠的新型集体经济收入来源	有	有	有	有	有
生活水平（10分）	农村居民人均可支配收入/万元	>3	>2.5	>2.5	>2.5	>2.2
	城乡居民医疗保险、低保、特困人员救助、养老保险	全覆盖	全覆盖	全覆盖	全覆盖	全覆盖

2.2.4 四川省聚焦乡村振兴的第二个一号文件

2019 年四川省委一号文件是国家提出乡村振兴战略以来四川省的第二个一号文件，该一号文件依然是以乡村振兴为主题。在这个一号文件中，四川省提出了一系列乡村振兴的重要任务[①]。

脱贫攻坚依然是 2019 年四川省委一号文件的重要内容。2019 年的时候，四川省依然是脱贫攻坚任务艰巨繁重的省份之一。这一年四川省依然还有 40 多个贫困县、900 多个贫困村、接近 40 万的贫困人口。为了消除绝对贫困，四川省做了一系列重要政策部署。围绕贫困地区的道路交通等基础设施开展建设，加强贫困地区农业水利设施建设，进行农村电网改造，开展乡村通信信息网络基础设施建设和生态环境建设，等等。

2019 年的四川省委一号文件指出，保障粮食安全是主要任务。四川省是我国粮食生产大省，是国家粮食生产的重要基地。抓好四川省粮食生产就是要保障我国粮食安全和实现粮食自给自足。为此，四川省提出了两大对策：一是从粮食生产用地入手，保障农业生产用地的数量和质量，满足粮食生产的基本条件。提升种粮田地的基础设施建设标准，稳定粮食耕种面积，稳定粮食产量目标。二是实行科技兴农政策，加强农业科技的研发与产业化应用。把优化粮食品种、提升优质品种比例作为一项重要任务。水稻、小麦、玉米、马铃薯、高粱等农作物都依据其用途进行品种优选，确保各种农产品的需求都能得到满足，实现农产品供给与需求的基本平衡。

2019 年四川省委一号文件围绕农业产业体系，提出了加强农业产业链建设的具体任务。四川省围绕 10 个主要农作物品种，主要从 4 个方面推进：一是从主要农产品生产设施设备入手；二是从农产品加工设施设备入手；三是从农产品种子入手，培育优良农产品种子；四是发展农业产业园。为了更好地实施这些政策，对载体平台也需要进行优化，那就是要建设农业产业园，实现农产品加工产业的集中化发展。发展农业产业园也有利于发展农产品电子商务和农产品物流等服务业。同时政策措施也对农业产业园区建设所需的资金、用地等予以支持。加强农业产业园区的等级评定和奖励，加强地方政府之间的交流和沟通也是促进农业产业园建设的需

---

① 省委省政府印发《关于坚持农业农村优先发展推动实施乡村振兴战略落地落实的意见》[EB/OL].（2019-03-07）[2022-08-08]. https://www.sc.gov.cn/10462/10464/10797/2019/3/7/4364e6efbce8041d68b57c02de7dd3737.shtml.

要。为此，四川省还专门制定了关于农业产业园区评定的具体文件，为评定提供量化考评的依据。

推动人居环境改善也是文件提出的重要任务。大力开展农村人居环境中的生活垃圾治理、污水治理、厕所建设、畜禽粪污资源化利用和村庄清洁化"五大行动"。要深化农业生产废弃物资源化利用。要不断推进农村路网、自来水管网、电网、通信和信息网络建设。要持续推进乡村生态环境保护。

不断增加农民收入和全面发展也是文件提出的重要任务。要通过各种渠道增加农民收入。大力发展新型农业经营主体，实施就业创业工程。增加农民财产性收入。深化农村产权制度改革，盘活农村资源资产。推动返乡下乡人员就业。抓好农民工技能培训和就业支持工作。继续探索新型职业农民制度。发展乡村文化事业，发展乡村公共服务和社会保障事业。

2.2.5 2020年四川省委省政府一号文件继续聚焦乡村振兴

2020年四川省又发布了实施乡村振兴战略以来的第三个一号文件。这一年的四川省委省政府一号文件在前几年乡村建设成绩的基础上，继续建设长板，不断强化短板建设[1]。2020年四川省委省政府一号文件的主要内容如下：一是以攻克深度贫困堡垒为重点，坚决打赢脱贫攻坚战。挂牌督战打赢深度贫困歼灭战。实现全省剩下的7个贫困县摘帽、300个贫困村退出、20万贫困人口脱贫。2020年四川省委省政府一号文件提出要推动就业扶贫，加大贫困村创业致富带头人培育力度，规范扶贫车间和扶贫公益性岗位管理，促进贫困地区劳动力稳定就业。深入开展"学前学会普通话"行动，解决控辍保学、移风易俗等特殊难题。要组织开展脱贫攻坚系列宣传报道，讲好脱贫攻坚四川故事。依规开展脱贫攻坚奖、脱贫榜样评选和第七个扶贫日系列活动。总结推广以奖代补、星级激励、积分制管理等有效做法，更好激发贫困群众内生动力。要对应聘到艰苦边远地区乡村工作的应届高校医学毕业生，给予大学期间学费补偿、国家助学贷款代偿。二是以保障重要农产品有效供给为重点，加快建设"10+3"现代农业体系。粮食播种面积稳定在9 000万亩以上，粮食总产量稳定在700亿斤（1斤=0.5千克，下同）左右，油菜籽产量达到300万吨。以90个粮食主

---

① 中共四川省委 四川省人民政府：关于推进"三农"工作补短板强弱项 确保如期实现全面小康的意见［EB/OL］.（2020-03-31）［2022-08-08］. https://www.sc.gov.cn/10462/10464/10797/2020/3/31/2cac376276e843a89a0b177f11b5d1e0.shtml.

产县和 48 个产油大县为重点，加快建立一批现代粮油产业园区。三是以分类有序推进农村人居环境整治为重点，加快建设"美丽四川·宜居乡村"。

2.2.6　2021 年四川省委省政府一号文件仍然聚焦乡村振兴

2021 年 3 月，四川省委以一号文件形式下发了以四川农业农村现代化为主题的乡村振兴方面的文件①。该文件仍然聚焦乡村振兴，主要内容包括：一是保障粮食和重要农产品供给安全。要稳步提高粮食产量。要稳步地增强肉类和蔬菜等农产品的供给能力。加强对基本农田保护，要确保耕地面积不减少。要加强农田水利设施建设。要抓好种质资源保护和种业发展。要加强对农业科技的支持和对农业装备的发展。要保障农产品质量安全。二是以园区建设为抓手构建全川"10+3"现代农业体系。通过现代农业园区建设，推动现代农业产业集聚发展，延伸农产品加工业产业链。建设农村现代物流体系。不断发展乡村产业新业态。三是开展"美丽四川·宜居乡村"建设，要加强乡村公共基础设施建设，不断改善和提升农村人居环境，加强农村生态环境建设，加强农村基本公共服务建设，创新乡村社会治理，深化乡村文明文化建设。

2.2.7　加强与乡村振兴战略实施相关的领导干部考核

四川省高度重视动员各级政府的力量和省一级部门力量投身乡村振兴实践。2018 年以来，四川省委专门两次发文进行落实，将各级政府部门的主要干部和省一级部门主要干部列为考核对象②。地市州党委和政府、有乡村的县区市党委和政府都属于考核对象，省一级与农业有关的事业单位也属于考核对象。对这些考核对象的考核在全省范围内统一组织实施。省委省政府是统一领导组织，四川省委的农村工作领导小组是具体实施考核的统筹部门③。

考核每年开展一次。考核内容主要有六个方面。一是农业农村在各级党政部门是否处于优先发展地位。二是脱贫地区的脱贫与这些地区的乡村

① 中共四川省委 四川省人民政府：关于全面实施乡村振兴战略开启农业农村现代化建设新征程的意见 [EB/OL]. (2021-03-24) [2022-08-08]. https://www.sc.gov.cn/10462/10464/10797/2021/3/24/e6c67319234d4edf864fa5ba8322d709.shtml.

② 四川省实施乡村振兴战略考评激励办法出台 [EB/OL]. (2018-11-09) [2022-08-08]. https://www.sc.gov.cn/10462/10464/10797/2018/11/9/10462556.shtml.

③ 四川省出台推进乡村振兴战略实绩考核办法 [EB/OL]. (2021-03-17) [2022-08-08]. https://www.sc.gov.cn/10462/10464/10797/2021/3/17/a3cabc68211f4535badc50a2568fc514.shtml.

全面发展是否一脉相承。三是乡村农业产业的现代化建设是否是一项重要工作任务。四是所辖地区的乡村建设是否是一项重要的党政工作。五是农业农村基本经济制度改革是否有实质性进展。六是对农业农村的政府财政支持是否足额及时下拨。考核采取日常抽查督查、年中交叉检查、年终部门评分相结合的方式进行。该考核办法明确指出考核结果将如何影响被考核人绩效考核的各个方面。也就是说，这个考核结果直接进入被考核人的年度绩效考核指标体系，成为被考核人年度绩效考核的一部分。这个考核结果也是对省直涉农部门（单位）主要负责同志、有关负责同志综合考核评价的重要依据。同时，考核办法还明确了考核程序、考核纪律等内容。

2.3 三年来四川乡村振兴取得的实绩

2.3.1 四川乡村面貌发生深刻变化

四川省乡村振兴取得的成绩可以以 2016 年四川省乡村的实际情况为参照。四川省乡村建设主要指标如下：

在产业兴旺领域。全川的粮食综合生产能力也就是总产量是指标一，全川农业生产中单位产出的农业科技进步贡献率是指标二，全川农业劳动者人均劳动生产率是指标三，全川农产品加工产值与农产品总产值的比例关系是指标四，全川符合"三品一标"要求的农产品个数是指标五，全川以休闲农业和乡村旅游业为统计口径接待人次为指标六。

在宜居生态环境建设方面。我们可以从五个指标进行比较。对畜禽粪污是否进行了有效循环利用是指标一。乡村绿化面积所占比例是指标二。乡村生活垃圾是否得到有效处理及所占比例是指标三。乡村居民的生活污水是否得到科学合理处理及所占比例是指标四。乡村建设中符合卫生标准的厨房数量及所占比例是指标五。

在乡村文明新风建设方面。村里综合性文化服务中心数量及其所占比例是指标一。在一个县域的范围内，得到县一级党委和政府及以上党政部门授予的文明村和文明乡镇数量及所占比例是指标二。在所辖行政地域范围内所有的义务教育学校里面专任教师总量中本科及以上学历数量以及所占比例是指标三。在乡村居民可支配收入中有多少用于教育文化以及娱乐方面的消费，这些消费在可支配收入中所占比例是指标四。

在乡村治理建设方面。有没有对乡村建设进行科学合理规划以及有规划的村庄所占比例是指标一。村庄是否有乡村综合服务站以及有综合性服务站村庄所占比例是指标二。有没有乡村党支部书记同时也是该村的村主任的村庄以及这样的村庄所占比例是指标三。村庄有没有建立村规民约规章制度以及有村规民约规章制度的村庄所占比例是指标四。在村里面是否设立有法律顾问从事公共服务以及设立有法律顾问的村庄所占比例是指标五。

在生活富裕领域。以农村居民为统计对象，他们用于食品的支出占总消费支出的比例也就是恩格尔系数是指标一。以农村居民为统计对象，他们的人均可支配收入总额以及与城市居民人均可支配收入的比例关系分别是指标二和指标三。在乡村，居民用上了自来水的户数以及占乡村居民总户数的比例是指标四。在乡村，村庄道路是硬化路面的村庄数量以及所占比例是指标五。

以 2016 年底为基数，2016 年四川省乡村振兴的很多指标值与 2020 年四川省乡村振兴要达成的指标值之间还有很大差距，建设任务十分艰巨。两个年份的指标值如表 2-4。

表 2-4　四川省乡村振兴战略规划 2020 年要实现的主要指标

分类	序号	主要指标	单位	2016年基期值	2020年目标值	2020年比2016年增加数量（或累计提高百分点）	属性
产业兴旺	1	粮食综合生产能力	万吨	3 500	>3 500	0	约束性
	2	农业科技进步贡献率	%	59	61	[2]	预期性
	3	农业劳动生产率	万元/人	2.2	3.3	1.1	预期性
	4	农产品加工产值与农产品总产值比	—	1.9	2.4	0.5	预期性
	5	"三品一标"农产品数量	个	5 136	5 600	464	预期性
	6	休闲农业和乡村旅游业接待人次	亿人次	3.5	4.0	0.5	预期性
生态宜居	7	畜禽粪污综合利用率	%	60	75	[15]	约束性
	8	村庄绿化覆盖率	%	—	30	—	预期性
	9	对生活垃圾进行处理的村占比	%	89.5	90	[0.5]	预期性
	10	对生活污水进行处理的村占比	%	11.8	50	[38.2]	预期性
	11	农村卫生厨房普及率	%	57.3	85	[27.7]	预期性

表2-4(续)

分类	序号	主要指标	单位	2016年基期值	2020年目标值	2020年比2016年增加数量（或累计提高百分点）	属性
乡风文明	12	村综合性文化服务中心覆盖率	%	82.3	95	[12.7]	预期性
	13	县级及以上文明村和乡镇占比	%	22.4	50	[27.6]	预期性
	14	农村义务教育学校专任教师本科及以上学历占比	%	47.6	60	[12.4]	预期性
	15	农村居民教育文化娱乐支出占比	%	6.9	8.9	[2]	预期性
治理有效	16	村庄规划管理覆盖率	%	—	80	—	预期性
	17	建有综合服务站的村占比	%	13.3	50	[36.7]	预期性
	18	村党组织书记兼任村委会主任的村占比	%	2.1	35	[32.9]	预期性
	19	有村规民约的村占比	%	100	100	[0]	预期性
	20	一村一法律顾问的村占比	%	85	90	[5]	预期性
生活富裕	21	农村居民恩格尔系数	%	38.1	35.7	[-2.4]	预期性
	22	农村居民人均可支配收入	元	11 203	15 000	3 797	预期性
	23	城乡居民收入比	—	2.53	2.49	-0.04	预期性
	24	农村自来水普及率	%	67	75	[8]	预期性
	25	具备条件的建制村通硬化路比例	%	92	100	[8]	约束性

在发展乡村产业指标数值变化方面。明确规定2020年的粮食产量不能低于2016年的产量。虽然粮食产量变化不大，但是指标明确要求粮食生产的科技含量必须明显加大，农业生产活动的人均劳动生产率必须有显著提升，而且以农产品为原料的加工业的产值占农业生产总值的比重必须显著提高。农产品数量中满足"三品一标"品种要有显著增加。到乡村来休闲和旅游的人次必须显著增加。

在生态宜居建设指标数值变化方面。畜禽粪便实现循环利用的比例在2016年与2020年两个年份之间有显著变化。2020年村庄绿化面积占村庄总面积的比例相比2016年有明显的提升。2020年生活垃圾被有效净化的村庄比例相比2016年也有明显提升。2020年生活污水被有效净化的村庄与所有村庄的比例相比2016年有大幅度提升。2020年乡村卫生厨房建设数量相比2016年也有大幅度增加。

　　在乡风文明建设方面。在 2016 年与 2020 年两个年份之间指标数值也有显著变化。综合性文化服务中心从 2016 年到 2020 年，几年之间数量有显著增加，占比大幅度提高。获得县级及以上文明村和文明乡镇称号的村庄数量和乡镇数量占全县全部村庄和乡镇的比例亦有大幅度提高。农村义务教育学校所有专任教师队伍中获得本科学历和硕士研究生学历的教师大幅度增加，他们在教师总数中所占比例也大幅度提高。在乡村，居民可支配收入中用于教育文化娱乐的支出也有所增加，占居民可支配收入的比例也有所提高。

　　在治理有效建设方面。以 2016 年为基期，4 年后实行村庄建设规划的村庄占村庄总数的比例要达到一个更高的占比。4 年中，乡村综合服务站需要大量建设，占村庄总数的比例也要有大幅度提高。由同一人选任村支书和村主任的村庄不断增加，占全部村庄的比例也不断提高。4 年后一村一法律顾问的村占比提高 5 个百分点。

　　在生活富裕方面。以 2016 年为基期，2020 年的农村居民恩格尔系数下降 2.4 个百分点，农村居民人均可支配收入提高 3 797 元，广大乡村居民收入总额与城镇居民收入总额二者之间的差距进一步缩小。在乡村能够用上自来水的居民户数逐年增加，使用自来水的农村户数占农村总户数的比例逐年提高。4 年中，建制村道路的硬化里程逐年延伸，硬化道路占乡村道路的比例逐年提高。

　　将 2020 年要实现的目标与 2016 年基期对照，我们可以看出，2020 年各个指标要达到的数值中，个别指标与 2016 年的数值持平。其他绝大多数指标两个年份的指标值都有显著的增加，可见这几年指标完成不是一件容易的事情，任务是非常艰巨的，每年都必须通过艰苦的工作才可能实现这些目标。但是，四川省委省政府以及广大人民群众，不惧艰险，砥砺前行，取得了一个又一个成绩。

　　与 2016 年比较，2017 年四川省乡村振兴取得了不少成绩。

　　四川省是全国率先建立新型职业农民制度的省份，在 2017 年就开始试点。新型职业农民是一个新概念，它是指具有现代农业生产活动所要求的农业生产技术和知识，能有效使用现代农业科学技术的农业劳动者。而且农业劳动收入应当是这些农业劳动者的主要收入来源。早在 2017 年底，四川省农业和农村体制改革专项小组就审议通过了《四川省新型职业农民制度试点方案》，同意在自贡市荣县、德阳市罗江区等 11 个县一级行政区对此开展试点。截至 2020 年 6 月底，2 年多时间里，这些试点县级行政单位共培训了接近 2 万名新型职业农民，这个群体初步出现。同时政府部门还对合格的新型职业农民颁发资格证书，超过 2 000 名的合格者获得相应证书。此外还有 160 人获得城镇职工社保补助。

在乡村振兴战略实施的第一年，四川省第一产业增加值排在各个省份的第三位。粮食总产量接近 700 亿斤，在各省份中处于前列。四川省油菜籽产量接近 300 万吨，在各省份中产量最高。全川高标准农田已经接近 3 400 万亩，现代农业产业基地建设规模在这一年已经超过 4 000 万亩，现代林业产业基地达到 2 760 万亩，现代农业产业融合示范园区达到 230 个。全省"三品一标"品牌达到 5 142 个，农产品加工业总产值在各省份中也位居前列。

在四川广大农村，农村集体土地制度改革的步伐一直向前迈进。第二次土地承包经营权认定工作也在紧锣密鼓地推进。确权工作接近尾声。以农村产权流转交易为目的的交易流转市场也在不断培育。农村承包土地流转市场的建设推动了承包土地的流转，流转承包地数量达到 2 000 多万亩。流转承包地也催生了大量新型农业经营主体，各类新型经营主体达到 14 万个。

在乡村振兴战略实施的第一年，四川省农村基础设施建设继续强力推进。农村自来水安装、农村电网改造、农村生活用气安装、农村居民住宅建设、农村网络通信各个方面都在大力推进，幸福美丽新村大规模增加。农村基本公共服务达到新水平，村文化活动室占行政村总数的 82.28%，新型农村合作医疗制度参合率达到 99.69%。基层组织和民主法治建设不断完善，党组织在乡村基层中的地位与作用更加突出。乡村自然环境越来越好。全省范围内，山更葱郁，水更清澈，野生动植物得到有效保护，数量与种群不断壮大，湖泊、湿地、森林、草原等生态资源更加丰富多样，更加具有生机与活力。

在乡村振兴战略实施的第一年，四川省有 10 多个贫困县脱贫。有接近 3 800 个贫困村的村民的生活质量得到显著改善，有接近 110 万乡村贫困人口摆脱绝对贫困，过上了幸福生活。四川省在 2017 年共有接近 60 万人搬迁到自然生产和生活条件更好的地方。四川省乡村贫困人口绝对数量大幅度减少。脱贫人口的返贫比例也大幅度减小到 3% 以内，贫困地区发展的内生动力明显增强。在 2017 年底，四川省乡村居民平均可支配收入人均超过 1.2 万元。实现连续 5 年的快速增长。年均增长水平超过同期城镇居民人均可支配收入的增长水平，也高于全国平均水平，四川省城镇居民与乡村居民人均可支配收入的差距大幅度缩小。

来自四川省农业农村厅的数据显示，2018 年四川省实现第一产业增加值 4 426.66 亿元，增长率为 3.6%。在四川省实施乡村振兴的第二年底，乡村居民人均可支配收入年增长率接近 10%，村民人均可支配收入接近 13 400 元。在实施乡村振兴的第二个年头，随着乡村居民收入水平的快速提高，乡村生态环境也成为乡村振兴的重要领域。四川省制订了全省乡村居住环境改善计划，打算用 3 年时间，对全省乡村生活环境进行全面整治，特别是对乡村居民的生活垃圾进行处理，这些生活垃圾包括厨房垃圾、人畜粪便等。通过推进乡村厕所建设、自来水建设和生活垃圾处理设施建设，以及对乡村垃圾的大规模清理，让乡村生活环境更加舒适宜人。四川省委农办、农业农村厅通过建立联席会议制度，分季度分片区召开现场会，共同制定相关政策，统筹整合省财政资金，合力推进农村人居环境整治。

2019 年，为了从源头上抓好乡村建设，四川省以县域为单位进行乡村建设方面的总体规划试点。2019 年 5 月，负责乡村建设规划的政府主要管理部门发布了用于指导全省试点县乡村建设规划的文件，包括乡村建设规划的技术指标和实施细则等。同时，在全省范围内选择了 22 个县市区的 30 个乡镇率先开展乡村建设方面的规划实践。这些规划指导性文件明确了乡村建设规划内容——总体上来讲，包括了国家乡村振兴战略中的主要建设任务，并且在此基础上对这些建设内容进一步细化，形成了 6 大板块为一级指标的细分指标体系。这让乡村建设规划的操作实施更具有指导性。该规划文件不仅强调全县范围的总体规划，也强调各个村庄、乡镇要有自己与县域规划相衔接的独立建设规划。

在乡村振兴战略实施三年后，四川省在有脱贫任务的近 90 个贫困县建设了大量的基层医疗卫生机构。有关数据显示，这些贫困县有近 3.5 万家医疗卫生单位，净增加 300 多家。这些医疗卫生单位的医疗设施设备和医护人员数量大幅度增加，不少乡镇卫生院升级成为医院。

2020 年 9 月 1 日，四川省出台了服务乡村振兴的全面整治乡村土地方面的文件，要在全省范围内选择一部分县乡进行试点，为乡村振兴助力加油。

在乡村振兴建设中，四川省全面开展易地扶贫工作。"十三五"期间，四川省易地扶贫搬迁人口 136.05 万人，完成农村危房改造 62.21 万户，让 353.78 万脱贫群众住上了通电通水、安全敞亮的安心房。309 万贫困群众喝上"放心水"，510 万贫困人口供电质量不达标问题得到解决，四川省既有的近 170 万贫困人口全部纳入农村低保体系，为这个群体提供了由政府财政兜底的生活保障。四川省为了改善乡村医疗卫生状况，在全川县一级、乡镇一级以及村一级建立或完善相应的医疗卫生体系，形成了全能的医疗卫生体系，乡村居民看病就医变得更加方便了，他们的经济负担也明显减小了。

在乡村振兴建设中，四川省全面改善贫困地区农村办学条件。"十三五"时期，四川省将方便村民子女读书作为一件重大事情，不断改善乡村办学条件。具体表现在这些方面：在民族地区居民子女读书享受幼儿园、小学、中学甚至职业技术教育阶段的免费教育。四川省的彝族地区和涉藏地区居民子女读书负担大幅度减轻，少数民族居民子女辍学的现象基本没有了。为了让该项政策得到切实执行，中央和省一级政府，都安排了专项财政资金。四川省政府还专门安排了大量中等职业技术学校承担相应的中等职业技术教育，受益的学生超过 10 万人。为彝族地区和涉藏地区培养了一支技术技能型人才队伍，壮大了彝族地区和涉藏地区的中等职业技术教育人才队伍，提升了职业技术人员水平。在教育扶贫方面，注重新建和改建校舍，新改建校舍 3 133 万平方米，开办"一村一幼"幼教点 4 888 个。为了让民族地区儿童不输在起跑线上，四川省在少数民族地区广泛开展幼儿园阶段的普通话教学，让民族地区的幼儿从小接受普通话语言教育。相关数据显示，近 43 万学龄前幼儿享受到了相关教育。教育的力量，正深刻改变着贫困地区和贫困家庭。

在乡村振兴建设中，四川大力开展交通扶贫。在交通不便的山区，交通基础设施建设的力度非常大。在深山峡谷，为了方便村民出行安全便捷，广泛开展桥梁修建。有些地方古老危险的溜索被安全便捷的桥梁代替了。有些溜索被拆了，有些溜索则成为当地历史文化遗迹的一部分或者成为旅游资源。"十三五"时期，四川省还大规模开展针对乡村交通不发达地区的高速公路建设。累计 16 个贫困县通高速，彻底结束三州州府不通高速公路的历史。在乡村建设中，村道也是全省建设的重点交通领域。"十三五"时期，四川省对村道进行大规模新建，对质量差路面窄的村道进行改建，新建改建的村道接近 20 万千米。约 350 个乡镇村新建了村道，超过 1.6 万个村新修了硬化路面村道，更多的村庄有了公共交通，村民们出行更加方便安全。2020 年 6 月，全国最后一个不通公路的行政村凉山州阿布洛哈村实现车路双通。在村民们围着小巴车欢呼雀跃时，一个承诺正在兑现：全面建成小康社会，四川决不落下一户一人。"十三五"期间，四川还在农村地区建起了大量能源、水利、通信等基础设施，农村供电可靠率达 99.7%，饮水设施、光纤网络设施、4G 通信基础设施全面建设，村民们上网、打电话，信号更加稳定可靠，收发快递也很方便。

2018 年四川省乡村振兴有关部门开创性地创立"四川扶贫"公益品牌，建设扶贫产品销售体系，让全省许多地区特色扶贫产品成为"网红"商品。2020 年，在广东开展的"金秋购物助力脱贫·四川扶贫产品展销周"活动和在四川省内举办的"消费扶贫月"活动成果显著。截至 2020 年底，全省使用"四川扶贫"公益品牌商标的企业达 3 003 家，覆盖农业产品 6 228 个。14 086 个地方性农业产品被收录进国家扶贫产品名单。这些公益品牌的农产品的销路好，市场口碑好，累计销售额超过 220 亿元。2021 年春节，"四川扶贫"公益品牌组织机构为了方便居民春节采购年货，还举办了春节展览销售活动，扶贫产品销售额达 3.8 亿元。

在乡村振兴建设中，发展农村产业始终是四川省乡村振兴建设的重要领域。四川省独特的地理条件，成就了四川省特有的农业产品。为了更好地利用这方面的优势，让特色更加彰显，四川省把发展特色农业产品作为发展乡村产业的重要工作，鼓励各地以乡、村为单位，发展本地特色农业产品。有些地方在一个县的范围内重点发展一两种本地特色农产品。围绕特色农业产品发展相关产业，形成产业链，形成产业园，提升特色农业产业市场知名度。广泛开展农业产业扶贫工作，用产业发展帮助村民脱贫致富，让村民脱贫致富的路子走得更加坚定自信。

在乡村振兴建设中，提高村民的认识，拓展他们的视野也是很基础的工作。只有他们的素质提高了，能力增强了，有了自我发展的能力，他们的生活水平持续提升才有可靠的基础。让村民成为有能力、有意愿勤劳致富的劳动者，村民们致富才有内生动力。为此，四川省在乡村广泛开展职业农民教育培养工作。从 2015 年开始，共对 30 多万人进行了职业农民知识技能的教育培训，培训中根据职业农民不同的工种分别进行系统的专业知识和技能培训。这些年，全省累计开办"农民夜校"4.6 万所，创建省级"四好村"5 481 个，评选脱贫榜样 150 名。在农民夜校教学中，深入开展感恩奋进教育，扎实推进移风易俗。截至 2020 年底，全省累计落地农业产业扶贫项目 1.9 万多个。

根据四川省统计部门发布的数据，2019 年四川省近 90 个贫困县共实现地区生产总值近 9 600 亿元。2020 年四川省所有贫困县的贫困人口人均纯收入接近 9 500 元，是 2013 年的 3.5 倍。实现了贫困人口吃穿住不愁、看病就医不愁，群众对自己的生活更满意了，对党和国家的政策更满意了。

自四川省开展乡村振兴建设这些年来，乡村振兴紧密衔接原来的脱贫攻坚政策。四川省的脱贫攻坚顺利开展，脱贫摘帽的贫困县越来越多。

2020 年底，四川省最后 7 个贫困县也最终全部完成脱贫任务。至此，经过 8 年持续攻坚克难，贫困县在四川省终于成为历史、成为过去。乡村振兴建设取得历史性巨大成就，乡村振兴从此步入新阶段。四川省 2017 年以来每年脱贫的县（区、市）如表 2-5 所示。

表 2-5　四川省脱贫摘帽县摘帽年份（2017—2020 年）

市（州）	县（区、市）	摘帽年份
泸州市	合江县	2017
	叙永县	2019
	古蔺县	2019
绵阳市	北川羌族自治县	2017
	平武县	2018
广元市	利州区	2017
	昭化区	2018
	朝天区	2018
	旺苍县	2019
	青川县	2018
	剑阁县	2019
	苍溪县	2019
乐山市	金口河区	2018
	沐川县	2017
	峨边彝族自治县	2019
	马边彝族自治县	2019
南充市	高坪区	2017
	嘉陵区	2017
	南部县	2016
	营山县	2018
	蓬安县	2016
	仪陇县	2017
	阆中市	2018
宜宾市	高县	2018
	珙县	2018
	筠连县	2018
	兴文县	2018
	屏山县	2019

表2-5(续)

市（州）	县（区、市）	摘帽年份
广安市	前锋区	2016
	广安区	2016
	岳池县	2018
	武胜县	2018
	邻水县	2018
	华蓥市	2016
达州市	通川区	2017
	达川区	2018
	宣汉县	2019
	开江县	2018
	大竹县	2018
	渠县	2018
	万源市	2019
巴中市	恩阳区	2017
	巴州区	2017
	通江县	2019
	南江县	2018
	平昌县	2019
阿坝州	汶川县	2017
	理县	2017
	茂县	2017
	松潘县	2018
	九寨沟县	2018
	金川县	2018
	小金县	2018
	黑水县	2019
	马尔康市	2017
	壤塘县	2019
	阿坝县	2019
	若尔盖县	2018
	红原县	2018

表2-5（续）

市（州）	县（区、市）	摘帽年份
甘孜州	康定市	2018
	泸定县	2017
	丹巴县	2018
	九龙县	2018
	雅江县	2019
	道孚县	2019
	炉霍县	2019
	甘孜县	2019
	新龙县	2019
	德格县	2019
	白玉县	2019
	石渠县	2019
	色达县	2019
	理塘县	2019
	巴塘县	2019
	乡城县	2018
	稻城县	2018
	得荣县	2019
凉山州	木里藏族自治县	2019
	盐源县	2019
	普格县	2020
	布拖县	2020
	金阳县	2020
	昭觉县	2020
	喜德县	2020
	越西县	2020
	甘洛县	2019
	美姑县	2020
	雷波县	2019

截至2020年，四川省乡村振兴建设各个方面、各个领域都取得了不少成绩，基本完成了预定的阶段性建设任务，完成了预定的短期建设目标。从乡村振兴的制度框架和政策看，各级政府制定了一系列政策，建立了一系列制度，基本形成了推动乡村振兴的体制机制。从农业生产活动看，农

业基础设施更加完善，农产品供给能力进一步增强，农作物产量更加稳定
有保障。农村贫困人口摆脱了绝对贫困，农村公共服务水平进一步提升，
城镇与乡村之间的人财物等要素和资源的流动更加顺畅，城乡一体化的体
制机制初步建立。

2.3.2　扎实工作、各方支持是取得成绩的保障

四川省在乡村振兴建设中所取得的这些成绩，离不开四川省委省政府
积极作为，为四川省乡村振兴所构建的高效率且符合实际的相关政策、规
章以及扶贫责任的落实。

四川省委省政府重视乡村振兴战略体系中的顶层设计。2015 年 7 月，
四川省率先在全国以省委会文件形式发布《中共四川省委关于集中力量打
赢扶贫开发攻坚战　确保同步全面建成小康社会的决定》（以下简称《决
定》）①。这份《决定》与《四川省农村扶贫开发条例》等文件一起搭建
起了四川省脱贫扶贫工作任务的总体框架，形成了四川省乡村振兴的"总
路线图"。

四川省委省政府重视乡村振兴中的措施细化。这从四川省制订的产
业、教育、医疗等 10 个扶贫专项方案，并且每年配套制订若干实施方案就
可见一斑。这些实施方案，解决了贫困人口"两不愁、三保障"这个难
题，成为指导脱贫攻坚实践的"操作手册"。2019 年夏天，四川省主动开
展脱贫扶贫回访活动。回访人员走进村庄，走进农户，一户一户地看，一
个方面一个方面地详细询问，对"两不愁、三保障"等突出问题靶向施
治、对标整改。大排查经验做法得到中央的肯定，并在全国推广。相关政
府还制定了详细的针对凉山彝族地区脱贫扶贫的专门政策。制定了更有针
对性的政策和工作措施，对凉山贫困难题逐一攻克。开展"真帮实扶"，
在凉山州乡村振兴中，配套财政投入真金白银，3 年新增投入脱贫攻坚资
金超过 280 亿元，确保扶贫资金持续供给。在全川抽调近 6 000 名政府和
事业单位工作人员到彝族地区乡村驻村任职，与凉山一万多名扶贫干部一
起并肩作战，向绝对贫困发起总攻。

四川省委省政府重视乡村振兴中的开拓创新。2018 年 4 月，四川省在
全国范围内首创了"四川扶贫"农业产品领域公益品牌活动，寻找可以帮

① 中共四川省委关于集中力量打赢扶贫开发攻坚战　确保同步全面建成小康社会的决定
[EB/OL]．（2015 - 07 - 16）[2022 - 08 - 08]．https://www. sc. gov. cn/10462/12771/2015/7/16/
10343771. shtml.

助脱贫扶贫地域农业产业地方特色产业发展的新方式。目前全省累计使用公共品牌标识产品达到 6 228 个，"藏在深山人未识"的扶贫好物，如今"飞入寻常百姓家"，农副产品销售难题得到有效破解。四川省委省政府还创新性实行针对非贫困村的个别贫困户帮扶制度，绝不让任何一个贫困户被遗漏。四川省还非常重视脱贫扶贫资金的足额支持。为了集中力量，四川省把与乡村有关的财政资金以及其他援助资金进行归集整合，在资金用途上更加灵活，确保资金有效使用。四川省还发布文件对脱贫攻坚资料清单删繁就简，为基层干部减负。

四川省委省政府在乡村振兴中重视考核评估政策的使用。每年四川省都要组织高校、科研院所等第三方机构，对贫困县、贫困村、贫困人口的退出开展评估，确保贫困人口真脱贫，确保帮扶对象是真的贫困人口，确保脱贫成效可持续。

在四川省乡村振兴建设中，中央部门给予了四川省巨大支持。24 家中央单位在四川省范围内实施帮扶项目 1 426 个。四川省省直部门和单位更是全面参与。据统计，379 个省直部门和单位通过深化定点扶贫，实施帮扶项目 8 504 个，其中不少都是产业扶贫项目。兄弟单位在四川省乡村振兴建设中也给予了大力支持。比如，通过深化东西部扶贫协作，广东、浙江两省在四川实施帮扶项目 2 600 余个，共建特色园区 64 个。

2.3.3 国家和四川省两级政府投入大量财力实施乡村振兴

自 2016 年国家开展脱贫攻坚考核以来，四川成效考核连续 5 年被评为"好"，财政资金绩效考核连续 5 年被评为"优秀"，累计获得脱贫攻坚考核奖励资金 24.8 亿元，其中成效考核奖励 17 亿元、财政资金绩效奖励 7.8 亿元，在全国名列前茅。2021 年，财政部下拨四川 2020 年度脱贫攻坚考核奖励资金 4.5 亿元，其中成效考核奖励 2 亿元、财政资金绩效奖励 2.5 亿元。

根据相关统计资料，从 2016 年开始，四川省省一级、地市州一级、县（市、区）一级财政都极为重视对脱贫扶贫所需财力的支持，各级政府都有专门的财政专项资金。截至 2020 年底，这些财政专项资金合计已经接近 5 600 亿元。有了这些财政专项资金，就可以办成想办的事情——修建乡村道路，改善乡村环境卫生，支持发展乡村教育，等等。

从 2019 年开始，四川省年年都要开展本省乡村振兴建设先进基层组织考核与评比。在县一级政府要评选乡村建设先进县，在乡镇一级要评选乡村建设优秀乡镇，在村一级要评选乡村建设优秀村庄。数量分别为 10 个、

50 个、500 个。被评选为优秀的县一级政府、乡镇一级政府、村一级组织分别给予一定金额的财政补助。

为了有充足的资金做后盾，四川省制定了专门服务于乡村建设的财政资金转移支付规章制度。每年从省一级财政资金中专门预留一笔资金用于先进基层组织奖励和补助，由省农业农村厅和财政厅负责资金的发放。2020 年度这笔补助资金为 16.4 亿元。表 2-6 显示了 2020 年度四川各市（州）以及各县（市、区）获得奖补资金情况。

表 2-6　四川省乡村振兴战略先进地方政府、基层单位和现代农业园区奖励补助情况

单位：万元

地区名称	合计	奖补资金安排	
		乡村振兴战略先进县（市、区）、先进乡（镇）、示范村奖补	星级现代农业园区奖补
合　计	164 000	115 000	49 000
成都市	19 520	16 520	3 000
龙泉驿区	60	60	—
青白江区	560	560	—
新都区	120	120	—
温江区	800	800	—
金堂县	180	180	—
双流区	120	120	—
郫都区	800	800	—
大邑县	120	120	—
蒲江县	6 240	6 240	—
新津县	1 620	620	1 000
都江堰市	180	180	—
彭州市	180	180	—
邛崃市	6 180	6 180	—
崇州市	2 240	240	2 000
简阳市	120	120	—
自贡市	980	980	—
自流井区	60	60	—
贡井区	120	120	—
大安区	120	120	—
沿滩区	680	680	—

表2-6(续)

地区名称	合计	奖补资金安排	
		乡村振兴战略先进县(市、区)、先进乡(镇)、示范村奖补	星级现代农业园区奖补
荣县	180	180	—
富顺县	2 120	620	1 500
攀枝花市	2 120	620	1 500
仁和区	2 120	620	1 500
米易县	6 120	6 120	—
盐边县	180	180	—
泸州市	6 920	6 920	—
江阳区	6 120	6 120	—
纳溪区	180	180	—
龙马潭区	620	620	—
泸县	680	680	—
合江县	1 740	240	1 500
叙永县	120	120	—
古蔺县	120	120	—
德阳市	360	360	—
旌阳区	180	180	—
罗江区	180	180	—
中江县	1 120	120	1 000
广汉市	680	680	—
什邡市	680	680	—
绵竹市	180	180	—
绵阳市	7 160	7 160	—
涪城区	6 180	6 180	—
游仙区	800	800	—
安州区	180	180	—
三台县	2 860	860	2 000
盐亭县	300	300	—
梓潼县	180	180	—
北川县	740	740	—
平武县	120	120	—

表2-6（续）

地区名称	合计	奖补资金安排	
		乡村振兴战略先进县（市、区）、先进乡（镇）、示范村奖补	星级现代农业园区奖补
江油市	300	300	—
广元市	2 720	720	2 000
利州区	300	300	—
昭化区	1 180	180	1 000
朝天区	1 240	240	1 000
旺苍县	2 180	680	1 500
青川县	240	240	—
剑阁县	680	680	—
苍溪县	800	800	—
遂宁市	2 540	540	2 000
船山区	2 060	60	2 000
安居区	480	480	—
蓬溪县	1 860	860	1 000
射洪市	740	740	—
大英县	180	180	—
内江市	860	860	—
市中区	680	680	—
东兴区	180	180	—
威远县	240	240	—
资中县	2 420	920	1 500
隆昌市	2 300	300	2 000
乐山市	480	480	—
市中区	180	180	—
沙湾区	120	120	—
五通桥区	120	120	—
金口河区	60	60	—
犍为县	1 680	680	1 000
井研县	1 680	680	1 000
夹江县	180	180	—
沐川县	60	60	—

表2-6(续)

地区名称	合计	奖补资金安排	
		乡村振兴战略先进县(市、区)、先进乡(镇)、示范村奖补	星级现代农业园区奖补
峨边县	60	60	—
马边县	60	60	—
峨眉山市	6 120	6 120	—
南充市	540	540	—
顺庆区	120	120	—
高坪区	240	240	—
嘉陵区	180	180	—
南部县	1 800	800	1 000
营山县	240	240	—
蓬安县	800	800	—
仪陇县	1 360	360	1 000
西充县	2 300	300	2 000
阆中市	800	800	—
眉山市	2 300	800	1 500
东坡区	620	620	—
彭山区	1 680	180	1 500
仁寿县	740	740	—
洪雅县	120	120	—
丹棱县	6 120	6 120	—
青神县	1 120	120	1 000
宜宾市	8 280	7 280	1 000
翠屏区	6 300	6 300	—
南溪区	1 740	740	1 000
叙州区	240	240	—
江安县	680	680	—
长宁县	180	180	—
高县	180	180	—
珙县	120	120	—
筠连县	120	120	—

表2-6(续)

地区名称	合计	奖补资金安排	
		乡村振兴战略先进县(市、区)、先进乡(镇)、示范村奖补	星级现代农业园区奖补
兴文县	120	120	—
屏山县	120	120	—
广安市	3 160	1 160	2 000
广安区	2 860	860	2 000
前锋区	300	300	—
岳池县	920	920	—
武胜县	1 500	—	1 500
邻水县	360	360	—
华蓥市	740	740	—
达州市	7 160	7 160	—
通川区	6 360	6 360	—
达川区	800	800	—
宣汉县	680	680	—
开江县	1 680	180	1 500
大竹县	800	800	—
渠县	360	360	—
万源市	1 620	120	1 500
雅安市	2 740	740	2 000
雨城区	120	120	—
名山区	2 620	620	2 000
荥经县	60	60	—
汉源县	1 620	620	1 000
石棉县	120	120	—
天全县	60	60	—
芦山县	120	120	—
宝兴县	60	60	—
巴中市	1 720	1 720	—
巴州区	860	860	—
恩阳区	860	860	—

表2-6(续)

地区名称	合计	奖补资金安排	
		乡村振兴战略先进县（市、区）、先进乡（镇）、示范村奖补	星级现代农业园区奖补
通江县	240	240	—
南江县	2 300	800	1 500
平昌县	240	240	—
资阳市	1 480	480	1 000
雁江区	1 480	480	1 000
安岳县	1 040	1 040	—
乐至县	740	740	—
阿坝州	3 340	2 340	1 000
汶川县	1 560	560	1 000
理县	560	560	—
茂县	60	60	—
松潘县	60	60	—
九寨沟县	60	60	—
金川县	60	60	—
小金县	120	120	—
黑水县	60	60	—
马尔康市	60	60	—
壤塘县	60	60	—
阿坝县	560	560	—
若尔盖县	60	60	—
红原县	60	60	—
甘孜州	5 120	2 620	2 500
康定市	180	180	—
泸定县	1 000	0	1 000
丹巴县	620	620	—
九龙县	120	120	—
雅江县	60	60	—
道孚县	120	120	—
炉霍县	60	60	—

表2-6(续)

地区名称	合计	奖补资金安排	
		乡村振兴战略先进县（市、区）、先进乡（镇）、示范村奖补	星级现代农业园区奖补
甘孜县	120	120	—
新龙县	60	60	—
德格县	60	60	—
白玉县	60	60	—
石渠县	60	60	—
色达县	120	120	—
理塘县	1 560	60	1 500
巴塘县	60	60	—
乡城县	180	180	—
稻城县	500	500	—
得荣县	180	180	—
凉山州	12 420	8 920	3 500
西昌市	6 240	6 240	—
木里县	60	60	—
盐源县	60	60	—
德昌县	680	680	—
会理县	2 680	680	2 000
会东县	240	240	—
宁南县	1 740	240	1 500
普格县	60	60	—
布拖县	60	60	—
金阳县	60	60	—
昭觉县	60	60	—
喜德县	60	60	—
冕宁县	180	180	—
越西县	60	60	—
甘洛县	60	60	—
美姑县	60	60	—
雷波县	60	60	—

依据四川省制定的省一级财政资金转移支持乡村振兴建设的相关文件，2021 年四川省农业农村厅和财政厅用于支持乡村建设先进基层单位的财政转移资金为 16.5 亿元，获得该项资金的基层单位金额如表 2-7 所示。

表 2-7　乡村振兴中四川省一级财政转移支付资金情况（2021 年）

单位：万元

地区名称	金额		
	合计	乡村振兴先进县、乡、村奖补	星级园区奖补（含升级补差）
合计	165 000	115 000	50 000
成都市	18 400	15 900	2 500
市本级	120	120	—
龙泉驿区	680	680	—
青白江区	120	120	—
新都区	620	620	—
温江区	120	120	—
金堂县	1 120	120	1 000
双流区	620	620	—
郫都区	120	120	—
大邑县	1 180	180	1 000
蒲江县	180	180	—
新津区	680	180	500
都江堰市	120	120	—
彭州市	6 120	6 120	—
邛崃市	180	180	—
崇州市	6 120	6 120	—
简阳市	300	300	—
自贡市	1 980	980	1 000
自流井区	120	120	—
贡井区	60	60	—
大安区	1 620	620	1 000
沿滩区	180	180	—
荣县	1 680	680	1 000
富顺县	680	180	500
攀枝花市	680	180	500

表2-7（续）

地区名称	金额		
	合计	乡村振兴先进县、乡、村奖补	星级园区奖补（含升级补差）
仁和区	680	180	500
米易县	1 620	620	1 000
盐边县	120	120	—
泸州市	1 920	920	1 000
江阳区	1 180	180	1 000
纳溪区	620	620	—
龙马潭区	120	120	—
泸县	1 240	240	1 000
合江县	1 180	680	500
叙永县	120	120	—
古蔺县	620	620	—
德阳市	7 300	6 300	1 000
旌阳区	1 180	180	1 000
罗江区	6 120	6 120	—
中江县	680	180	500
广汉市	180	180	—
什邡市	120	120	—
绵竹市	1 680	680	1 000
绵阳市	9 100	7 100	2 000
涪城区	1 740	740	1 000
游仙区	6 180	6 180	—
安州区	1 180	180	1 000
三台县	360	360	—
盐亭县	240	240	—
梓潼县	740	740	—
北川县	240	240	—
平武县	180	180	—
江油市	740	740	—
广元市	3 160	2 160	1 000
利州区	740	740	—
昭化区	1 180	680	500

表2-7（续）

地区名称	金额		
	合计	乡村振兴先进县、乡、村奖补	星级园区奖补（含升级补差）
朝天区	1 240	740	500
旺苍县	300	300	—
青川县	1 680	680	1 000
剑阁县	1 300	300	1 000
苍溪县	300	300	—
遂宁市	1 600	600	1 000
船山区	180	180	—
安居区	1 420	420	1 000
蓬溪县	1 360	860	500
射洪市	6 000	6 000	—
大英县	300	300	—
内江市	1 420	420	1 000
市中区	1 180	180	1 000
东兴区	240	240	—
威远县	1 740	740	1 000
资中县	420	420	—
隆昌市	6 300	6 300	—
乐山市	1 920	920	1 000
市中区	1 680	680	1 000
沙湾区	120	120	—
五通桥区	60	60	—
金口河区	60	60	—
犍为县	680	180	500
井研县	180	180	—
夹江县	1 680	680	1 000
沐川县	60	60	—
峨边县	120	120	—
马边县	60	60	—
峨眉山市	680	680	—
南充市	2 980	980	2 000
顺庆区	120	120	—

表2-7(续)

地区名称	金额		
	合计	乡村振兴先进县、乡、村奖补	星级园区奖补(含升级补差)
高坪区	1 680	680	1 000
嘉陵区	1 180	180	1 000
南部县	6 300	6 300	—
营山县	300	300	—
蓬安县	240	240	—
仪陇县	1 420	920	500
西充县	740	740	—
阆中市	240	240	—
眉山市	1 360	860	500
东坡区	240	240	—
彭山区	1 120	620	500
仁寿县	1 740	740	1 000
洪雅县	120	120	—
丹棱县	120	120	—
青神县	6 060	6 060	—
宜宾市	3 280	1 780	1 500
翠屏区	1 740	740	1 000
南溪区	740	240	500
叙州区	800	800	—
江安县	240	240	—
长宁县	740	740	—
高县	120	120	—
珙县	120	120	—
筠连县	1 120	120	1 000
兴文县	1 120	120	1 000
屏山县	120	120	—
广安市	1 040	1 040	—
广安区	300	300	—
前锋区	740	740	—
岳池县	1 360	360	1 000
武胜县	6 120	6 120	—

表2-7（续）

地区名称	金额		
	合计	乡村振兴先进县、乡、村奖补	星级园区奖补（含升级补差）
邻水县	800	800	—
华蓥市	1 240	240	1 000
达州市	1 040	1 040	—
通川区	800	800	—
达川区	240	240	—
宣汉县	1 740	740	1 000
开江县	740	240	500
大竹县	1 800	800	1 000
渠县	1 860	860	1 000
万源市	180	180	—
雅安市	6 240	6 240	—
雨城区	120	120	—
名山区	6 120	6 120	—
荥经县	60	60	—
汉源县	1 060	560	500
石棉县	60	60	—
天全县	1 120	120	1 000
芦山县	120	120	—
宝兴县	120	120	—
巴中市	1 720	720	1 000
巴州区	1 420	420	1 000
恩阳区	300	300	—
通江县	740	740	—
南江县	800	800	—
平昌县	1 800	800	1 000
资阳市	1 360	860	500
雁江区	1 360	860	500
安岳县	980	980	—
乐至县	1 920	920	1 000
阿坝州	5 400	1 900	3 500
汶川县	680	180	500

表2-7(续)

地区名称	金额		
	合计	乡村振兴先进县、乡、村奖补	星级园区奖补（含升级补差）
理县	60	60	—
茂县	60	60	—
松潘县	560	560	—
九寨沟县	560	560	—
金川县	1 060	60	1 000
小金县	60	60	—
黑水县	60	60	—
马尔康市	60	60	—
壤塘县	60	60	—
阿坝县	1 060	60	1 000
若尔盖县	60	60	—
红原县	1 060	60	1 000
甘孜州	5 120	2 620	2 500
康定市	180	180	—
泸定县	740	740	—
丹巴县	120	120	—
九龙县	120	120	—
道孚县	120	120	—
炉霍县	60	60	—
甘孜县	1 060	60	1 000
德格县	120	120	—
白玉县	60	60	—
石渠县	1 000	0	1 000
色达县	60	60	—
理塘县	620	120	500
巴塘县	60	60	—
乡城县	620	620	—
稻城县	120	120	—
得荣县	60	60	—
凉山州	6 920	3 420	3 500
西昌市	680	680	—

表2-7(续)

地区名称	金额		
	合计	乡村振兴先进县、乡、村奖补	星级园区奖补（含升级补差）
木里县	60	60	—
盐源县	1 060	60	1 000
德昌县	240	240	—
会理县	240	240	—
会东县	680	680	—
宁南县	680	180	500
普格县	60	60	—
布拖县	60	60	—
金阳县	1 060	60	1 000
昭觉县	1 120	120	1 000
喜德县	60	60	—
冕宁县	680	680	—
越西县	60	60	—
甘洛县	60	60	—
美姑县	60	60	—
雷波县	60	60	—

2.3.4 各地市州推进乡村振兴存在一定不平衡

从各地市州乡村振兴建设取得的成绩看，各个地市州的乡村振兴进展还是存在一定差距，这一点从各个地市州进入乡村振兴先进县（市、区）的数量就可以看出来。表2-8是2019年四川乡村振兴先进名单。

表2-8　2019年四川乡村振兴先进县（市、区）名单（10个）

序号	地级市（州）	先进县（市、区）
1	成都市	浦江县
2	成都市	邛崃市
3	泸州市	江阳区
4	绵阳市	涪城区
5	眉山市	丹棱县
6	宜宾市	翠屏区

表2-8(续)

序号	地级市（州）	先进县（市、区）
7	攀枝花市	米易县
8	乐山市	峨眉山市
9	达州市	通川区
10	凉山州	西昌市

可见，在四川省乡村振兴进程中，川内每个地市州下辖的县（市、区）地域范围内的经济社会发展水平存在一定差距。有些县（市、区）进展快一些，步子大一些，取得的成效更好些；有些县（市、区）进展缓慢一些，步子小一些，取得的成效也相对不那么突出。

各个地市州乡村振兴进度的不平衡性也体现在各个地市州乡村振兴先进乡镇数量的差异上面。这一点可以从表2-9各市州2019年四川乡村振兴先进乡镇名单表现出来。

表2-9　2019年四川乡村振兴先进乡镇名单（50个）

序号	地级市（州）	先进乡镇个数
1	成都市	4
2	自贡市	2
3	德阳市	2
4	广元市	3
5	遂宁市	2
6	内江市	2
7	泸州市	2
8	绵阳市	3
9	南充市	3
10	广安市	3
11	眉山市	2
12	宜宾市	2
13	攀枝花市	1
14	乐山市	2
15	达州市	3
16	凉山州	2
17	巴中市	3
18	雅安市	2

表2-9（续）

序号	地级市（州）	先进乡镇个数
19	资阳市	2
20	阿坝州	3
21	甘孜州	2
22	合计	50

可见，在四川省乡村振兴进程中，各个地市州域内，乡镇发展水平也是参差不齐的，发展水平存在一定差距。有些乡镇进展快一些，步子大一些，取得的成效更好些；有些乡镇进展缓慢一些，步子小一些，取得的成效也相对小一些。

四川省各地市州乡村振兴进度的不平衡也体现在各地获得乡村振兴示范村数量的多少上面。表2-10是各市州获得2019年四川乡村振兴示范村的个数名单。

表2-10　2019年四川乡村振兴示范村名单（500个）

序号	地级市（州）	示范村个数
1	成都市	42
2	自贡市	13
3	德阳市	17
4	广元市	27
5	遂宁市	22
6	内江市	22
7	泸州市	18
8	绵阳市	36
9	南充市	39
10	广安市	28
11	眉山市	15
12	宜宾市	30
13	攀枝花市	7
14	乐山市	22
15	达州市	30
16	凉山州	32
17	巴中市	25
18	雅安市	13

表2-10(续)

序号	地级市（州）	示范村个数
19	资阳市	21
20	阿坝州	14
21	甘孜州	27
22	合计	500

可见，在四川省乡村振兴进程中，各个地市州的各个村发展水平也是参差不齐的，发展水平存在一定差距。有些村进展快一些，取得的成效更大一些；有些村进展缓慢一些，取得的成效小一些。

表2-11、表2-12、表2-13分别是2020年四川省乡村振兴先进县（市、区）名单、先进乡镇名单、示范村名单，也显示了四川省乡村振兴在地域上的发展不平衡性。

表2-11 2020年四川乡村振兴先进县（市、区）名单（10个）

序号	地级市（州）	先进县（市、区）
1	成都市	崇州市
2	成都市	彭州市
3	德阳市	罗江区
4	广安市	武胜县
5	绵阳市	仙游区
6	眉山市	青神县
7	南充市	南部县
8	遂宁市	射洪市
9	雅安市	名山区
10	内江市	隆昌市

可见，在2020年四川省乡村振兴进程中，各个地市州的县（市、区）发展水平也是参差不齐的。

表2-12 2020年四川乡村振兴先进乡镇名单（50个）

序号	地级市（州）	先进乡镇个数
1	成都市	3
2	自贡市	2
3	德阳市	1

表2-12(续)

序号	地级市（州）	先进乡镇个数
4	广元市	4
5	遂宁市	1
6	内江市	1
7	泸州市	3
8	绵阳市	3
9	南充市	3
10	广安市	2
11	眉山市	2
12	宜宾市	3
13	攀枝花市	1
14	乐山市	3
15	达州市	4
16	凉山州	3
17	巴中市	3
18	雅安市	1
19	资阳市	3
20	阿坝州	2
21	甘孜州	2
22	合计	50

可见，在2020年四川省乡村振兴进程中，各个地市州乡镇发展水平也是参差不齐的。

表2-13　2020年四川乡村振兴示范村名单（500个）

序号	地级市（州）	示范村个数
1	成都市	40
2	自贡市	14
3	德阳市	16
4	广元市	29
5	遂宁市	21
6	内江市	23
7	泸州市	18
8	绵阳市	35

表2-13(续)

序号	地级市（州）	示范村个数
9	南充市	37
10	广安市	26
11	眉山市	15
12	宜宾市	31
13	攀枝花市	7
14	乐山市	23
15	达州市	31
16	凉山州	32
17	巴中市	26
18	雅安市	13
19	资阳市	21
20	阿坝州	15
21	甘孜州	27
22	合计	500

可见，在2020年四川省乡村振兴进程中，各个地市州域内的各个村发展水平也是参差不齐的。

2.4 四川乡村振兴任重道远

与2022年、2035年四川省乡村振兴要实现的目标值比较，很多指标还存在较大差距，乡村振兴的时代任务依然任重道远。与2020年各项指标值比较，2022年只有两个指标值与2020年该指标值一样，分别为有村规民约的村庄占村庄总数的比例、通硬化路的村庄占村庄总数的比例。其余指标值都还存在一定差距甚至较大差距。以2020年为基期，与2022年四川省乡村振兴战略规划中要达到的目标值比较，四川省乡村振兴的近期任务还很重。各个指标值的差距如表2-14所示。

表 2-14　四川省乡村振兴规划中 2020 年基期指标值与 2022 年实现指标值比较

分类	序号	主要指标	单位	2020 年基期值	2022 年目标值	2022 年比 2020 年增加数量（或累计提高百分点）	属性
产业兴旺	1	粮食综合生产能力	万吨	>3 500	>3 500	0	约束性
	2	农业科技进步贡献率	%	61	62	[1]	预期性
	3	农业劳动生产率	万元/人	3.3	4.0	0.7	预期性
	4	农产品加工产值与农产品总产值比	—	2.4	2.6	0.2	预期性
	5	"三品一标"农产品数量	个	5 600	5 800	200	预期性
	6	休闲农业和乡村旅游业接待人次	亿人次	4.0	4.3	0.3	预期性
生态宜居	7	畜禽粪污综合利用率	%	75	80	[5]	约束性
	8	村庄绿化覆盖率	%	30	32	[2]	预期性
	9	对生活垃圾进行处理的村占比	%	90	>90	要有提升	预期性
	10	对生活污水进行处理的村占比	%	50	70	[20]	预期性
	11	农村卫生厨房普及率	%	85	>90	[>5]	预期性
乡风文明	12	村综合性文化服务中心覆盖率	%	95	98	[3]	预期性
	13	县级及以上文明村和乡镇占比	%	50	>50	要有增加	预期性
	14	农村义务教育学校专任教师本科及以上学历占比	%	60	65	[5]	预期性
	15	农村居民教育文化娱乐支出占比	%	8.9	9.9	[1]	预期性
治理有效	16	村庄规划管理覆盖率	%	80	95	[15]	预期性
	17	建有综合服务站的村占比	%	50	53	[3]	预期性
	18	村党组织书记兼任村委会主任的村占比	%	35	50	[15]	预期性
	19	有村规民约的村占比	%	100	100	[0]	预期性
	20	一村一法律顾问的村占比	%	90	100	[10]	预期性
	取消了	集体经济强村比重	%	8	9	[1]	预期性
生活富裕	21	农村居民恩格尔系数	%	35.7	34.1	[-1.6]	预期性
	22	农村居民人均可支配收入	元	15 000	18 000	3 000	预期性
	23	城乡居民收入比	—	2.49	2.47	-0.02	预期性
	24	农村自来水普及率	%	75	80	[5]	预期性
	25	具备条件的建制村通硬化路比例	%	100	100	已经实现	约束性

与国家乡村振兴相关规划文件要求对比，四川省乡村振兴取得了不错的成绩。第一，为了开展乡村振兴建设，四川省重视相关规章制度建设，注重构建乡村振兴的体制机制。第二，四川省把抓粮食生产、确保国家粮食等大宗农产品自给自足作为一项重要任务，重视农业生产的现代化建设。第三，四川省极为重视二、三产业对农业现代化的推动作用与拉动作用，注重完善农业产业链，注重农业生产性服务业发展，注重农产品加工业发展。第四，四川省非常重视乡村生产生活各个方面的基础设施建设。广大乡村生产基础设施和生活基础设施都有了实质性改善。第五，四川省生态环境恶化的现象得到了很大程度的扭转。山清水秀的村庄越来越多，记忆中的乡村自然风貌不断增多。第六，城镇与乡村之间资源和要素流动的制度性障碍逐渐消除，各种要素和产品的流动更加顺畅，双向流动更加普遍。第七，乡村的传统文化得到一定程度的恢复。乡村的不良生活习惯和消费习惯得到一定程度的转变。第八，乡村基层党组织建设使基层党组织组织能力和人员素质都得到提升。第九，在乡村建设实践探索中，各地结合当地实际情况，形成了一些具有推广价值的经验。

同时，我们应看到，四川乡村地域广，农村人口数量大，农业农村基础差、底子薄，农村发展不充分、城乡之间发展不平衡的问题依然明显，特别是如何防止返贫、发展严重滞后的问题尤为突出①。按照国家乡村振兴规划，到2022年底，乡村振兴在很多方面都要达到一个新水平。四川省乡村发展现状与国家乡村振兴相关规划中的要求也还有明显差距。这些差距主要表现在以下几个方面。

农民在乡村振兴中的主体地位不明显。部分村民对乡村各项建设活动的参与度不高，他们缺乏参与的途径，缺乏保障村民参与相关事务的规章制度，参与程度与获得感还有很大提升空间②。除此之外，部分村民参与乡村建设各项事务的能力和意识也需要培养和增强，在这方面我们还有很多工作需要去做。

四川省在粮食生产结构调整方面还有欠缺，在粮食生产投入产出方面还有欠缺。这些年，四川省粮食生产产量的增加主要建立在高要素投入、多资源投入的基础上，大投入必然会导致我们农业生产的高成本，这种生

① 李俊霞，曾佳，李志遥，等. 四川乡村振兴人才支撑能力现状及对策研究［J］. 四川农业与农机，2019（6）：16-19.
② 张瑞娟. 农村人口老龄化影响土地流转的区域差异及比较［J］. 农业技术经济，2017（9）：14-23.

产模式导致我们的农业产品缺乏市场竞争力。这种生产方式也对四川省土地资源造成了损害，对辖区内生态环境造成了破坏。因此，改进四川省农业生产方式、深化农业生产投入结构改革、提升农业产出和质量、保护农村土地资源、减少农业生产对生态环境的破坏，是新时代四川省农业发展的必然要求。

乡村产业欠缺。不少乡村没有什么像样的产业，有些乡村有产业但是没什么收益。村里缺少有效益的产业项目的情况还比较突出。很多产业项目流于形式，注重过程不求实效，没有实际经济效益，产出与投入不相称问题突出①。国家和各级财政投入的发展乡村产业的资金未能有效使用②。

农业生产面源污染依然比较严重。农业生产活动对环境的污染是乡村污染的一个重要来源。减少来自农业生产方面的污染，还面临以下几项艰巨任务：减少农业生产中化肥、农药、机械设备、农用物资等的投入，实现农业生产有计划的清洁化生产，实现农业废弃物资源化利用，实现农业生产产业模式生态化。实际生产过程中，减少农业生产中化肥施用量、推广有机肥生产与使用才刚刚起步。为此，要在养殖业集聚的农村，推广畜禽粪污有机肥化，并大规模用于农业生产种植，彻底扭转畜禽粪污对农村生态环境的污染破坏情况。大规模回收利用废弃农膜，减少传统农药使用量，大规模研发与推广病虫害绿色防控方式方法。在农业种植集聚的农村，推广农作物秸秆有机肥化，实现秸秆的高效利用。从一个更大的一体化生态体系出发，对山水林田湖草各个子系统进行一体化修复，减少农村生产生活对自然生态系统的伤害。

---

① 岳健鹰，刘学录. 基于超效率 DEA 模型的农用土地利用效率分析：以甘肃省庆阳市为例 [J]. 甘肃农业大学学报，2018（2）：127-143.

② 曾远东，王威，李学术，等. 基于 DEA 模型的西部地区农业生产效率研究 [J]. 山东农业大学学报（社会科学版），2017（1）：37-44.

3　四川乡村振兴的人才支撑

3.1　人才是乡村振兴最重要的支撑

人才是重要的"软实力"，四川省乡村的全面振兴离不开人才这个基本的要素。人才对乡村振兴来说不是充分条件，但是一定是必要条件。对于四川省农业农村的现代化建设，人才是关键，是支撑[①]。习近平总书记指出，人才是我国乡村振兴的关键。习近平总书记明确告诉我们，乡村需要首先利用好本身所拥有的各类人才。要用好他们，要提升他们的现有素质和能力。乡村还应当用好城镇人才，要让那些有乡土情结、立志从事乡村建设、农业农村发展的人才在乡村建设中有用武之地。习近平总书记还告诉我们，乡村基层党组织建设人才是乡村建设中一类非常关键的人才。乡村各方面人才的引入，需要我们从宏观到微观、从中央到地方，开展创造性工作，建立新的体制机制，并让人才充分流动，激发人才群体的积极性和主动性，只有这样才能吸引更多城镇人才参与乡村建设。要让人才投身乡村建设，我们还需要让农业成为有生机、有活力的现代产业，只有这样从事农业生产活动的职业才会富有吸引力。

实施乡村振兴战略离不开相关人才的全面参与，需要调动全社会力量。乡村振兴将是我国人力资源在空间分布和结构上的一次深刻调整。如何才能让乡村建设的各个领域得到源源不断的人才、如何才能消除乡村建设的人才瓶颈，是四川省乡村建设首先需要解决好的问题。四川省乡村建设就是要在我们的乡村实现农业农村现代化，而农业农村现代化是一个系统工程，涉及方方面面，因此，我们所需的人才也是方方面面的，涵盖很多行业、很多领域。我们的人才队伍建设一定要统筹兼顾，制定人才流动

[①] 晏育伟，何秀古，刘建峰，等. 人才下沉 科技下乡 为脱贫攻坚和乡村振兴提供科技支撑：广东省农业科学院农村科技特派员工作探索与实践 [J]. 广东农业科学，2020，47（11）：264-270.

和从业的体制机制。

如何畅通和拓展人力资源渠道，实现科技、管理以及各种专业知识进入乡村振兴的各个领域，是我们需要面对和解决的重大问题。乡村振兴不仅要依靠乡村现有人才和人力资源，也离不开广大返乡人员和城镇人才的参与。如何让广大农村居民安心从事乡村生产建设？如何让广大返乡人员顺畅进入农业农村建设的各个领域？如何让城镇人员长期稳定从事农村各项生产活动？乡村一、二、三产业之间如何有效融合发展？如何壮大农村产业，让乡村拥有更大的产业规模，从而形成一个更大的容纳人才就业的空间？农民增收渠道如何拓宽？这些都是摆在我们面前的迫切需要我们尽快解决的重大问题。只有解决了这些基础性问题，我们的乡村振兴才有行动的主体，我们的各项任务才有实施的主体，乡村振兴才能全面推进。

3.2　重视乡村振兴各类人才培育

3.2.1　花大力气培育新型职业农民

这些年来，四川省省一级农业主管部门围绕四川省农业农村经济发展这项重要工作，积极落实党中央国务院及有关部委的总体部署，积极落实对乡村人才队伍建设的相关要求。对乡村劳动力进行广泛的农业生产职业技能培训就是其中的一个抓手。通过农业生产职业技能培训为乡村农业现代化建设提供合格的人才资源，有力地支持了四川省农业现代化建设[①]。

四川省在培育本省合格职业农民方面，主要做好做实了以下几个方面的工作。

第一，非常重视对职业农民进行教育培训的主体的管理。有了高质量的职业农民培训主体，才可能培育出合格的职业农民。充分利用现有的与农业相关的各类学校、科研机构以及农业经营组织。农业领域的各类学校以及科研院所，可以对职业农民进行系统的知识教育和技能培训，是职业农民培育的重要主体；各类农业经营组织是对职业农民进行实践操作培训的重要主体，二者可以相互补充。四川省很重视从事职业农民培育的组织机构的建设。在国家层面的新型职业农民培训示范基地建设活动中，首批

---

① 四川省人民政府办公厅关于加快新型职业农民培育工作的意见［EB/OL］.（2015-08-26）［2022-08-08］. https://www.sc.gov.cn/10462/10883/11066/2015/8/26/10349945.shtml.

示范基地就有四川省内的4家职业农民培训机构。在国家第二批示范基地名单中也有四川省的4家职业农民培训单位。现在，四川省已经有接近760家职业农民培育组织被列入国家层面的职业农民培训机构资源库。表3-1显示了四川省进入国家第一批和第二批职业农民培育示范基地名录的培育机构。

表3-1 进入国家第一、第二批职业农民培育示范基地名录的四川培育机构

序号	培育机构
1	四川省农科院新型职业农民培育基地（第一批）
2	四川农业大学新型职业农民培育基地（第一批）
3	四川省农业广播电视学校新型职业农民培育基地（第一批）
4	四川省南充市农科院新型职业农民培育基地（第一批）
5	四川省绵阳市农业科学研究院（第二批）
6	四川省凉山州农业学校（第二批）
7	四川省成都农业科技职业学院（第二批）
8	四川省水产学校（第二批）

四川省还非常重视本省层面的各类合格职业农民培训主体的遴选工作。被列入四川省省一级第一批和第二批合格职业农民培育机构的单位如表3-2所示。

表3-2 四川省省一级第一、第二批合格职业农民培育机构

序号	培育机构
1	内江职业技术学院新型职业农民培育基地（第一批）
2	成都农业科技职业学院新型职业农民培育基地（第一批）
3	宜宾职业技术学院新型职业农民培育基地（第一批）
4	南充职业技术学院新型职业农民培育基地（第一批）
5	眉山职业技术学院新型职业农民培育基地（第一批）
6	凉山州农业学校新型职业农民培育基地（第一批）
7	绵阳市农业科学研究院新型职业农民培育基地（第一批）
8	四川省农业广播电视学校通江县分校新型职业农民培育基地（第一批）
9	中化化肥有限公司西南分公司新型职业农民培育基地（第一批）
10	四川大禹农庄科技股份有限公司新型职业农民培育基地（第一批）
11	成都市农林科学院（第二批）
12	乐山市农业科学研究院（第二批）

表3-2(续)

序号	培育机构
13	达州市农业科学研究院（第二批）
14	甘孜州农业科学研究所（第二批）
15	阿坝州中等职业技术学校（第二批）
16	攀枝花市华森职业学校（第二批）

四川省不少市州还积极开展市一级职业农民培训机构评选活动。表3-3是各市州评选出来的市一级职业农民培育机构。

表3-3　四川省市一级职业农民培育机构

序号	培育机构
1	泸州职业技术学院
2	宜宾职业技术学院
3	泸州市农业科技培训学校
4	四川三河职业学院
5	泸州市胜蓝职业学校
6	泸州市思源职业技能培训学校
7	叙永县济民职业培训学校
8	泸州市创未职业学院
9	古蔺县职业高级中学校
10	古蔺县蔺州职业培训学校
11	泸州市泛亚职业培训学校
12	壹马培训学校
13	泸州市佳兴职业培训学校
14	古蔺县迅达职业培训学校
15	泸州市酒城职业技术学校

第二，切实抓好培育对象遴选工作。要选出合适的培训对象，就需要搞清楚各个地方的实际情况。四川省确定以各个县为单位，在各个县范围内分别对当地乡村劳动力进行全面梳理，弄清楚当地乡村劳动力的真实情况，分析哪些劳动力有接受培训的内在需求和意愿，让那些有内在培训需求的群体接受培训，效果会更好。同时，各个县还把家庭经济条件相对差一些的贫困户劳动力作为培训对象，与脱贫扶贫紧密联系，提升他们脱贫致富的技术能力。

第三，将农业职业技能开发作为培训体系的重要环节、前端环节。只有抓好农业职业技能开发工作，才能对农业生产活动进行科学合理的划分与整合，实现农业生产活动更科学合理的分工与合作。认真学习国家与农业职业标准有关的文件和规定，积极组织相关工作人员去国家相关部门学习。认真研究国家与农业职业标准有关的文件。加强四川省农业职业技能开发人员队伍建设。结合四川省实际情况，对这支队伍进行定期培训，包括对他们进行业务技能方面的专业知识培训。培训形式也是多样化的——可以是成人学历教育形式，也可以是田间现场观摩和实训基地观摩形式，还可以是讨论会形式。重视提高农业职业技能开发队伍四个方面水平的提升。一是加强其政治素质教育和责任心教育，加强其创新意识培养，提升其政治理论水平。二是建立涵盖各类农业职业的农业职业技能开发队伍。三是加强农业职业技能标准建设。要加快农业职业技能标准制定和教材编写。要加强标准宣传推广工作。四是重视加强对农业职业开发人员的工作指导。健全农业职业技能开发组织体系。政府相关部门亦要参与其中，承担自己的责任。要建立相应的农业职业技能鉴定中心，对鉴定工作进行指导、管理和监督。要加强农业职业技能鉴定场所实验室建设，包括鉴定站建设、鉴定设施设备的采购等。让具有一定农业技能水平的乡村职业群体逐年壮大。职业农民培育就是要不断壮大职业农民群体，让从事农业生产活动的劳动者的素质和技能显著提升，让农业生产更有效率、更科学。职业技能鉴定一定要从这个目的出发，不断开展初级职业农民培育和中级职业农民培训，壮大农业生产的职业群体，同时对部分高水平职业农民进行高级职业农民认定。注重加强对农业生产活动中特定工种如农技员、兽医、土壤成分分析员、农作物施肥员、农村废弃物循环利用员等的培育。

第四，对不同培训对象进行分层培训。根据不同群体的培训需求进行分类培训，让培训内容更有专业性和针对性，让培训内容更能满足培训者的需要。将技术类培训与管理类培训明确分开。将不同技术培训中的通用技术与专业技术分开。在培训对象组合时，强调对不同乡村职业群体进行分类培训。在乡村，村委会成员是一个非常重要的群体，他们中很多人既是村干部又从事着一定的农业生产活动。抓好这个群体的培训会具有示范性和带动作用。从村干部角度，我们应当对他们进行乡村治理素质和能力方面的培训，让他们成为合格的村组织治理人才。从农民职业出发，我们又需要提高他们从事现代农业生产活动的技能。对乡村农业技术人员进行定期培训也是职业农民培训的一个重要组成部分。指导农民从事农业生产活动的农技员等农业技术领域的工作人员，需要及时掌握新的农业技术知识，才能更好地服务农业生产。农业经营主体是培训的主要对象，这包括传统农业经营主体和新型农业经营主体。传统农业经营主体的培训有其侧重点，那就是要将新的农业种植和养殖技术传授给他们。对于新型农业经营主体，培训内容还包括农历节气与农业耕种方面的传统农耕知识。要重视对深度贫困地区农业经营主体的培训，选择当地合适的培训对象，进行实用技术培训。培训形式要符合培训对象的实际情况，广泛采用就地培训、分散培训、分时段培训等培训方式。可利用农闲时间、休息时间、田间地头农作时间等进行相应实用技能培训。

从 2018 年开始，四川省就非常重视对农业生产从业人员的培训。四川省从农业产业供给结构优化出发，开始对农业生产结构进行持续稳妥的调整，对农业生产从业人员的种养技术培训也随之展开，比较好地支持了四川省农业产业结构的调整。此外，四川省还特别注重对农技员的培育，尤其是对村党委和村民自治委员会成员的培育，重视对农业生产种植和养殖人员的培育。在培训时发放大量实用资料。

从各个地方的培训情况来看，职业农民培训很好地与当地农业种养殖活动结合在一起。比如，眉山市东坡区针对职业农民的培训就非常具有当地农业生产特点。当地涉农部门主要围绕晚熟柑橘种植、水稻小麦种植、生猪养殖三个职业工种进行专业培训，很好地服务了当地农业生产。为了增强培训实效，组织管理者围绕每一类培训，分别制定细分要求指标，确保培训全面、系统。在确定培训学员方面，注重被培训对象的实际需要。比如，在开展晚熟柑橘培训方面，先是大家自愿报名，然后相关部门向各村委了解情况，进行核实，最后根据培训规模确定最终参加培训的人员和人数。在培训机构上，也是从实际出发，选择最擅长从事相关职业培训的机构，确保被邀请的培训专家是该领域的专家——要么理论知识深厚，要么实际操作经验丰富。在课程设置方面，除了专业知识和专业技能的学习外，法律法规知识也是必学内容，农产品销售方面的知识也成为其中一门课程。当然柑橘种植、施肥、病虫害防治、水土保养、枝叶修剪、农产品储藏等方面知识学习是主要课程。在授课形式上以现场教学观摩和讲解为主，有利于学员对所学知识的理解与实际应用，如此理论与实践相结合，也增强了学员的动手能力，让学员熟悉了从田间整理到水肥管理再到修枝采收各个作业环节的操作技能。学员们纷纷表示，听得懂，既直观又管用，很"解渴"。经过两周时间的培训，学员通过考试便可获得培训结业证书。

从四川省职业农民培训规模看，通过 6 年持续发力，四川省接受职业农民技能培训的人数不断增加，职业农民群体不断发展壮大。从有关部门的统计数据看，接受培训的从业人员超过 30 万人，农业种植和养殖从业人员占全部培训人员的 60%，专业技能从业人员占全部培训人员的 20%，农业生产领域服务人员占全部培训人员的 20%。

3.2.2　重视卫生服务领域人才培育

重视卫生服务领域人才培养，不断壮大医疗卫生系统的专业人员群体，增强乡村医疗卫生服务能力。与 2015 年比较，截至 2019 年底，四川省 88 个贫困县的医疗卫生专业技术人员增加了近 30%，其中医院增长 2.47 万人（增长 40.67%），乡镇卫生院专业技术人员也增加了接近 0.8 万人，增长率超过 20%。全部贫困县增加了近 5.5 万名医师（包括助理医师），增加了近 18 个百分点，其中医院增长 0.70 万人（增长 37.30%），进入乡镇卫生院的医师（包括助理医师）增加了 1 800 人，增长率超过 13%。此外，有资质的护士人数也大幅度增加近 2 万人，增长幅度超过 50%，其中医院增长 1.52 万人（增长 53.68%），乡镇卫生院增长 0.42 万人（增长 44.80%）。

2019 年，四川省 88 个贫困县每千人口有卫生技术人员 5.14 人，较 2015 年增加 1.09 人，其中医院增加 0.80 人，乡镇卫生院增加 0.24 人；每 100 人有执业医师（包括助理医师）0.9 名，较 2015 年增加 0.25 人，其中医院增加 0.23 人，乡镇卫生院增加 0.05 人；每千人口有注册护士 2.13 人，较 2015 年增加 0.70 人，医院增加 0.50 人，乡镇卫生院增加 0.14 人。截至 2019 年底，四川省全部贫困县医疗卫生机构接受的就诊总人次达到了 135 000 000 人次，与 2015 年相比增加 16% 以上，其中医院增加 42.35%，乡镇卫生院增加 9.78%。出院 568.97 万人，较 2015 年增加 33.74%，其中医院增加 46.30%，乡镇卫生院增加 15.15%。

3.2.3　重视村支部书记群体培养

四川省非常重视村支部书记队伍建设。在全省广大农村地区大力实施村支部书记培养行动。村支部书记是各个村庄的主要组织者，在乡村基层治理中是最重要的主体，是党和国家方针政策的代言人。有一个能干而且政治立场坚定的村支部书记往往是一个村庄发展的必要条件。四川省确实存在部分村庄村支部书记工作不得力的情况，为此，我们必须把培养合格的村支部书记放在非常重要的位置，为各个村抓好党组织建设。通过村支部书记培养计划，从广大农民工中发掘优秀人才，将他们吸收到党组织中来，可以为乡村储备合格的后备干部，壮大农村党员队伍。

"十三五"期间四川省为 88 个贫困县各选派 1 名挂职扶贫副书记，实行贫困村"五个一"驻村帮扶全覆盖，累计选派驻村干部 10.72 万名，基本上形成了五级书记一起抓乡村振兴工作的局面。根据相关统计资料，各个市州党校在 2019 年秋季学期就举办针对基层党组织的培训班 350 余期，有些市州还对县一级培训资源进行整合，共同举办培训班。针对基层党组织系统的培训活动大幅度增加。

彝族聚居的凉山州非常重视基层党组织素质能力提升。2018 年，该州就对近 550 个乡镇的 3 700 多个村的党组织进行调研分析，对各个村党组织成员进行分析分类，对不适合担任村委班子成员的人员进行调整和更换，并且对在任的村党组织干部进行全面培训，同时做好干部储备工作。村干部的素质能力有了一定提升，村组织后备人才队伍不断壮大。对部分村不团结的班子以及不作为的村组织进行全面整顿，对不能胜任的干部进行全面调整。为此，凉山州还专门拨出财政资金开展这项工作。为了提升村组织干部素质，还在全州开展基层干部素质能力比赛，以比赛代评比形式促使基层干部不断提升自己的素质，从而使各级农村基层干部攻坚能力有了显著提升。凉山州会东县委县政府在这方面也积极开展工作，取得了很好的成绩。他们以抓好村支部书记队伍建设为突破口，从人员的选拔、培训入手，多渠道寻找合适的村支部书记人选，比如从在外务工的农民工中发现、回引优秀合格人选，让村支部书记队伍面貌焕然一新，能力素质显著提升。同时，他们还狠抓村干部后备人才选拔与培养工作，壮大了村组织后备人才队伍。

攀枝花市在村支部书记队伍建设方面也下了大力气。2018 年全市明文规定县一级机关和事业单位以及乡一级机关必须选派干部去担任村干部，同时还鼓励退伍军人和从事其他职业的能人回到家乡担任村干部。通过这些方式，攀枝花市的村干部队伍素质有了显著提升。

达州市在村干部培养方面做了不少工作。为了让村干部队伍素质能力得到提升，达州市在 2020 年出台了相关文件，从不同渠道寻找村干部合适人选，并且对村干部进行全面、系统的培训，壮大村干部后备人才队伍。为了引进外部人才，达州市还从住房、收入待遇等方面给予支持，包括为村干部购买养老保险和医疗保险。对于村干部，不仅抓短期培训还重视他们的学历教育，在晋升方面也为他们提供更多机会。这些实惠的政策措施，极大地调动了村干部的积极性和主动性，也吸引了更多有能力的学生和年轻人进入村干部队伍。达州市村干部队伍面貌显著改观，乡村建设的动力更足了。

绵阳市平武县为了抓好村支部书记队伍建设，也做了不少工作，包括将当地在外务工的人才吸引回来，鼓励大学生回村建设家乡，对在位的村干部进行有针对性的培训和学历提升教育，在村干部中开展素质能力比赛，等等。通过这些方式培养了不少优秀人才，壮大了乡村干部人才队伍。

3.2.4　重视艺术人才挖掘培育

乡村文化是中华文化的重要组成部分，也是我国传统农业生产文化的主要组成部分。在传统农业文明时期，乡村以农业生产文明为基础，形成了包括政治、经济和文化在内的各个方面的文明。在现代社会，乡村依然是我国社会文明的重要载体，乡村文化是我国现代社会文明的重要组成部分。振兴乡村文化的一个重要任务就是振兴传统乡村文化。四川省实施了乡村技艺传承人群研修研习计划，帮助乡村本土群众掌握一门手艺或技术，推动乡村技艺与市场结合，加强乡村技艺合作交流。积极将相关艺术项目向国家推荐。比如，四川蜀绣创意设计人才培养项目就是依托国家艺术基金开展的。国家艺术基金为了支持乡村的历史文化名村建设工作的开展，在全国范围内遴选合适的从事艺术的院校和机构，申报国家艺术基金支持的艺术人才培养项目。2019年该艺术基金以四川音乐学院为培训主体开展"历史文化名村设计人才"培训项目，面向全国招收学员。本项目注重文脉传承与历史文化的深度呈现，合理发展文化创意和旅游产业，结合乡村振兴战略推进古镇名村的保护与振兴。

四川省广泛实施以乡村传统工艺技能传承为目的的人才培育。乡村传统工艺属于非物质文化，这些非物质文化是乡村传统文化活的灵魂，是乡村文化需要发扬光大的重要组成部分。如何让那些有知识、有文化的年轻人认同传统手艺，愿意学习这些传统手艺，进一步把这些传统手艺做成产业，是我们必须面对和解决的难题。让那些拥有传统手艺的乡村艺人能够安心从事自己的手艺，能够为他们的手艺找到传承人，就是对我们乡村传统文化的保护。

2018年，四川省主管文化和旅游的政府机构与四川省非物质文化保护机构联合开办了四川省传统工艺振兴复合人才能力提升培训班。培训成员为四川省各个市州从事非物质文化保护的工作人员。对相关工作人员的培训提升了我们对非物质文化的管理素质和能力，有利于四川省非物质文化事业的发展。此外，四川省还非常重视少数民族非物质文化的保护和非物质文化艺术人才的培养。比如，2020 年傈僳族火草织布技艺传承人技能培训班，就在凉山州德昌县开班。泸州市叙永县抢抓四川省文旅厅对口支援机遇，邀请多名国家级非遗传承人、苗绣领域人才深入苗乡，开展扎染蜡染苗绣培训班。该群体以叙永本土扎染蜡染传承人为主体，从最初的 3 名妇女发展到 100 多名，本土扎染文化能人脱颖而出。

3.2.5 重视农业创新创业优秀人才培育

积极参与全国农业创新创业优秀人才评选。四川省入选全国农业创新创业优秀人才第一批的优秀带头人有冉桂蓉[①]、王贵[②]、梁川[③]、杨朝家[④]。四川省入选全国农业创新创业优秀人才第二批的优秀带头人有缪敏[⑤]、阳晴[⑥]、段开迅[⑦]、蒯世军[⑧]。四川省入选全国农业创新创业优秀人才第三批的优秀带头人有达州市大竹县"醪糟王"的唐祥华、巴中市通江县"通江银耳"的陈彬、德阳广汉市"葡萄匠人"的陈厚刚、成都都江堰市"猪圈咖啡"的宋建明。全国农业创新创业优秀人才第四批四川省入选的有王伟[⑨]和刘沈厅[⑩]。

四川省也重视留住引进人才的体制机制的完善。外面的人才来到乡村，如何让他们在乡村长期留下来、在当地长期发展，是摆在当地政府部门的一个大问题。绵阳市涪城区在这方面做了不少实践，取得了一定成绩。涪城区相关政府部门想办法把在外地务工的本地青年吸引回家乡，让他们在家乡创业就业。他们紧紧围绕回乡青年面临的各种实际困难，想办法帮助他们解决这些困难——为他们回乡创业提供优惠条件，还为他们提供资金支持、技术扶持等。通过制定相关扶持政策，2019 年全区就回引农民工近 400 人。涪城区还积极探索外地人才的柔性引进。他们紧紧围绕涪城区当地经济社会发展的实际需要，让这些人才以自身合适方式、合适时间到绵阳参与相关工作，将自己的智力和知识应用于涪城区、服务于涪城

---

① 冉桂蓉是四川省成都汇众农业有限公司董事长。
② 王贵是四川省华朴现代农业股份有限公司董事长。
③ 梁川是四川大梁酒庄董事长。
④ 杨朝家是四川省成都老王农业开发有限公司董事长。
⑤ 缪敏是四川缪氏现代农业发展有限公司董事长。
⑥ 阳晴是四川成都香馨农业科技有限公司总经理。
⑦ 段开迅是四川省金堂县赵家镇平水桥村双堰家庭农场负责人。
⑧ 蒯世军是四川省都江堰市兴农蔬菜种植农民专业合作社理事长。
⑨ 王伟是四川省果友邦农业开发有限公司总经理。
⑩ 刘沈厅是眉山市彭山区沈厅家庭农场经理。

区。通过这种方式引进的人才多为专业技术人才，很多还是高级人才。当
地政府部门或企业通过与这些人才签订技术服务协议、决策咨询服务协
议、产学研合作协议等形式，实现了人才与当地经济社会发展需要的
对接。

实施乡村伙伴计划和乡村振兴"领头雁"计划。为了给农村青年创造
更好的创业就业条件、充分调动农村青年投身创新创业实践的积极性和主
动性，四川省早在几年前就开始实施培育乡村青年致富带头人计划。这个
计划由四川省团委策划，并委托四川省青年企业家协会具体落实。该计划
是省内青年企业家自愿参加的帮助乡村青年创新创业的帮扶计划。四川省
青年企业家与乡村有创新创业意愿的青年进行点对点的交流和帮助，有助
于他们对创新创业做更切合实际的规划，提高创新创业成功率。成功青年
企业家对乡村有创新创业意愿的青年的帮扶行动采取"1+10+N"工作模
式进行。也就是，每1名青年企业家要对口帮扶10名乡村有创新创业意愿
的青年，并且要对这些创新创业青年在具体的项目上进行以项目为导向的
具体指导。希望通过这种方式提升乡村青年创新创业的素质与能力。每次
培训首先严格筛选出100名致富带头人，再以"1+10"帮带行动扩散，也
就是说这些能力得到提升的乡村致富能人也要从事社会公益活动，要帮助
其他需要帮助的乡村群众，以接力赛的方式滚动推进，最终让帮带行动覆
盖全省农业人口。在这个过程中，四川省团委还对乡村被帮扶的创新创业
青年进行直接帮扶培训，进一步提升他们拓展实业的素质和能力。总之，
实施该计划的目标就是要破解发展难题，关键就是要精准育人育才。这就
需要各地做好前期基础性调查工作，摸清人才需求和人才资源现状，有的
放矢地培养种植、养殖、深加工、乡村旅游等领域的实用型人才。2019年
以来，四川省团省委先后举办省级农村青年电商示范培训班8期，"乡村
伙伴计划"集中培训2次，推荐多名农村创业青年参加团中央组织的旨在
培养乡村青年成为新农村建设新农人的培养活动。

2019年，共青团四川省委联合中国慈善联合会开展针对乡村青年创新
创业的网络培训，推荐了川内有志乡村青年162人参加第一期培训，其中
的20人还参加了清华大学线下集训。川内4 395人报名参加了中国慈善联
合会举办的农村创业青年"领头雁"网络培训第二期培训。第十一届全国
农村青年致富带头人评选活动中四川省有16名乡村创业青年入选。总之，
四川省通过"领头雁"计划为全省乡村建设培养了一大批乡村创新创业能
手，他们成为四川省乡村振兴建设的重要生力军。

2020年8月2日，四川省第三期"领头雁"计划集中递进培训在成都

崇州市结束，共70名农村创业青年及导师在集中培训班交流学习，活动推行了"导师+组员"的结对方式。为期4天的培训中，8名专家分别围绕时事政治、新媒体运营、金融知识、法律知识、农业政策、创业陷阱等方面为参训青年讲授了10堂课，并在季崧林地股份合作社和道明镇竹艺村开展现场教学活动、实地考察。受培训班主办方共青团四川省委、四川省农业农村厅的邀请，来自法律、金融、农业创业领域的专家以导师身份对各创业类型学员进行了陪伴式、互动式帮扶。导师们还通过实地走访、现场指导等跟踪服务，为学员提供精准、持久的创业指导与服务。

如何调动广大乡村群众干事业的积极性和主动性，是我们非常关注的问题，各地政府在这方面也做了不少探索。我们以绵阳市为例来看看基层政府在这方面的探索。该市涪城区对乡村龙头企业领头人广泛宣传报道，让他们成为大家学习的榜样，带动广大群众创办实业，并且对创办实业的群众在资金、技术、土地流转等环节给予支持，同时还让他们参与乡村基层社会治理，还依据他们在创业中取得的各种成绩给予奖励和表彰。比如，对获得"三品一标"认证的企业给予奖励，对获得其他各级品牌农业认证的企业也给予一定金额的奖励，以奖代补。涪城区还制定了本区农业高质量发展相关政策，支持从事高质量农业生产的实体发展现代农业，包括协助他们进行耕地流转，并支付部分流转土地费用。从事农业经营的实体获得各级政府授予的各种荣誉称号的，还给予一定金额的资金补助。比如获得国家级、省级、市级农业生产龙头企业称号，国家级、省级、市级农业生产示范合作社称号，国家级、省级、市级农业生产家庭农场称号的，都给予金额不等的补助性奖励。还对取得突出成绩的人才给予一些社会名誉，授予涪城区高层次人才称号，以鼓励他们继续为地方经济社会发展做贡献。通过这些方式，涪城区还引进了一批农村电子商务人才，发展乡村电商600多个网络销售点，2019年交易额就超过200亿元。

3.2.6 针对深度贫困县大力开展人才振兴工作

四川省深度贫困县致贫的最主要原因就是这些地方人才十分匮乏。只有解决了这些地区的人才匮乏问题，才能从根本上解决这些地区的贫穷落后问题。如何让这些地区能够把人才留下来？我们需要认真思考这个问题。这个问题应当从认真学习党中央关于扶贫与扶志扶智关系的相关论述入手，只有这样我们才能够找到解决问题的关键所在。我们不仅应当在乡村群众的就业技能上下功夫，还应当在他们的思想认识上下力气，让他们对自己有信心，让他们对未来的生活充满希望。在培养人才方面，特别贫困地区的人才培育始终是四川省乡村人才振兴的重要组成部分。

早在 2018 年四川省就开始了针对特别贫困地区的人才振兴工作。首先是对这些地方的扶贫队伍进行建设，让扶贫队伍不断壮大、能力不断提高、扶贫工作质量显著提升。采取的措施就是对这些扶贫人员进行全面、系统的素质能力培育，增强他们的业务能力、政治觉悟、使命担当；对这些地区的人才开展定向培养工作，为人才引进提供相对优惠的工作和生活条件。2018 年，四川省就着手从特别贫困地区人们的思想认识领域进行人才队伍建设工作，将对特别困难地区乡村群众的思想认识提升作为乡村群众培育的一项重要工作。在对贫困地区人才进行思想认识培养方面，我们特别重视因人而异，针对每个人的薄弱环节进行定制化培养。

不仅如此，我们还特别重视从外部引进优秀人才进入贫困地区，让他们扎根贫困地区，在贫困地区安家创业。从 2018 年起，四川省每年为贫困地区引进外部人才 3 000 余名，这些人才绝大多数是当地紧缺的具有专业素质和技能的人才，一定程度上缓解了这些地区人才短缺现状。

其一，实行高职院校对贫困地区学生定向招录政策。通过该政策畅通贫困地区的人才引进渠道。定向招录政策有明确的行业和专业针对性，主要针对贫困地区急需的专业人才。定向招录在各个层面都有实施。本科层次的紧缺专业、职业技术层面的紧缺专业都在定向招录范围之内。还对乡村实用人才采取定向免费培养政策。为了让该政策落到实处，四川省高校招生主管部门对贫困地区大学本科生的招录另设录取批次单独录取，确保贫困地区考生的录取名额。针对贫困地区的高职学生也采取高职单招政策，单设录取批次，单独划定录取分数线。

其二，对贫困地区学生实行定向教育培养，确保培养的人才适合贫困地区经济社会发展需要。定向录取来自贫困地区的学生的培养教育模式也与高职院校其他学生培养模式有所区别。定向录取更加注重适用知识技能培养和学生政治觉悟、思想道德素质培养，注重学生的实训教育。对定向招录的贫困地区的教育专业、医疗卫生专业、兽医专业、农业方面的专业、乡村旅游方面的专业、乡村建设规划方面的专业、乡村水利建设方面的专业等，在课程设置上，注重与当地乡村振兴建设相结合的专业知识和技能的学习培养。

其三，对定向招录的贫困地区学生实行回乡就业政策，确保培养的人才可以为贫困地区所用。在定向培养录取时，要求接受定向培养的学生签订相应的回乡就业协议。协议明确了接受协议学生可以得到政府的哪些帮助与支持，也明确了他们应当承担的义务与责任。在服务年限方面，协议要求接受定向录取的学生回乡工作至少 6 年，而且需要在基层一线工作。对定向培养的学生在相关考核合格后还给予相应的岗位编制。

其四，费用全免，确保具有足够"吸引力"。为了增加定向录取的吸引力，定向录取政策给予接受定向录取学生一系列优惠政策。从总体上来看，定向培训学生在校期间所有学费由贫困地区政府负责支付，政府安排专门的财政资金来支付相关费用。相关政策规定大学本科生、免费医学本科生、高职（专科）生、免费医学专科生各自不同的政府资助金额。这对于家庭贫困的学生来说是很有吸引力的。

依托定向录取政策，四川省为贫困地区培养了一大批当地急需的专业技术人才，有力地支持了贫困地区经济社会的发展。比如，2018 年四川省定向录取贫困地区学生近 0.35 万人，实际到校学生接近 0.34 万人，包括少数民族学生 0.28 万人。2019 年四川省面向贫困地区的定向录取学生为 0.16 万人。为了培养这些定向录取学生，四川省政府与在川 40 多所学校签订了定向代培协议。这 40 多所学校包括部分本科院校、部分高职专科院校。培训方式也以培养实用性人才为目标，讲求培训内容的实际操作技术和能力的培养，强调动手能力的培养。

按照贫困地区经济社会发展需要进行培训，是定向录取学生培养的鲜明特点。贫困地区经济社会发展水平相对较低，对人才的需求也有自己的特点。要以符合当地农业产业发展需要，弥补当地经济、教育、医疗卫生等领域人才不足为导向进行培养。这些人才都要到基层一线工作，需要他们具有较强的动手操作能力，其实用性要求较高。在培养方式上更加强调就地培养，在贫困地区当地进行培养教育，让学习培养与当地经济社会活动紧密结合。对于那些非学历教育更多地采取在线学习形式、远程教育形式。对于适用技术学习更多地采取现场教学形式，实现学以致用的有机结合。在培养方式上，还采取了顶岗锻炼形式，采取赴外地学习形式，让缺少锻炼机会的在校学生得到锻炼，让本地人才可以更快接触外面的新知识、新技术。

东部省份对四川省的对口帮扶也是四川省贫困地区人才培养的重要力量。东部省份通过向贫困地区委派干部驻点和挂职的方式直接向贫困地区输出干部，参与贫困地区经济社会建设，还通过对贫困地区干部群众进行培训方式，提升这些地区基层干部的素质和能力，为他们培养合格劳动力，弥补贫困地区在这些方面的不足。比如，2019 年东部省份就为四川省对口帮扶贫困地区培养了当地急需的各行业人才 5 万多人。

围绕贫困地区脱贫攻坚的任务需要，四川省积极开展相关领域的人才培养工作。贫困地区教育落后，缺少合格教师，就是需要解决的问题之一。为此，四川省实施了中小学教师素质能力专项提升计划，仅 2019 年就对贫困地区的近 1.4 万名教师进行了培训。贫困地区医疗卫生专业人才缺乏，四川省又针对县一级医疗卫生机构、乡一级卫生院和村卫生站的从业人员开展培训，仅 2019 年就对贫困地区医疗卫生系统 4 000 多名从业人员进行了培训。2019 年四川省还对林业行业 1 000 多名从业人员进行培训。此外，四川省还培训了部分环境保护方面的工作人员。这些培训有力地配合了乡村振兴相关任务的完成。

在为贫困地区引进人才方面，四川省实施了大学生服务基层的"三支一扶"计划、大学生志愿服务西部计划、特岗计划三种计划。2019 年四川省通过大学生服务基层形式为贫困地区引进了不少大学生。采取考核招聘等方式进行人才引进，也为贫困地区引进了一部分人才。制定优惠人才政策，到外地进行人才招聘和公开招聘也是引进人才的重要渠道。通过这些方式，贫困地区人才短缺的局面得到了一定程度的改观。

四川省还大规模开展在职人才援助活动。从四川省各地抽调大批在职工作人员赴彝族地区和涉藏地区长期任职和挂职，为这些地区输送高素质干部和专业技术人才。为了留住贫困地区引进的人才，四川省还制定了引导和鼓励人才向基层流动的相关政策和鼓励措施。贫困地区还将稳定人才队伍作为各级党政干部的一项考核指标。

让其他地方的高等院校、中小学校也加入贫困地区帮扶行动中来，帮助这些地区的学校提高管理质量和教学质量。在内地优质中小学对口帮扶深度贫困县中小学方面，涌现出来一批批先进集体。以 2020 年为例，这一年四川省有 90 多个中小学校被评为对口帮扶贫困地区先进集体。各市州先进集体名单如下：

成都市 26 个先进集体：成华区教育局、都江堰市教育局、金牛区教育局、锦江区教育局、龙泉驿区教育局、郫都区教育局、青羊区教育局、武侯区教育局、高新区教文卫健局、成都师范附属小学、成都市行知小学校、成都市龙江路小学、成都高新区实验小学、成都市龙泉驿区第二小学校、成都市郫都区示范幼儿园、金堂县第三幼儿园、成都市青白江区福洪中学校、成都市双流区金桥小学、成都市中和中学、崇州市学府小学、彭州市机关幼儿园、蒲江县南街幼儿园、邛崃市北街小学、新津区实验幼儿园、四川交响乐团附属小学、成都市新都区第一幼儿园。

攀枝花市 2 个先进集体：东区教育和体育局、攀枝花市大河中学。

泸州市4个先进集体：泸州市第十中学校、龙马潭区教育和体育局、泸县实验学校、纳溪区护国镇中心小学。

德阳市12个先进集体：广汉市教育局、德阳市旌阳区扬嘉力恒小学校、广汉市实验小学、德阳市岷江东路逸夫学校、德阳市雅居乐泰山路小学、德阳市罗江区深雪堂小学校、绵竹市九龙学校、什邡市南泉小学、绵竹市南轩小学、德阳市庐山路小学、中江县龙台镇中心学校、中江县实验小学校。

绵阳市5个先进集体：游仙区慈济实验学校、江油实验学校、绵阳市教育和体育局、绵阳市实验中学、四川省盐亭中学。

遂宁市2个先进集体：射洪市第二小学校、遂宁高升实验小学校。

乐山市9个先进集体：乐山市教育局、五通桥区教育局、乐山市市中区教育局、乐山市实验小学、沙湾区太平镇中心小学、峨眉山市第七中学、犍为师范学校附属小学、井研县千佛镇中心小学校、夹江县第一小学。

南充市2个先进集体：顺庆区教育科技和体育局、南充市三原实验学校。

宜宾市5个先进集体：宜宾市教育和体育局、宜宾市叙州区柏溪小学、翠屏区教育和体育局、宜宾市叙州区育才中学校、宜宾市人民路小学校。

眉山市4个先进集体：眉山市东坡区苏辙小学、仁寿县书院小学校、洪雅县实验小学、青神县学道街小学。

阿坝州10个先进集体：阿坝县教育局、茂县教育局、理县古尔沟小学、四川省汶川县七一映秀中学、金川县第二中学、小金县美兴中学、黑水县芦花完全小学、松潘县城关小学、红原县中学、若尔盖县中学。

甘孜州10个先进集体：甘孜州教育和体育局、甘孜州石渠县教体局、雅江县德差乡中心校、丹巴县高级中学、九龙县高级中学、泸定县幼儿园、乡城县青德片区寄宿制学校、稻城县城关小学、新龙县大盖片区寄宿制学校、甘孜州康南民族高级中学。

凉山州8个先进集体：布拖县教体科局、普格县中学、昭觉县民族重点寄宿制小学、美姑县城关小学、金阳县中学、越西县越城镇中心小学、盐源县职业技术中学、木里县卡拉乡中学。

3.3　对乡村振兴人才支撑情况的总体评价

一是四川省拥有规模较大的农业科技人才，这是支撑四川省现代农业产业的重要力量。四川省作为农业大省，一直重视农业科技人才的培养，一直支持农业领域相关科研院所建设，一直支持农业领域高等院校建设发展。四川省已经有市州级以上农业科研机构40多所，有服务农业生产活动的国家级重点实验室和创新中心40多个。全省范围内从事农业科研的人员达到0.9万人。拥有一支数量较大的高水平学术带头人人才队伍，包括国家一级、省一级以上的农业领域学术带头人，国家一级、省一级农业领域政府特殊津贴专家，拥有人数较多的高级以上职称和博士学历人才，拥有现代农业产业技术体系国家岗位专家多人，拥有一批国家一级、省一级创新创业团队。四川省还拥有一批省级、市级、县级、乡镇站等不同层次的各类农技推广机构。这些机构数量达到0.9万个，大量科研人员在这些机构从事农业科研和农业技术推广工作。其中有专业技术人员4万多人，35%以上的专业技术人员拥有大学本科及以上学历。专科及以上学历专业技术人员达到80%以上。

二是四川省有一支数量较多的新型职业农民队伍。多年来四川省坚持实施新型职业农民培育政策，持续为脱贫攻坚提供人才支持，也为现在的乡村振兴提供了一批优质劳动力。在这项政策支持下，一批具有现代农业产业经营技术能力的农业产业带头人不断涌现，懂得农业生产技术、愿意从事农业生产活动的职业农民群体不断发展壮大。

三是吸引了一批原本在城镇务工的青年群体回到农村创业和就业。随着国家对乡村发展的大力支持和乡村生产生活条件的改善，乡村产业不断发展壮大，发展潜力越来越大，乡村就业需求和收入水平也不断提高，对广大乡村青年的吸引力也越来越大。乡村就业容量的增加和创新创业条件的改善，为广大青年施展才能提供了广阔的空间。

四是新型农业经营主体发展快、数量大。全省有新型农业经营主体、家庭农场5万多个。出现了一批省级示范场，培育了一批农民合作社和联合社，出现不少国家一级示范性合作社和四川省一级示范性合作社。乡村集体经济不断发展壮大。

五是四川省的乡村基层治理水平有了实质性提升。随着乡村治理水平的提升，乡村社会秩序和人际关系越来越和谐，村民之间的矛盾逐渐减少，社会风气也越来越风清气正。乡村社会治理体系的完善为乡村建设提供了有力的组织支持。乡村干部的政治觉悟、责任心和奉献服务意识都有了显著增强①。

3.4 四川乡村振兴人才支撑中存在的不足

3.4.1 乡村就业人数持续下降

乡村振兴，最缺的是人才。依据国家统计局在2018年对全国各地乡村的选点调查数据，绝大多数被调查村民表示，乡村资金短缺是制约乡村发展的最大障碍，乡村人才不足和乡村生产技术落后是乡村振兴最关键的问题。只有解决了这些瓶颈问题，乡村振兴才有希望走出困境。

依据四川省统计年鉴，2010—2020年四川省乡村就业人数呈逐年下降趋势。2010年，乡村就业人数为3 087.03万人，占当年四川省总就业人数的66%。2020年，乡村就业人数为2 256万人，占当年四川省总就业人数的47.54%（表3-4）。

表3-4　四川省乡村就业人数及占比（年末数）

年份	就业人员合计/万人	乡村就业人员/万人	乡村就业人员占比/%
2010	4 677.00	3 087.03	66.00
2011	4 650.00	2 979.14	64.07
2012	4 635.00	2 888.56	62.32
2013	4 634.00	2 805.63	60.54
2014	4 638.00	2 727.51	58.81
2015	4 652.00	2 642.65	56.81
2016	4 657.00	2 548.46	54.72
2017	4 667.00	2 459.62	52.70
2018	4 690.00	2 386.25	50.88
2019	4 714.00	2 307.22	48.94
2020	4 745.00	2 256.00	47.54

注：表中"就业人员合计""乡村就业人员"两个指标数据来源于《2021四川统计年鉴》，"乡村就业人员占比"依据前面两个指标数据计算。

---

① 李俊霞，曾佳，李志遥，等. 四川乡村振兴人才支撑能力现状及对策研究［J］. 四川农业与农机，2019（6）：16-19.

随着乡村中学生进入大学和中职院校总人数的不断增长，没有接受过大学和中等职业学校教育的人数占比和总人数都不断下降。这些学生毕业后大多希望在城镇从事非农业工作。农村青壮年劳动力人数也就相应减少，乡村劳动力断层明显。

在乡村缺乏的各类要素中，乡村最缺乏的还是人。在有些乡村，出现了农村年轻人严重不足甚至连人都不多的现象。不少乡村，青壮年人缺乏，干农业生产体力活，大家都吃不消。有些乡村想在本地找两个懂一点文字、美工和新媒体传播的年轻人，尽管开的工资不低，可是本乡村和附近乡村确实没有这方面的人才。同时，乡村原来的主要劳动力随着年龄的增长也逐渐老龄化，乡村劳动力后继乏人。有数据显示，我国乡村超过四成常住人口是超过六十岁的老龄人口，他们的劳动能力已经大幅度下降，乡村社会已逐渐成为一个老龄化社会。造成这种状况的关键因素是乡村发展滞后，乡村经济社会发展缓慢，产业发展不足，就业机会少，生活条件差，年轻人不愿意留在乡村①。而年轻人的离开让乡村产业更加难以发展起来，乡村经济进一步衰落，形成经济社会发展与乡村人才流失之间的恶性循环。乡村振兴战略实施以前的乡村已经是一个只属于老年人和部分留守儿童的乡村。农业产业从业人才凋零及其所引发的农业产业发展停滞不前状况明显②。

一个没有年轻人的农村，注定不会有未来，一些村庄的消失只是时间问题。我们说的乡村振兴一定是一个有人生产和生活的乡村，绝对不是去振兴一个没有人生产和生活的乡村。乡村振兴是为乡村群众提供一个更加繁荣的乡村，绝对不是为了一个荒无人烟的不毛之地而振兴。但是，我们的乡村的确已经出现了这种情况：在一个没有人烟的地方，我们把路修好了，把网络通信设施铺设好了，把自来水和路灯等生活基础设施搞好了，把休闲娱乐锻炼等设施建设好了，然而这些设施最终成为没有人使用的摆设。有人说过，一个没有人的乡村，我们建设得再好，也不过就是一座废墟而已。21世纪初，我国为了让乡村的儿童可以在安全、高质量的学校读书，在乡村广泛开展乡村学校建设，规定每一所乡村小学建设的内容和标准，不仅要有校舍、教室，还要有运动场地和运动设施，还要配备受过专业训练的教师。曾几何时，我们把乡村校舍和配套设施都建设好了，但是

---

① 贺雪峰. 老人农业：留守村中的"半耕"模式 [J]. 国家治理，2015（30）：43-48.

② 蔡弘，黄鹂. 谁来种地？——对农业劳动力性别结构变动的调查和思考 [J]. 西北农林科技大学学报，2016（2）：104-112.

这些学校却没有学生来读书，学生都到镇上去读书了，到县上去读书了。农村已经没有年轻人，未成年人也便跟着减少，小学生人数也就减少。学校空空如也，大量的资源被闲置。比如，有一所乡镇联校，老师编制30余名，可是学生总数却不足30名，并且还在逐年下降。

3.4.2 乡村人才供需不匹配，一线人才匮乏

在大量优质劳动力外流和城市人才不愿下乡的双重作用下，留在乡村的人力资源也存在很多问题。乡村人力资源不仅数量不足，人力资源供给小于人力资源需求，人力资源短缺明显，而且人力资源在年龄结构和知识素质结构上也明显不合理。乡村人力资源短缺，人力资源年龄结构老龄化也是一个严重问题，随着这一批50多岁的劳动力退出劳动力行列，将没有年轻劳动力来接续他们所从事的职业。他们所掌握的劳动技能也没有人来传承，传统农业生产技能和乡村传统手工艺技能面临着失传的风险。乡村人力资源现状确实难以满足乡村振兴现实要求。

乡村现有人才的男性和女性比例也与乡村人才需求不相适应。男性劳动力少，农业生产劳动和其他体力劳动难以找到充足的劳动力。有知识的劳动力数量不足，很多生产性服务业、电子商务活动找不到与之匹配的劳动力。具有现代农业科技知识的劳动力匮乏，懂得企业经营管理的人才、懂得乡村农田水利建设的人才、懂得循环经济的人才更少[1]。

四川省高层次农业科技人才群体虽然总数不少，但是他们大多数是在城市的农业类科研机构、高等院校以及农业类职业技术学校里面。生活在乡村、深入乡村一线的农业科技人才其实非常有限，与农村生产活动直接结合的科技人员也少，农业劳动力中农业科技人员占比非常低，农村非常缺乏农业科技人才。数据显示，四川省的农业科技人才绝大多数是体制内身份，他们都不在农业科技一线。真正在农业科技一线的反而是编制外的外聘员工。

我国农村基层治理人才队伍存在问题和不足。乡村支部书记队伍存在能力素质不足问题及人才缺口，乡村村民委员会主任队伍存在能力素质不足问题。有思路、有能力的村干部也比较缺乏。资料显示，四川省某县的村、社区共有专职干部1 057名，平均年龄为48.4岁，其中51~60岁的占40%以上，61岁以上的有54人，占5.1%。这个县乡村基层治理人才队伍中拥有高中或中专以下学历的有755人，占70%以上。249名乡镇干部中，

---

① 邹进泰，卢青. 以人才振兴支撑乡村振兴［N］. 湖北日报，2021-05-28.

年龄在 50 岁以上的达 91 名，约占 36.5%，40~50 岁的有 72 名，约占 28.9%，20~30 岁的人员最少，只有 38 名，仅约占总数的 15.3%。

四川省乡村基层治理组织不健全，基层治理体系不健全，基层治理能力不足，基层治理效果不彰。对于乡村的很多事情村两委会不管不问，很多问题长期得不到解决。很多该抓的工作没人去组织。村基层组织只动嘴不动手，素质和能力都与其担任的岗位职责不匹配。村两委班子人员素质和能力不足，是乡村各项建设任务进展迟缓的重要原因①。不解决这个问题，乡村振兴会更加艰难。

四川省乡村农业技术服务人才欠缺。前面说过，四川省农业技术人才主要在体制内，在城市而不在乡村。乡村很难看到农业技术人员的身影，田间地头更难看到他们的足迹。同时，在这些为数不多的乡村农业技术人员队伍中，也存在明显的老龄化问题，年轻人在这支队伍中所占比例极低。这些老龄化的农技人员的知识水平相对较低，现代农业科技知识较欠缺，与农业现代化需要存在一定程度的不一致。对四川省部分县区的乡镇 103 名农业技术服务人员的调查显示，所学专业与农业相关的仅有 46 人，约占被调查人员的 44.7%，一半以上的人员并未学习过与农业相关的知识。

在四川乡村范围内，也存在乡村人才分布不均衡问题。经济发展相对较好、自然条件较好的乡村也是乡村人才相对较多的乡村。自然条件差的乡村、偏远乡村、经济落后的乡村往往也是乡村人才较少的乡村。成都平原上的乡村人才相对较多，这些地方的乡村经济较发达，乡村社会发展水平也较高。甘孜、阿坝、凉山等地区，自然条件差，社会生产和生活基础设施落后，乡村人才更加匮乏。数据显示，乡村人才资源最少的地区是川西北地区，这里仅仅拥有四川省乡村人才总数的 2%。攀西地区是四川省乡村人才数量第二少的地区。

3.4.3 人才培训资源整合不够

为了为乡村培育更多的人才，国家相关部门和四川省花费了很大力气，做了很多实实在在的工作，实施了大量的培训计划。但是，客观地说，这些培训资源条块分割，各成体系，相互割裂。重复培训明显，资源浪费严重。对被培训者的覆盖面还很有限，被培训者接受的知识还不全

① 雍支康，梁胜朝，白宇川. 基于乡村振兴视角的农村人力资源现状调查研究：以四川省梓潼县为例 [J]. 中国西部，2019（1）：89-93.

面、不系统，也难以形成系统的知识体系。名目繁多的培训也引起了被培训者的不满。对培训资源进行有效整合，扩大被培训者覆盖面，让培训知识更加系统，都是需要我们进一步做的工作①。

3.4.4 对进入乡村系统的人才激励不足

当前，乡村人才待遇普遍偏低，与实际业绩、贡献不相符。对村干部的激励不足，村干部队伍不稳定。最明显的就是村上各个社的社长得到的报酬太少，部分村的社长每个月只有不到 1 000 元的报酬，远远比不上外出务工的月收入。很多社根本找不到愿意当社长的合适人选。对乡村发展经济的带头人的激励也不足。乡村创业条件差，投入多，回报却很有限，投入与收益不对称，人们不愿意投入。村干部可以获得的社会荣誉很少，可以晋升的空间也很小。因为这些，村里的年轻人不太愿意担任村干部。也正是这些原因造成村干部人员更换频繁，队伍不稳定。同时，乡村工作、生活、上学、就业条件较差，也成为制约乡村人才振兴的关键因素。在不少乡村，公共服务缺乏、创新创业环境差、资金风险大等问题依然突出②。

四川省一些乡村生活条件差，乡村绝大多数职业收入低也是乡村难以留住各种人才的原因所在。边远地区、广大民族地区更是如此，对广大青年缺乏吸引力。再加上这些地方各行各业的收入水平也比较低，更难以吸引青年来此就业。即使在这里工作和生活的年轻人也难以在此扎根，如果有合适的机会他们就会选择离开这里。如何让广大年轻人和有知识、有能力的人愿意在乡村长期工作和生活是我们需要解决的问题。

3.4.5 新型职业农民培育不足

新型职业农民制度在四川省已经推行多年，但是该制度却显得后继乏力。愿意接受职业培训的民众越来越少。获得新型职业农民认定证书的民众更是少之又少，新型职业农民认定制度在某些地方已经名存实亡。比如，四川某个农业大县，只有不到60人获得新型职业农民认定证书。作为农业大县（市）的广汉也只有200多人拿到职业认定证书。该职业认定在

---

① 李俊霞，曾佳，李志遥，等. 四川乡村振兴人才支撑能力现状及对策研究 [J]. 四川农业与农机，2019（6）：16-19.

② 唐语琪，那晴，尹俊梅，等. 乡村振兴人才队伍建设存在的问题与对策研究 [J]. 农业科研经济管理，2020（2）：41-43.

一定程度上已经失去社会公信力，失去了对民众的吸引力。四川省曾提出用3年时间培训7 000名农村双创人员和双创导师，从实际情况看，这个培训计划并没有得到有效实施，效果有限。分析其原因，地方政府政策补贴资金来源有限是制约因素之一。受财政资金制约，对获得职业证书的农民的奖励难以兑现。其他应当还有很多原因，这是很值得我们研究的问题。新型职业农民制度试点虽然开局较好，积累了宝贵经验，但是我们必须看到，在认定过程中我们还需要进一步优化评定标准，加强评定过程管理，做好评定顶层设计。

3.4.6 乡村人才培训内容与实际需求不符

重视操作技能培训，文化素质方面的培养不足。从培训内容来看，农业生产技术是基本培训内容。从培训方式来看，课堂教学是主要培训方式。培训的内容、方式和层次还不能适应职业技能提升的需要，乡村人才往往被动接受培训，在各方交叉重叠、缺少统筹协调的培训计划下，乡村人才接受的知识多且杂，而部分培训内容与当前实际发展需求脱节，导致"学无所用、学不知怎么用"的现象普遍存在[①]。

3.5 乡村振兴对乡村人才支撑提出新要求

3.5.1 乡村振兴的关键在人才振兴

习近平总书记明确告诉我们，县、乡、村等基层党组织是乡村建设各种力量的组织者和领导者，必须加强基层党组织自身建设。只有这样才能团结各方面的建设力量。习近平总书记多次告诉我们，与乡村经济社会发展相适应的人才是乡村建设的基本要素，我们要形成一个可以激发乡村人才积极性、主动性的人才体制和机制。

2018年中央一号文件对乡村人才建设工作做了进一步部署。文件明确指出，乡村人才短缺是乡村建设的瓶颈，我们必须破解这个制约。为了破解各方面的人才瓶颈，我们首先需要破解乡村基层两委人才瓶颈，建设一个懂乡村建设、懂乡村现代农业的热爱农村工作的乡村基层两委班子。在

① 唐语琪，那晴，尹俊梅，等.乡村振兴人才队伍建设存在的问题与对策研究［J］.农业科研经济管理，2020（2）：41-43.

此基础上，我们要把城乡之间人才流动的通道贯通，形成城乡之间人才流动的大动脉。

2019年中央一号文件再次指出，要建立一套乡村基层干部的科学选拔、科学培养、有效工作和严格管理的体制机制，落实关爱激励政策，引导各类人才投身乡村振兴，并要求抓紧出台培养懂农业、爱农村、爱农民的"三农"工作队伍的政策。农村有一句俗话：戏好要靠唱戏人。如果没有一支符合乡村振兴各行各业发展需要的充足的高素质人才队伍，我们的乡村振兴战略就会失去实施者和推进者，也就只能停留在文件上，只能是一句空话，难以成为现实。

乡村建设，自然离不开人。从我国现代化建设来看，农业农村现代化落后其他方面的现代化。具有相应素质的人才群体是完成乡村建设部署的各项任务的最基础条件，也是必要条件。乡村振兴涵盖农村、农业、政治、经济、社会、生态、可持续发展、文化等各个领域的发展和建设，各个领域的发展和建设都需要有相应的人才支撑，都需要开展相应的人才队伍建设。乡村建设人才分属于政治领域、经济领域、文化领域、生态环境领域，职业岗位种类多，还需要结合我国各地乡村特殊情况，对人才素质要求高。现代社会是信息化社会，我们的乡村建设需要与时代发展趋势紧密结合，融入时代潮流。当前，我国的乡村建设一定是一个将工业化和信息化融入的乡村建设。乡村建设是新时代中国特色社会主义现代化建设的重要组成部分，相关人才必须对我国社会主义现代化建设历史、对当前国家路线方针政策有全面而透彻的理解，还要熟悉我国农村的实际情况。乡村建设的这些要求对乡村建设的人才素质和能力提出了更高要求，对乡村建设人才多样性提出了更高要求。人才是解决乡村振兴各项问题的关键因素，是实现乡村建设各阶段宏伟目标的关键因素，是将乡村建设政策转化为行动、让政策落地的关键因素。

3.5.2 乡村产业振兴对乡村产业人才提出新要求

乡村振兴，我们需要高质量的乡村产业发展，这也就对乡村产业发展人才队伍的基本素质提出了更高要求。乡村产业的振兴离不开科技的进步与广泛应用。打好精准扶贫攻坚战也需要各类人才的参与和帮助。发展壮大乡村集体经济，我们需要一批进行村集体经济改革创新的优秀人才。发展乡村现代农业，我们需要新型农业经营主体方面的人才。实现乡村三次产业的融合，我们需要产业经济学方面的人才。

从乡村建设的各个方面的内容看，这些任务之间其实有着明显的层次性：有些任务是基本的任务，是完成其他任务的基础。乡村产业发展就是这样一个基础性任务，乡村振兴的其他方面都离不开乡村产业的振兴。我们只有将产业发展放在乡村建设各项任务的首要位置，抓好乡村产业发展才能为其他建设任务创造更好的条件，而乡村农业又是乡村产业的基础。

建设现代农业人才队伍是四川省农业现代化的需要。现代农业人才队伍包括农业科学研究人才、农业科技推广人才、从事农业生产活动的具有现代农业知识和技能的农业生产从业人员、从事农业基础设施建设的人才、从事农业企业经营的管理人才。现代农业人才是乡村振兴人才队伍的重要组成部分，是乡村发展现代农业产业、我国农业产业高质量发展的人才基础。乡村现代农业需要大量的掌握现代农业知识和技能的人才。现代农业人才的不足是我国农业现代化和农业高质量发展的主要制约因素[①]。

我国农业生产高投入低产出，产业缺乏市场竞争力，农业行业效益较低，从业人员收入较低。农业的出路在于将科学技术引入农业生产领域，将高素质劳动力引入农业生产领域，将现代信息技术和现代管理知识引入农业生产领域。而实现这一切的前提则是高素质的劳动力进入农业生产领域。

农业要发展壮大，我们需要从集体土地制度、集体土地经营承包责任制、乡村集体经济发展等方面建立现代乡村经济生产体系，建设具有中国特色的农村经济。只有理顺农村经济的基本经济制度，农业生产的各项要素投入渠道才会畅通，农业生产水利等基础设施建设才会科学、合理地推进，农业生产的内生动力才会重新被激活，农业生产的投入产出比才会提高，农业生产的劳动生产率才会提高，农业产业的市场竞争力也才会增强。同时，农业对国家的财政投入的依赖才会减弱，自我发展能力才会逐渐形成并良性循环。比如，加强灌溉设施建设和小地域范围的农田水利设施建设都可以不再依靠财政投入，村集体组织就可以自己组织实施，而且建设成本会更低，设施质量会更好。各种实用的农业科技也会广泛应用于生产活动，农业经营主体的自主创新动力会更足，农业生物资源会得到更好保护，使用农业机械装备开发更有动力，其国产化水平也会大幅提高。大力发展数字农业，推进农业物联网建设的内生动力也会激发出来。农业内生动力激发出来了，农业从业人员结构就会自动不断调整优化，年龄结构、知识结构都会优化，知识型、技能型、创新型农业经营者队伍自然会

① 黄建颉，罗兴录. 乡村振兴背景下新型农业人才培养探讨 [J]. 农学学报，2020，10（5）：97-100.

发展壮大。而这一切都需要有相应人才的参与和付出。

推进特色农产品优势区建设，也离不开这方面的高素质人才。现代农业在空间形态上表现为以产业园和农业科技园为载体。农业产业园方便了对生产经营活动的集中统一管理，方便了产业链各个环节之间的经济联系，方便了各个农业经营主体之间的交往，也有利于地理标识性农业品牌的创建与管理，有利于农业人才的充分使用。此外，在开发特色农产品方面，我们还需要农作物病虫害和动物疫病防控方面的技术人员。特色农产品或养殖业优势发展区的建立，方便了这些专业技术人员的工作与生活，有利于农产品种植时间的统一，有利于施肥时间的统一和病虫害防治作业的统一，也有利于收获和加工的统一，减少了人员在不同作业场地之间的往返奔波。现代农业一定是高技术含量的农业，这些高知识、高技术含量的农业产业活动的高质量开展，也需要有一支具有高科技文化素质的知识型、技能型、创新型农业经营者队伍。

当前我国农村产业基础薄弱，农村各行各业缺乏竞争力，还表现在农产品结构方面。在农产品生产领域，部分农产品生产数量超过了市场需求数量，产品存在一定程度过剩；有些农产品供给又存在不足。农产品供求在一定程度上存在结构性不平衡。农产品质量也存在结构性不平衡，高质量农产品短缺，不能满足市场需求。造成这些问题的一个重要原因，就是农村产业从业人员缺乏对市场需求的了解，不能对市场行情进行合理预判，缺乏生产高质量农产品的技术与能力。

要保障粮食安全，我们就需要有能从事现代粮食生产产业链所需的各类工作的人才。粮食种植生产活动要实现高质量、高效率，各环节都需要有相应的人才。粮食种植需要科技支撑，需要相应的科技人才。从事高标准农田建设，需要高标准农田建设人才。高标准农田建设环节的相关专业人才和人员包括：土地整治方面的专业人才，土壤成分检测和改良方面的技术人才，农田水利建设方面的设计、施工人才，农田地质灾害防治方面的专业人才，等等。要实现粮食生产机械化，需要农机设备研发、制造和使用方面的人才。中国饭碗要装中国粮食，需要粮食种子研发方面的科研人才。要促进现代农业经营组织的发展，则需要具有大规模现代农业企业经营管理能力的人才，还需要有懂得粮食播种、施肥、病虫害防治、防洪抗旱等田间管理知识的农业产业从业人员。此外，还需要相应的从事农业生产气象服务的专业人才，需要粮食收割和储藏方面的农业产业服务专业人员，需要粮食流通和市场销售方面的营销物流专业人员，需要粮食质量检测方面的人才，需要粮食营养成分分析方面的专业人才。整个粮食生产产业链的各个环节都离不开相应人才。

发展数字农业，需要数字农业产业方面的各类人才。进行农产品线上交易，需要农产品产销衔接物联网应用方面的互联网人才以及农产品电子商务方面的人才。发展智慧农业，需要农产品种植遥感方面的科技人才，需要服务农产品生产的智慧气象服务方面的专业人才，需要数字化农产品生产装备设计、操作方面的技术人才，需要利用大数据进行耕地质量检测的专业人员。发展智慧养殖业也需要数字技术方面的人才。农业生产机械数字化也需要数字装备方面的技术人才，需要面向农业生产的卫星遥感、航空无人机、田间观测等方面的开发应用人才。总之，这些工作都需要相应的电子信息方面的专业人才。

要保障其他农产品供给安全，我们需要抓好其他农产品供给侧生产能力建设，需要满足农产品产业链上各类需要的人才。随着农业现代化的不断推进，通用型农业专业人才在农业产业人才中所占比例越来越小，不同种类的农产品所需的人才也越来越专业化，不同种类的农产品所需的专业人才所具备的知识和技能也越来越不同。比如，农业种植业、养殖业和牧业所需的相关劳动力知识和技能结构就具有显著差异性。农业是一个包含很多细分行业的产业，即使是农业种植业领域也有很多细分行业，每一种农作物都有种植方面的特定的技术和技能要求，各自所需的专业化人才的知识结构也存在较大的差异，很难通用普适。随着农业产业高质量发展政策的实施，这种差异性会越来越明显。

要发展现代农业，需要将我国基于承包经营的大量小农户纳入现代农业经营体系。小农户是我国农村经济的特色，是我国农业农村的实际情况决定的。如何带动小农户实现共同富裕，是摆在我们面前的时代课题。这既是难题，也为我们提供了一个展示智慧的舞台。把小农经营主体融入以现代农业经营主体为主导的现代农业发展体系，离不开相关的高素质农业经营人才，而这些农业经营人才则要有共享经济和共同富裕理念，还要有奉献精神。

让农业科技成为农业生产的投入要素，离不开农业科技的研发与推广应用。只有研发出先进农业科技，持续将这些先进农业科技应用于农业生产，才能为农业高质量发展拓展广阔空间，为农业高质量发展注入可持续动力。如何重构能够满足现代农业发展要求的新型科技主体，让农业科技创新与农业科技成果应用无缝衔接是需要我们解决的一道难题。只有解决了这道难题，让二者形成紧密的利益共同体，才能有源源不断的农业科技涌现，并且快速应用于农业生产。而农业科技创新和应用推广离不开相应的人才。在国家涉农政策方面也需要一批懂政策、能够不折不扣地落实这些政策的人才。

发展节水农业也需要相关人才。发展节水农业的主要着力点在于开发节水农业种植技术和灌溉技术，发展节水农业机械，推广节水生物品种，这些都离不开相应的科技人才。减少农业生产环节的污染物排放，减少农业生产过程中释放的金属污染物，对被破坏的土壤进行修复，对人工草场进行建设，都离不开相应的科技人才。对农业生产过程中的废弃物进行再生利用，对农村养殖业的畜禽和居民生活粪便进行循环利用，对农作物秸秆进行再生利用，对农村垃圾等废弃物资源化利用，同样离不开相应的科技人才。提升化肥农药利用率，降低农药残存量，消除农村黑臭水体，依然离不开相应的科技人才。

深化乡村二、三产业的发展，实现乡村农业与二、三产业融合发展，也需要相应的专业技术人才与经营管理人才。发展农产品加工业，加强农产品销售环节建设，实现绝大多数农副产品线上销售；利用乡村生态环境资源优势，发展乡村特色休闲旅游业；深化农业产业对外开放，增加农副产品出口数量，培育农业产业领域的大企业集团，增强我国农业销售主体的国际市场话语权和产业链主导权——这些农村产业经营管理活动同样需要有高素质的从业人员和经营管理人员。对农村特色优势资源进行多用途挖掘，开发农村资源的新用途，发展新产业，比如发展基于自然生态环境资源的新兴产业，发展基于农业生产活动的新兴产业，延伸农业生产的产业链条，壮大相关产业，在乡村现有产业层次上叠加新的产业层次，形成多层次产业体系——这些非传统乡村产业根植于传统乡村产业，又超越传统乡村产业，但都离不开相应的人才队伍支持。

3.5.3　乡村生态环境建设离不开高素质生态文明人才

推进生态宜居的魅力乡村建设，离不开相应的人才支撑。发展生态环境友好、资源永续利用、绿色导向的现代农业，离不开相应人才的支撑。

要解决乡村生产生活垃圾污染问题，就需要将农业生产活动与生态环境保护有机结合起来。采取科学合理的生产方式，将农业生产废弃物变为肥料等资源，发展循环经济，就不会对生态环境造成不利影响。所以，我们要做的就是坚持科学合理的农业生产方式，摒弃不合理的种养方式，防止对自然资源过度开发使用。在农业生产技术和方法方面，我们不能抛弃传统农业种养技术。在传统的农业生产模式下，秸秆和畜禽粪便都是很好的农家肥。农村家庭养殖越来越少是农村厨房垃圾和农业生产次等产品不能有效利用从而形成污染的主要原因。鼓励农户发展家庭养殖业，就可以很好地解决农户的剩饭剩菜问题，还可以解决农业生产中不能销售的次等农产品不易处置的问题。鼓励农户从事基于农家肥的农业种植业，可以很好地解决农村人畜粪便产生的环境污染问题，还可以为农作物提供优质农家肥，生产高品质有机农产品。所以，对农村的生产生活垃圾污染问题，我们不能孤立地看，要将生态环境保护与乡村产业发展模式和发展路径统筹考虑，协同解决。而这样的科学合理的发展模式，一定需要具有绿色发展理念和发展能力的人才队伍的支撑。

对乡村范围内的生态进行统一治理，就要将各类生态环境作为一个有机整体，而不是分而治之。各类生态子系统是相互联系、相互影响的。比如，耕地、草地和林地三者之间是相互影响的，三者之间有一个合理的比例关系。耕地子系统内部也存在一个平衡关系，只有维护了这种平衡才能让土壤肥力可持续。江河子系统内部也存在一个内部平衡关系。从江河主干到支流再到湖泊湿地之间都存在一个内部平衡关系，需要从系统思维视角进行规划和建设。水资源生态系统内部也存在一个子系统内部平衡关系，要从存在形式、地域分布、时间分布等方面进行平衡，才能让水资源子系统可持续发展。荒漠、石漠等生态形式有其存在的客观必然性，需要维持一定比例。当然因人为原因而形成的是需要治理的。因生产生活等人为因素而形成的水土流失是需要防治的。过度开发的土地需要退回去，湿地、森林、滩涂等自然生态存在形式需要增补。生物多样化因人类活动遭到了严重破坏，这方面的很多做法都需要矫正。这些建设的高效、高质量开展，需要生态系统建设和维护方面的专业人才，也需要人们增强发展理念、改变发展方式。

草原、湿地修复，水土流失治理，重大地质灾害预防治理，离不开相应领域的科研人员的参与。濒危野生动植物繁育与野化，也离不开相应的科研人员。要建立生态资源市场，也就是说如果一些社会主体需要向自然界排放污染物，就需要与那些具有碳吸收功能、具有环境净化功能的市场主体进行交易，从而实现排放平衡和中和，防止排放量增加对环境的进一步破坏。实行这种交易机制，可以让那些不适合发展工业和农业的地域也能进入社会生产系统。他们通过向社会生产系统提供生态产品获得相应的收益，从而让那些不适合农业生产和工业生产的地域可以调整产业结构，主要从事生态产品的生产与供给，促进资源的优化配置。这些交易制度的设计、交易活动的开展，则离不开碳中和、碳交易等方面的专业人才。

3.5.4 繁荣乡村文化需要各类文化人才

乡村文化是乡村社会的重要组成部分，一个文化繁荣的乡村才是一个有生命力的乡村，乡村振兴离不开乡村精神文明建设。文化的核心内涵是什么？如何重塑乡村灵魂？我们首先需要解决这些根本性问题。社会主义核心价值观是乡村文化建设的精神支柱。要破除乡村陈规陋习，消除乡村不良价值观念，让新时代中国特色社会主义的时代新风在新农村大地上劲吹。在这个过程中，我们需要移风易俗，遏制乡村存在的不良文化。这些乡村文化建设活动的开展同样离不开相关文化建设方面的各类专业人才。要号召村民利用闲暇时间多读书，认真读书，读有意义的好书，尽快跟上时代的步伐，不做时代的落伍者和门外汉。为此，需要为乡村群众读书学习创造更好的条件。这些文化活动的开展自然需要相应的文化人才做支撑。

乡村传统农耕文化是乡村文化的基本组成部分。实施乡村振兴，还需要与我国悠久的传统农耕文明紧密衔接，将我国古老的农业耕种养殖文化发扬光大，顺应农时自然节气，顺应农业种植自然气候规律。要加强对乡村传统农业耕种文化的利用和传承。乡村传统农业耕种文化不应当只是停留在书本上，也不应当只是展示在博物馆或陈列室，而应当广泛应用于乡村振兴实践的农业生产和生活中。四川是巴蜀农耕文化的发祥地，也是我国农耕文明的重要发祥地。我们要发扬光大巴蜀传统农耕文化，要在现代农业生产活动和乡村生活中弘扬传统农耕文化。弘扬乡村农耕文化还需要开展乡村村落建筑保护。推动有条件的乡土建筑申报为各级文物保护对象，不断探索保护利用的新途径。乡村传统建筑工艺技术是中国几千年来沉淀下来的建筑艺术结晶，是集中国古代天文地理知识于一体的天人合一的建筑艺术结晶。乡村传统工艺美术品具有非常重要的现实生产生活使用价值，只有回归生产生活中，才会焕发生机与活力。要对少数民族地区的传统农村文化加以保护和弘扬。少数民族乡村是少数民族文化的主要载体。这些文化载体是少数民族的根与魂。要唤醒少数民族对自己祖祖辈辈流传下来的传统文化的尊重与保护，维持自己土生土长之地的原有风貌。对传统乡村文化的保护不能只是选取个别点，不能让传统农耕文化最终只是成为旅游观赏资源或者历史学家研究的对象。让这些乡村农耕文化流传下去最有效的方法就是让它们的生产生活方式延续下去，成为现代乡村建设最有特色的重要组成部分。要加强乡村古树的保护。让乡村古树可以长久生长下去，成为千年古树名木，成为乡村悠久历史文化的见证。要加强古树名木周围生态环境的建设，给它们一个安全干净的生长环境。要制定分级保护措施，并进行挂牌保护。要将乡村非物质文化发扬光大。我们要让乡村非物质文化遗产成为乡村非物质文化生活的重要组成部分，而不再是遗产。让乡村那些拥有传统工艺的手艺人都能够凭借自己的手工艺品或者非物质文化技艺满足基本生活需要，他们的非物质文化技艺就有了用武之地。要将四川乡村传统文化艺术发扬光大。四川悠久的人类历史孕育了深厚的四川本地特色的乡间文化艺术。这些乡间文化艺术在一些地方还广泛流传着。这些乡间文化艺术以民间农历节庆的形式存在于民间，为人们所认识。让这些传统节庆文化重焕生机、重新融入大众生活，是一项系统的社会生产生活变革工程。我们需要从乡村生产生活方式的重构和回归角度来审视和建设，才能找到正确的建设路径。要借助现代数字技术手段，加强历史文化信息保存和场景的线上传播。上述乡村传统农耕文化的保护和发展也需要以认同乡村传统文化、愿意投身乡村传统文化建设的人才队伍为支撑。

3.5.5 乡村基层社会治理体系高效运行需要基层拥有各类人才

一些地方乡村基层社会治理组织未能高效运行是乡村社会的现实问题。一些地方乡村基层组织涣散，没有人愿意做事情，或者没有能力去完成本该自己完成的事情。如何有效解决这些问题，为乡村建设注入活力，是我们必须重点考虑的问题之一。加强基层治理组织的核心建设是可行方案，而这个核心就是基层党组织。只有让基层党组织成为一个能力强、积极做事的领导核心，我们的基层组织建设才算是抓住了问题的关键。在此基础上，有效集聚基层治理的各方群众，形成合力。要强化乡村基层党组织在乡村治理中的领导核心地位，创新乡村党组织活动方式，在村支书的选拔或者任命方面，一定要打破传统的用人惯例，要在一个更广范围内选拔合适的人担任村支书。在乡村基层组织建设方面，将思想品德建设融入其中，必然会事半功倍。当然，依法治理思想也不可少。要建立起有效的乡村基层治理体系，需要有充足的农村党员队伍和高素质的基层干部队伍。这些素质包括政治素养、组织能力、服务意识等。建立有效的乡村基层治理体系也离不开广大村民的参与。村民参与乡村治理的现实短板在于他们的文化水平相对较低，我们需要补上这块短板。这些都离不开相应的乡村治理人才队伍的支撑。

3.5.6 乡村公共服务建设需要有相关人才

乡村教育、医疗卫生、公共安全、法律服务是乡村振兴的重要建设领域。这些领域的建设任务繁重，需要的建设人才不仅数量多，而且要求其具有较高的素质和能力。

乡村教育是乡村发展中的短板。部分教师知识水平还有提升空间，教师队伍还需要进一步壮大，部分教师不愿意长期在乡村工作。要不断提高乡村教育质量，就需要建设一支数量充足、具有较高知识水平、具有奉献精神的教师队伍。

乡村医疗卫生事业的现状与乡村民众对医疗卫生的需求之间还有很大差距，群众看病难、看病不方便等问题相对突出。发展壮大乡村医疗卫生事业，需要有更多医疗卫生方面的专业人才向乡村集聚。

加强乡村社会治安建设。要注重利用现代安防技术来加强乡村的治安建设。比如，加强乡村道路、集居点、重点部位安全治安监控，在文化娱乐场所、公众文化活动室、乡村农贸市场、场镇、车站等人群集聚和密集之地安装监控设施，及时发现社会治安隐患，及时制止社会治安事件。要加强乡村社会治安人防体系建设。建设好乡一级和村一级治安联防队伍，随时开展巡逻活动和应急演练。

乡村法律服务体系建设也是一项重要任务。构建普惠高效便民的公共法律服务体系，并运用于乡村治理，就需要在乡村开展法治宣传、人民调解、法律咨询、法律援助等法律服务。在乡村开展法律知识普及宣传活动。我国法律知识来自各个部门，不同部门都应当针对乡村普法做出部署，建立宣传普及团队，加强所属部门行业法律知识宣传普及。要强调普法知识的实际效果，要有听众有观众，要让大家真正领会法律法规知识，而不只是走过场。要在春节等重要时间节点和农闲时节集中开展法治宣传教育。要把法律法规知识宣传普及与乡村人员培训紧密结合起来。在乡村开展的各种形式培训中，都可以将法律法规宣传普及作为一门课程加以落实。继续推行"一村一法律顾问"制度，以案释法普法。可以开展群众性法律法规知识院坝座谈会，让大家在拉家常的轻松氛围中实现法律法规知识的普及。开展以法律法规知识为部分主题的群众性趣味活动。开展先进普法乡镇和村的评选活动。要让乡村治理成果成为乡村贯彻执行国家法律法规的样板，成为当地村民看得见、感受得到的遵纪守法的典范。比如，乡村组织中干部任免的民主选举和评议、重要乡村问题的民主协商、重大事项的民主决策、乡村事务的民主管理、乡村财务的公开、村民对村务的参与权利等方面都应当遵循相应的法律法规。要让乡村治理成为乡村贯彻执行国家法律法规的重要渠道。要让国家相关法律法规深入乡村民众，融入乡村民众生产生活，需要有相应的法律服务人才队伍。

总之，乡村振兴是乡村经济社会的全面发展，涉及乡村经济社会建设的各个方面，需要社会各个方面各个层次的人才。乡村振兴意味着我国人才或人力资源在城乡之间的一次深刻的地理空间变革，意味着乡村将会不断吸引与乡村经济社会发展相关的各个领域、各个层次的人才和人力资源，意味着大量人才和人力资源将会向乡村流动，乡村将会成为人才和人力资源富集的乐土。

我们推进乡村建设，就一定要把参与乡村建设的人才放在首要地位，破解人才瓶颈问题。落实农业农村优先发展的总要求，实施"三农"人才优先发展战略，真正把吸引和培养乡村建设人才的责任压实到人，让重视人才、尊重人才、服务人才、培养人才成为相关部门的自觉行动。要让乡村有充足的人力资源，而且人力资源的各种结构要合理，要让这些人力资源能够自由流动，从而让人力资源得到有效利用。只有这样，乡村振兴所需的各类人才和人力资源才会源源不断向乡村汇聚，我们的乡村才会有人去建设，各项任务才会有人去完成。今后的乡村将会成为我国农业现代化、农村经济社会发展所需的各类人才和人力资源汇聚的洼地，成为他们大显身手的舞台。

4 四川乡村振兴中的人才成长环境分析

4.1 人才成长离不开合适的成长环境

习近平总书记对人才成长的环境建设是非常重视的。他告诉我们人才成长环境直接关系着这个地方是否能够汇聚人才，也关系着这些人才是否能够成就一番事业。良好的人才生态环境是留住本土人才、吸引外来人才的重要激励因素。乡村人才生态环境，尤其是良好的政治、生活、文化、道德、治安环境对吸引人才扎根乡村有着重要的激励作用。没有良好的人才生态环境，人才队伍建设就无从谈起。因为没有良好的人才生态环境，就没有人才成长和发展的土壤，不仅现有人才难以留住，外来人才也难以落地生根。人才生态环境是聚集人才、人才成长、人才发展的关键。人才队伍建设的关键是人才成长环境建设。良好的人才生态环境是乡村人才发挥作用的首要条件，优良的人才生态环境为人才展示能力和特长提供良好的平台，有利于乡村人才事业的发展。好的人才成长环境可以帮助人才成就一番事业；不良环境则对人才成长起到阻碍作用，从而导致人才不断流失。

我们在从事乡村人才资源开发工作中，重要的一步就是要分析与乡村人才资源开发有关的各方面的影响因素。在此基础上，针对不同的因素制定相应的对策。我们要从系统思维出发来开展乡村人才队伍建设。不仅要注重内因，还要考虑外部因素，因为乡村人才资源更多地会受农业生产方式、市场条件、乡村人才教育培训机制、国家乡村人才发展支持政策以及乡村人才的社会地位和社会价值等各方面因素的综合影响。识别、衡量并评价乡村振兴人才成长发展的动力因素，对于有针对性地营造一个有利于乡村人才成长的社会环境是非常重要的。乡村人才成长动力因素体系包括个人家庭因素、市场环境因素、培训因素、政策支持因素、社会因素等多方面的因素，这些因素一起构成人才成长的生态环境。

4.2　个人家庭是影响乡村振兴人才培育的深厚土壤

　　2015 年，习近平总书记在春节团拜会上讲话指出，家庭是社会的基本细胞，是人生的第一所学校，不论时代发生多大变化，不论生活格局发生多大变化，我们都要重视家庭建设。可见，家庭价值观对家庭个体成长具有巨大影响。家风家教会对家庭成员的父母子女兄弟姊妹关系认知、社会人际关系认知产生重要影响，会对一个人的事业观、职业观产生深远影响。一个家庭或家族良好的家风家教，有助于子女养成善良、勤劳、进取、自立、包容、谦虚等良好人格和品行，是孕育优秀人才的深厚土壤。我们在乡村人才培养过程中一定要高度重视家庭建设和家庭教育，发挥好家风家教在人才成长过程中的基础性作用。通过建设良好的家风来带动当地的乡风和民风建设。

　　个体的文化素养是人才智力水平和心智模式的决定因素，直接关系着个体对学习的态度，决定了个体获取知识和掌握技能的内在动力的强弱。个体学习能力影响其在学习、模仿、实践中掌握知识的信心和效率。个人兴趣影响其对工作和事业投入的热情、耐心和持久性。家庭的理解和支持会给个人在工作、学习和实践中提供精神上的鼓励和物质上的帮助。个人的收入水平以及家庭收入状况会影响个人对学习的投入和工作的选择①。乡村振兴人才成长发展的内在动力源于个体有一定的文化素养和学习能力、良好的家庭关系与氛围、对所从事职业或事业的兴趣爱好和追求。要精准识别和选拔乡村振兴人才，我们就需要从个人家庭背景因素对人才成长的影响出发，在遴选乡土人才培育对象时要综合考虑个人特质及家庭环境状况。我们应当从家庭出发，加强家风家教建设，营造有利于人才成长的家庭环境。

---

　　①　缪雄，卢先明. 乡土人才成长发展的动力因素评价体系构建［J］. 现代农业，2021（2）：6-8.

4.3 乡村产业发展环境是乡村人才成长的广阔舞台

4.3.1 各类人才拥有施展才能的舞台是乡村振兴汇聚人才的重要条件

乡村振兴，关键在人。每个人总是需要有一个工作机会来展示自己的知识技能，并获得相应的收入。如果人们来到这里却找不到合适的工作，怎么可能希望他们长期坚持下去呢？如何为这些来到乡村就业的人们提供一个较为满意的工作机会？这是我们需要高度关注的问题。创造更多就业机会是乡村留住人才的需要。只有乡村的经济社会文化全面发展、全面进步才能为各类人才提供广阔的施展才能的舞台①。

四川省在为人才提供可以施展才能的平台方面做得不够。在四川省乡村振兴人才培育过程中，我们需要充分考虑到创新创业舞台的搭建，各类人才施展才华的舞台的搭建，能为各类人才提供多种多样的大量就业机会②。各类人才施展才能的舞台也是多种多样的。实业人才需要的是各种产业舞台，包括乡村农业产业以及农产品加工制造业和基于农业的衍生产业③。公共服务类人才需要的是乡镇以及村社公共服务业发展所带来的各种公共服务就业机会。

4.3.2 创造良好的农业农村产业经营环境是乡村产业人才成长的必要条件

乡村人才所从事的产业或其职业的发展前景预期，影响其工作、学习和实践的意愿、动力及能力发展方向的选择。乡村产业人才的发展壮大与我国乡村产业相关的制度创新、体制变革密切相关。城乡发展的政策和体制不同，导致城乡发展环境不同，发展差距明显，农村产业发展水平较低，从业人员收入偏低，乡村劳动力不断脱离农村，流向城镇各行各业。进入 21 世纪以来，国家非常重视"三农"问题的解决和农业农村的发展。

---

① 李博. 乡村振兴中的人才振兴及其推进路径 [J]. 云南社会科学, 2020 (4)：137-143.

② 郭晓鸣, 张克俊, 虞洪, 等. 实施乡村振兴战略的系统认识与道路选择 [J]. 农村经济, 2018 (1)：11-20.

③ 蒲实, 孙文营. 实施乡村振兴战略背景下乡村人才建设政策研究 [J]. 中国行政管理, 2018 (11)：90-93.

伴随着农村经济体制的不断改革，国家针对农业出台了一系列支持和优惠政策，现代农业产业有了发展的动力，农业效益逐步提高。为了在市场中生存并获得更高的利润，从事农业生产的经营者自发成立现代农业经营组织，让农业科学技术可以进入生产活动，让农业生产要素可以更好组织起来，以获取更多的收益。持续合意的收入回报是乡村人才职业选择的重要因素。

对于绝大多数外出务工农民来说，他们到外地、到城市就是希望找到一个就业机会，获得更多收入。只有乡村产业发展起来了，有更好就业机会和更多的收入，才能够吸引广大农民回乡就业[①]。现代农业必然意味着内部分工深化，产业链延长。农业生产活动专业化工作更多，农业种植和养殖更加专业化，农副产品加工、运输、储藏以及销售也更加专业化[②]。这些专业性工作需要有相应专业技能的人才。是否有充足的现代农业产业链各个环节的相关人才，直接关系到现代农业产业各个环节能否健康可持续发展。

自实施乡村振兴战略以来，国家和各级地方政府对农业产业人才非常重视，针对制度建设、资金支持、技术培训等都出台了不少政策，营造了一个更加有利于人才事业发展的产业生态环境，农业人才在农业产业发展中发挥了重要作用。进入乡村的人们，一些成长为特定产业带头人，一些成长为家庭农场主，一些成长为农产品经纪人，还有一些成长为乡村手工艺人。他们在乡村服务行业，如乡村旅游、电商运营等行业，发挥了突出的作用。当前，四川省农业产业的支持政策还有优化的空间，乡村二、三产业发展空间受限明显，乡村一、二、三产业还难以提供充足的就业岗位，农村产业生产经营环境还需要继续优化[③]。

创造良好的农业农村产业经营环境，有利于乡村人才的成长[④]。对于农业经营方式，特别是现代农业发展中的技术变革与应用，农民需要不断去学习掌握新的知识技能，去适应产业发展环境的变化。农业产业新技术

---

① 王肖芳. 农民工返乡创业集群驱动乡村振兴：机理与策略 [J]. 南京农业大学学报（社会科学版），2018（6）：101-108.

② 郭军，张效榕，孔祥智. 农村一二三产业融合与农民增收：基于河南省的农村一二三产业融合案例 [J]. 农业经济问题，2019（3）：135-144.

③ 陈学云，程长明. 乡村振兴战略的三产融合路径：逻辑必然与实证判定 [J]. 农业经济问题，2018（11）：91-100.

④ 陈龙，方兰. 试论新常态下的农业供给侧结构性改革 [J]. 西北农林科技大学学报（社会科学版），2017（6）：25-31.

运用带来的效率提高，会带动农业经营主体学习应用新技术，从而提升自身生产能力。各地方能否根据当地的经济发展水平和农业资源特色优势，在推进农业产业现代化发展中逐步形成具有当地特色优势和竞争力的农业产业体系，直接关系着农业投入产出的效益水平，即实现"有效益"的农业产业化，也直接关系着人们进入农村产业领域的意愿和动力。

在产业振兴中促进从业者的成长。现代化农业产业体系可以为从业者创建广阔的就业空间。比如，农业的市场化为农产品品牌建设推广人才提供了就业岗位。农业"一县一品"工程的实施，需要更新现代农业生产经营知识技能，农业规模化生产又对相关管理人员提出了要求。这对农村实用人才自身素养提出更多要求的同时，也为他们提供了新的就业机会，为其成长创造了更好的条件。在脱贫攻坚的实践过程中协调各方，让一、二、三产业融合发展，让农村产业链延伸，农业产业效益也会增加，自然会提高广大农民的生产积极性，也给农民提供了更多就业机会①。乡村产业发展与人力资本流入乡村二者相互作用、相互促进。只有为乡村产业发展提供更好的基础和条件，让乡村产业发展有前途、有机会，才会吸引人才进入乡村来利用这些发展机会②。在产业振兴中培育农村实用人才，就是要发展适合当地的农业产业，让人才施展才能，让人才伴随产业的发展而成长。得益于我国多样化自然气候条件，我国农业产品类别丰富，农村实用人才也具有突出的当地特色。大力发展本土特色产业，有利于本土人才的成长与发展。

4.3.3 具有创新创业的产业平台是乡村创新创业人才成长的重要条件

创新创业平台可以为创新创业主体提供所需的各方面服务，搭建创新创业平台是人才成长的重要环境。个体的力量是有限的，让每个人都自己去搭建一个产业平台、组建一个团队也是不现实的。搭建为各类人才服务的创新创业平台，为他们创新创业提供支持十分必要③。依托政府为创业者搭建更多平台是行之有效的办法，也是政府义不容辞的责任。政府掌握

---

① 李娜，李文生. 乡村振兴背景下农村实用人才队伍建设路径研究 [J]. 山西农经，2021（2）：9-10.

② 吴忠权. 基于乡村振兴的人力资本开发新要求与路径创新 [J]. 理论与改革，2018（6）：44-52.

③ 张怀英. 农村创业助推乡村振兴的模式选择及其实现机制 [J]. 吉首大学学报（社会科学版），2018（3）：92-98.

着大量资源，更有能力组织资源和调动资源，是搭建创新创业平台的合适主体。现代农业更需要多方面的资源，更需要政府的参与和启动。政府有效发挥自己的作用，与个人力量形成合力，是新时代个体创新创业的需要。当前，无论是乡村家庭农场还是手工作坊，都需要有一定的外部力量来支持。合理有效的创新创业激励机制也对人们创新创业行为有着重要影响。对于创新创业者来说，获得生产生活用地困难，获得生产活动资金困难，这是乡村创业者的现实状况。在生产经营用地方面，政府应当提供帮助，方便他们合理规范流转土地，消除土地流转中的风险因素。在乡村土地使用方面，要合理规划各类生产建设用地。要加大财政资金的支持力度，特别是对创新创业启动资金的支持，在运营资金方面政府也应当有所作为。在税收方面，适当减轻乡村产业税负，简化减税降费手续，减少生产主体非生产性活动人力物力耗费，也会促进人们积极参与乡村产业建设。搭建创新创业平台，将这些事情交给平台去完成，将会极大地减少创新创业者在这些事务上的人力物力财力付出。一个高效有序运行的创新创业平台可以降低乡村振兴人员创新创业的难度，提升创新创业的成功率。

在创新创业孵化园、孵化器建设方面，政府也应当积极作为①。在建设创新创业孵化平台方面，可以针对不同的参与乡村建设的群体，建设不同的孵化园。比如，针对返乡创业者建设孵化平台，专门解决返乡人员面临的各种问题。但是现实情况是服务于乡村建设的各种类型、各个领域的产业园区数量不多，建设缓慢，园区质量不高，功能不足，不能满足被孵化产业主体的需要。四川省在这方面做得也不够，平台建设还有很大提升空间。功能不足的一个重要表现就是这些园区可以为创新创业者提供的资源非常有限，一般仅提供了创业场地，其他方面的支持则不足，比如缺乏税收方面的服务、知识产权方面的服务、资金筹措方面的服务、科技成果转化方面的服务、争取政府优惠政策和政府部门支持方面的服务、行业发展态势分析方面的服务以及人才配置方面的服务②。在支持农村创新创业的园区建设方面还需要加强实训基地建设。建立实训基地是帮助人们到乡村创业的重要一环，在这里可以学到从其他培训形式中不能学到的知识技能，是培养实用型人才的关键步骤。检验政府这些政策是否真实有效的标

①　曹江宁. 中国战略性新兴产业发展评价与路径选择研究［M］. 北京：经济科学出版社，2019.

②　方伟，杨震宇，梁俊芬. 基于 SFA 模型的广东省农业现代化示范区技术经济效率测评及改进策略［J］. 南方农业学报，2018（6）：1249－1255.

准就是这些服务是否确实降低了人们在乡村创新创业的难度、提升了创新创业成功率。

4.3.4 财政支持是乡村各行各业人才成长的重要环境条件

生产性服务业可以为在乡村从事各种产业的经营主体提供必要的资源和服务。在我国绝大多数乡村，面向农业农村的金融、科技服务等生产性服务机构很少，为乡村经济社会发展提供的资金、科技和其他服务非常有限，降低了乡村人才获得社会化服务的可能性，致使农村创业需要的各种资源难以获取，也直接制约了乡村人才组织资源的能力，增加了他们获得社会化服务的成本和难度。

农业活动的公益性决定了规模经营条件下的乡村人才面临更大的生产风险，因此，他们的经营离不开政府的支持和扶持。政府对乡村产业的支持力度能否满足乡村产业发展的需要，标准就是其是否有效降低了农业经营主体的生产成本、是否调动了人们从事农业生产的积极性。农村投资环境影响乡村人才的投资决策。近年来，国家加大了农村公共基础设施建设，加大了对种植者的生产补贴，同时提升对生产者农用物资的补助水平或者免费供给，起到了一定程度的提高农民从事农业生产积极性的作用，为乡村从业人员提供了较好的从事农村产业发展的条件。从 2007 年开始，国家在支农资金上加大了扶持力度，每一年都保持高于 15% 的增幅，同时逐步完善农村小额信贷政策，为乡村从事农业生产的从业人员提供了必需的资金支持。国家加大帮扶农业的力度，加快农业科技创新和成果推广，切实推进农业生产中的机械化作业，还建立起农业生产科技特派员服务机制，这些措施在一定程度上起到了促进农业科研进入生产领域的作用，促使农业生产设施设备在农业生产中使用，有力促进了乡村实体经济的发展①。2013 年以来，四川省各级政府在乡村产业人才培育方面出台了土地流转、金融信贷、农业保险、社会公共保障等方面的相关扶持政策，乡村产业的经济效益日益提高，这为打算参与乡村产业发展的人才提供了前所未有的新机遇，有利于各类新型经营主体的成长②。

畅通乡村振兴的融资渠道，确保乡村振兴投入资金来源多元化是乡村产业发展和乡村产业人才成长的重要影响因子。在政府层面，政府的财政

---

① 杜佳. 乡村振兴战略下人才强农路径研究 [J]. 农村经济与科技, 2020 (16): 247-248.
② 石学军, 王绍芳. 新时代视阈下乡村人才成长机理与振兴路径选择 [J]. 辽宁工业大学学报 (社会科学版), 2020 (1): 111-115.

资金应当优先用于农业农村经济社会发展。涉农领域的金融机构的资源应当以服务农业农村建设为主，还应当为社会资金参与乡村建设制定科学合理的准入制度。这些都是乡村人才需要的外部环境。在政府提供的财政资金方面，目前的财政资金分属于不同主体，且各有各的专门用途。实际上，资金投入不少，办成功的事情却不多，大量资金虽然用出去了，但是不能起到促进农村经济发展的作用，资金使用效率很低。如何对不同渠道、不同口径的财政资金进行彻底整合，将资金用在刀刃上，提高资金使用效益，是我们必须解决的问题。改变财政资金进入乡村的方式，以奖励方式代替过去的补助方式，也可以提高资金的使用效益，防止各种套取财政资金的不良行为，减少政府与经营者之间的博弈行为。总之，我们需要进一步改进财政资金投入乡村的方式方法，要让财政资金起到启动作用，激发经营者的内生动力，为乡村人才成长创造有利条件。完善上述政策，为乡村振兴人才所从事的各项事业保驾护航，也为乡村振兴人才的成长保驾护航。

4.3.5 农村产业经营和服务主体发展水平对人才的吸纳具有重要影响

当前四川省农业生产组织经营模式是改革开放初期形成的，随着国家农业农村政策的发展变化也在不断调整优化。由于多方面的原因，我国农业产业的生产组织方式制约了农业产业现代化，成为我国农业产业发展的瓶颈。只有转变我国农业生产组织形式，让农业生产经营模式更富有生机与活力，才能推进我国农业产业现代化进程。"十三五"末四川省累计培育农民合作社 10.56 万个、农民合作社联合社 461 个、家庭农场 16.6 万家，发展农业社会化服务组织 2.6 万个、服务对象 473.6 万户①。虽然取得了不错的成绩，但是与四川乡村产业发展对经济组织的需求还有很大差距。为此，四川省一定要在农村集体经济领域有所发展，让农村集体经济与家庭农户承包经济相生相长，共同发展。我们需要对其中的薄弱环节进行改革，让以前缺乏生机与活力的集体经济重新发展壮大起来，要利用集体经济组织形式的优势弥补家庭承包经营形式中存在的不足，牵引带动家庭承包经营主体发展，实现二者的相辅相成、有机协同。

随着农业产业内部分工的深化，农业生产性服务业已经成为农业现代

---

① 四川省"十四五"推进农业农村现代化规划［EB/OL］.（2021-07-26）［2022-08-08］. https://www.sc.gov.cn/10462/zfwjts/2021/7/26/4027648ea73543adadc03c0172d50948.shtml.

化的主要阵地。如何构建更加安全、高效、包容的农业生产性服务业体系，已经成为我国农业产业现代化的前沿课题。只有建立起高效率、强包容性、多领域的农业生产性服务业，才能壮大农业产业，也才能实现我国农业产业的安全发展，才能增强我国农业产业的竞争力。在农业产业主体建设上，家庭农户群体的重要性不容忽视，我们需要更多关注这个群体，要看到这个群体在中国特色农业产业体系中的重要地位与作用，稳定、发展壮大这个群体是我们应当承担的时代责任和历史责任，我们不仅要重视发展新的经营主体，也应当重视让这些具有地域根植性的经营主体重新焕发青春与活力。

在生产性服务业组织发展方面，推动涉农金融领域体系改革，让涉农金融机构真正以农业农村为服务对象，将这些涉农金融机构的金融资源真正注入广大乡村。涉农金融机构一定要回归服务农业、服务乡村建设的初衷，把越位的部分抽回来补足缺位的部分。在这方面，国家开发银行、中国农业发展银行、中国农业银行、中国邮政储蓄银行、各省成立的农村信用合作社都应当有所作为。要加强对这些金融机构的业务监督与指导，防止他们忽略了本职。对于服务农业农村的地方性金融机构，政府相关部门也要加强监督和指导，不能等出了问题才去处理。对地方性金融机构的业务监督应当常态化，应当多从被服务者角度去了解相关情况。涉农金融机构筹集资金的渠道可以更广泛一些，证券市场也可以是其筹资渠道。从农业生产经营主体角度，让农产品成为贷款抵押品也是我们努力的方向，这将有利于乡村产业经营主体的发展和乡村产业人才的成长。

涉农金融机构在贷款业务上，要制定小额资金贷款政策，解决好农户生产过程中季节性资金需求问题，让农户小额贷款更加便捷、成本更低。保险机构要针对农业生产活动的特点，开发符合农业生产特点的保险品种，满足农户对农业生产保险的需要。政府在农户贷款担保方面应当有比较周全、成熟的政策。目前这方面还很不完善。相关方应建立健全上述政策，为乡村振兴人才所从事的各项事业保驾护航，也为乡村振兴人才的成长保驾护航。

4.3.6 支持产业发展政策的普适性是影响乡村产业人才积极性的重要因素

在耕地保护和政策支持方面，我们要强调政策覆盖面和普适性。为了保障农业生产用地，我国实行重要农产品生产地区农田保护制度，防止城镇工商业和农村建设对农田的侵占及对农业生产的污染破坏。我们要确保

118

在适合农业生产的平原地区、丘陵地区、河谷和盆地大面积发展农业。不能让优质农田被侵占，不能将农业赶到土壤贫瘠的地方。四川省农业产业基地建设，不能只搞示范，应当从实际情况出发，把所有适合种植的田地都保护好、耕种好。农业生产重点县、粮食生产功能区布局应当合理。在农业支持政策上，要实行国家粮食扶持政策全覆盖，凡是适合耕种的地方都要得到国家政策的支持和扶持。国家的优惠政策不应当只针对少数重点地区和主要产区。如果这样的话，其他非主产区和非重点地区就会觉得不公平，事实上这的确制造了政策性不公平，农民自然就没有种植的积极性。这样一来，四川省农业生产的面就会进一步缩小，抛荒的土地就会更多。

分散化、小规模化、农户化种植依然是四川省农业生产的基本组织形式，这些都应当在国家政策扶持范围之内。我们不能为了发展现代农业经营主体，就限制甚至禁止农户发展种植业和养殖业。现在，我们有些地方不允许农户养鸡养鸭养猪养羊养牛，不准搞家庭养殖业，这与国家政策不符。

四川省在鼓励、支持农业发展方面，可以帮助打造一些地域农产品公共品牌和商标，让当地农户和其他经营主体都可以使用。这样有利于培育地域特色优势农产品，有利于四川省农业产业的发展壮大。政府应当加强对农业种植方面的信息收集，并且及时告知农户。政府和相关部门还应当搞好农业生产资料如种子和肥料等的供给，确保农户能买到良好的种子和农业物资。净化农村农资市场，防止、禁止向农户兜售假冒伪劣农业生产资料，这是对农户生产积极性的最好保护，也是对农业生产的最好支持。在这些方面，四川省相关部门还有很多工作可以做。

4.4　科技应用程度是乡村人才成长的重要环境因素

强化农业科技支撑是汇聚各类科技人才的重要条件。人才往往是和知识、科技紧密联系在一起的，知识和科技是人才的重要体现。只有提升知识和农业科技在乡村建设中的地位，在农村建设中大规模运用知识和科技，才能为各类人才提供广阔的用武之地，也才能为乡村振兴汇聚各类人才。

创新是解决乡村建设各种问题的法宝，创新可以为人才参与乡村振兴创造有利条件。以创新为基本理念，用创新的手段和方法消除乡村建设的各种瓶颈和制约因素。农业科技创新是解决农业农村科技落后、农业科技应用不足等问题的基本思路。创新农业科技方面的体制机制，让农业科技研究更切合农村产业发展需要，出更多成果，更快在生产中推广应用，这样的体制机制才有利于研究型人才投身乡村振兴事业。

深入实施现代种业提升工程，创新种子研发和推广种植体制机制。让种子研发机构更有动力，更愿意与实际需要相结合。让研发出来的新品种有畅通的种植推广渠道。这样的种业体制机制也有利于从事种业方面的科研人员和种业企业经营管理人才投身乡村振兴。加强优势特色产业技术和全产业链技术创新，攻克绿色、安全、高效种养及深加工关键技术，构建现代农业产业技术系统，需要有一批现代农业经营主体。这些方面的进步也有利于农业科技领域主要带头人和农业科技青年人才的成长。

加快农业科技成果转化应用，可以为人才成长创造有利条件。建设专门服务于农业农村生产的农业科技成果资料库，免费向社会开放，方便农业生产经营主体上网查询。组织专门的人员向农业农村推广相关科技成果，不定期向社会在线介绍最新科技成果。对于那些重大农业科技成果要制定专门的政策并有专门的团队去推广和产业化应用。这些措施可以激发农业农村科技成果转化的内在动力，也有利于培育具有科技成果转化能力的农业农村科技转化人才。

农业机械设备是物化的科学技术，强化现代农业设施支撑，可以为人才成长创造有利条件。壮大我国设施设备制造业，推进农业生产设施设备现代化，实现农业设施设备国产化；推进农业生产水利设施和田间作业基础设施高标准化；对农业机械设施设备研发进行必要的补助，对农业生产者购买这些设施设备进行补贴；对采用机械设备开展农药喷洒作业的农业经营者进行补助①。这些措施有利于农业生产设施设备领域的科技人才参与乡村振兴建设。

科学技术是我国农业生产要素体系中相对薄弱的要素。农业科学技术的落后存在于农业生产的各个环节。比如，在农业种子领域，由于种业科学技术的滞后，我国种子更多依赖国外种子企业提供，农业产业被国外种子企业卡脖子。农业装备业也存在依赖国外企业、自给自足程度较低的问题。针对这些不足，我们需要加大农业生产的不足环节的各项投入，激活市场资源配置活力。要加强农业相关领域科技研发投入，完善农业科技成果转化、产业化的体制机制，强化农业产业链的产学研各个主体之间的协

---

① 中共中央 国务院关于全面推进乡村振兴加快农业农村现代化的意见［EB/OL］.（2021-02-21）［2022-08-08］. https://www.moa.gov.cn/xw/zwdt/202102/t20210221_6361863.htm.

同与合作。要加强生物技术、现代农业种植技术、传统农业种植技术的推广。农业产业体系中的大企业也要加强农业科技投入，走农业科技化发展道路，不断突破农业产业科技壁垒，实现农业发展动力向科技农业的转变。要发展壮大农业科研机构和组织，建立农业科技成果产业化新模式。比如，以农业专家大院、农业发展研究院等载体为农业科技成果产业化活动主体，拉近农业科研机构与农业生产活动的时空距离。强化信息技术在农业生产活动中的应用，实现农业生产活动全过程实时监测与数据收集，为农业生产的自然灾害防范、减灾防灾、病虫害防治、农业气象提供数据信息支撑。

目前乡村科技人才创新创业环境还有待改善。服务农业农村的各类人才在薪酬待遇方面、职称评定方面和人才评定指标方面，还很不适合当前农业农村创新创业的实际情况，不能对乡村创新创业起到促进作用[①]。对农业农村科技人才的评价应当从农业农村科技工作者职业特点出发，建立以科技服务数量和质量为评价导向的评价体系，引导农业科技服务人员把心思用在为农业农村服务上，把论文和奉献写在农村大地上。

四川省在壮大农业科技创新团队方面，一定要从四川省农业发展的实际需要出发，既要有基础理论方面的研究，也要有生产应用层面的研究，要有针对特定农业领域的研究，也要有面向全行业的科技创新基地。要着力培育农业高新技术企业，强化农业科技的生产应用。争取让更多国家一级的农业科研创新机构落户四川，承担更多国家战略规划中的农业科研任务和课题。为此，我们要加大对农业科技领军人才和青年人才的培养力度，壮大四川省农业技术创新团队，提升创新能力，从而有利于这些人才的成长。

4.5　教育培训是乡村人才成长的必由之路

良好的人才生态环境是乡村人才成长的基础。乡村人才成长环境还包括教育培训等生态环境。对乡村人才的教育培训因素，是本书研究的中心。一个人接受培训和学习，无疑是这个人学习成长、知识能力提升的机会。培训内容是否实用影响到培训者学习的兴趣大小以及能否将培训所学

---

① 张雅光. 新时代乡村人力资本现状及开发对策研究［J］. 中国职业技术教育，2018（36）：61—66.

知识技能用于实践并外化于生产力从而实现知识和能力的生产力转化。培训费用支付的水平、支付的方式会影响到受训者的培训投入成本、机会成本、意愿。政府等组织开展培训的效率会影响受训者培训的机会成本、学习效果和效率。乡村人才成长需要教育培训，这需要有一系列政策和制度作为支撑。

良好的人才教育环境对乡村人才的成长非常有利。以教育为例，由于国家实行了九年制义务教育等教育政策，我国乡村适龄人口教育水平大幅度提高，尤其是乡村女童的入学率大幅度上升，乡村人口受教育程度大幅提升，为乡村人才队伍建设打下了良好基础。同时，乡村各类新型职业农民技术技能培训，大大提高了乡村人才的专业技能和创造能力。政府对于乡村振兴人才的培训，包括受训者的遴选、培训费用投入、培训组织方式、培训考核评价等方面的规定和要求决定着乡村振兴人才培训的取向、人才结构、人才培养的结果。制定针对农村人才培养的相关规章制度，明确各级政府在农村人才培养中的各自职责，也是改善乡村人才教育环境的一个环节①。

当前我国农业已经进入依靠科学技术进步驱动的新发展阶段。现代农业生产方式的发展需要高素质的农业生产经营人才，乡村一二三产业融合发展也需要多元化高素质生产经营人才。农业现代化和农村现代化都需要各类高素质人才来引领、来带动。新时代的农业农村发展对高素质乡村人才培育提出了新要求。我们一定要适应现代农业农村发展对高素质人才的需求，构建新的人才培养模式，努力培养合格的高素质人才②。乡村高素质人才队伍涵盖乡村各行各业，包括经济、社会、文化各个领域，因此一定要坚持分行业、分领域、分层次的分类培育原则。

四川省在乡村人才培训方面，开发与培育机制存在系统性、规划性与先进性方面的欠缺与不足。目前在涉农人才的培养上没有形成社会合力，管理与服务滞后，许多涉农人才、农业经营者投身农业后接受免费再教育、再培训的机会寥寥无几。农业农村人才培训与现代农业发展、乡村战略的实施脱节，培训方式教条化与农民多样化培训需要脱节，农民自身素质提高与创业兴农的愿景也无法实现，乡村人才成长环境拼图出现教育培训环节的短板。此外，人力资本回报率是决定人们是否进行人力资本投资

---

① 高鸣，武昀寰，邱楠. 乡村振兴战略下农村人才培养：国际经验视角［J］. 世界农业，2018（8）：176-182.

② 胡永万. 为推进乡村振兴提供有力的人才支撑［J］. 农村工作通讯，2017（24）：27-30.

的关键因素。由于投资乡村人力资源的回报率低，回报时间长，农业从业人员对职业教育付费的意愿很低。当前，四川省对职业农民的教育培训体系还处于较低发展水平，所培养的技能型人才滞后于现代农业发展的需要，与振兴乡村相适应的教育培训体系还有进一步提升空间。

要进一步明确教育培训主体，加强乡村振兴人才培训开发，优化乡村振兴人才培训机制，激发各类培训主体的活力。各地政府要加大对乡村人才教育培训投入力度，提供和创造更多的学习交流与培训机会，科学合理地组织各类培训，降低各类人才参与学习培训的直接成本和机会成本，结合当地农业产业与农业技术的发展情况，注重培训内容的实用性与实效性，让乡村人才从教育培训中更多地受益，为乡村振兴人才知识的增长和素质的提升创造更好的条件。

4.6　城乡二元制度和土地制度是影响乡村人才成长的重要环境因素

4.6.1　城乡差距是乡村人才流失的重要环境因素

改革开放以来，抓工业特别是城市工业，城市化和工业化成为我国发展经济的基本逻辑。城乡发展在人力资本、发展政策、资源分配方面存在着各种配置不均衡的制度和体制障碍。在快速推进城镇化过程中，城市得到了更多的政府资源，城市交通等基础设施不断改善，城市教育卫生等公共服务水平不断提升，城市产业不断发展壮大，城乡差距不断加大。无论在全国范围还是在四川省，城市较乡村都要相对发达，教育、医疗、卫生、交通、通信等公共服务资源都要比农村丰富。由于制度方面的原因，这些公共服务资源不能在城乡之间流动，不能由城乡居民共享。

城市较多的就业机会、较高的收入以及方便的生活条件不仅让受过高等教育的年轻人愿意留在城市，也让农村年轻人来到城市。农村人力资源向城市流动的趋势，让乡村失去了发展的动力。资金等其他资源也逐渐向城市流动，这就进一步使乡村失去了主要的生产要素与人力资源支撑①。于是人们为了获得更多公共服务资源，选择了从农村向城市流动。城乡二元化的制度让乡村人口逐渐减少，乡村发展也逐渐放缓。从微观层面来

---

① 蒙颖. 乡村人才振兴实现路径研究［J］. 农村经济与科技，2020（11）：14-16.

说，个体这种基于自身利益驱动的流动有其必然性，但是从宏观层面来说，政府需要平衡城乡之间的发展，让二者保持一个合理的比例关系。况且，单纯依靠城市不符合我国经济社会发展实际情况。从国家经济社会整体发展出发，我们需要让乡村重新焕发生机与活力，成为我国经济社会发展的重要组成部分。

4.6.2 城乡户籍制度是乡村振兴人才成长环境的重要组成部分

乡村建设应当对城乡开放，对全社会开放，我们需要的建设人才不仅是乡村所拥有的劳动力，还应当是有志于在乡村创新创业的全国其他各地的人才。只要他们愿意在乡村生产和生活，为乡村发展贡献力量，都应当给予平等的参与机会。为此，我们应当消除人才进入乡村的各种人为限制。打开城市与乡村人才相互流动的大门。城市和乡村分割的户籍制度就是这些需要改革的制度之一。在城市户籍向乡村居民开放的同时也应当对城市居民开放农村户籍，让城市居民可以扎根乡村，全身心投入乡村建设。

20 世纪 90 年代以来，户籍制度改革的不断深入、市场经济的逐步发展，加快了农村与城市之间人口与资源的流动，让既有城乡劳动力和资源得到了更好的配置，形成了城乡人才双向流动机制，打通了城乡一体化要素流动渠道，推动了新型乡村人才的成长。乡村居民向城市的自由流动，让乡村居民融入外面的世界，开阔了他们的视野，增长他们了见识，提升了他们的劳动技能。这个群体返回乡村时，就会将他们接触的新观念和学到的新技术带回家乡，从而促使乡村民众思想观念发生改变。城市居民是否可以到乡村落户，直接关系着他们到乡村创业就业是否可以在乡村落地生根，直接关系着他们的家庭成员是否可以享受乡村的相关公共服务，直接关系着他们是否可以融入当地社会生活。在政策的感召下，农村逐渐成为人们创业就业的新空间。城市人才迫切希望打破城乡二元结构带来的农村人才单向流向城镇这一格局，推动户籍制度进一步改革，为城镇人才进入乡村生活和工作创建有利的户籍制度环境，最终实现乡村人才来源多元化，为乡村带来更多外部人才。

4.6.3 乡村土地制度是乡村振兴人才集聚的重要环境因素

现代农业发展的一条可行路径就是发展规模化农业。农村土地规模化经营有利于乡村人才的成长。农村土地集体所有制是农村根本的土地制度。乡村土地规模化经营则必须建立在土地集体所有制基础之上。农村集体土地制度包括农村土地集体所有制和土地承包经营制度以及农村承包地的"三权分置"权能制度。农村集体土地还包括没有分给本村社居民的村集体拥有的自然资源和其他形式的资产。

从 2005 年开始，在国家层面和四川省地方政府层面都制定了不少支持农业农村发展的政策。在众多政策中，农村土地集体所有制改革一直是各项政策的关注点。在坚持农村土地集体所有制基础上，如何完善集体土地承包经营责任制、如何才能搞活村集体经济一直是我们想解决的问题。我们的政策就是在维持村民承包经营权的同时，实现村集体土地的规模化生产和经营。要通过规模化生产经营，加大农业生产要素投入，提高农业生产效率和效益。可行路径就是创新承包土地的流转机制、畅通承包土地的流转。让那些想种地的人通过土地流转获得农村土地使用权和经营权，为他们开展规模化种植和养殖创造条件，为希望从事农业产业的人才进入农业和农村创造条件。在土地规模化经营制度的保障下，一些农业企业主、种养大户开始通过土地流转从事高附加值农作物种植和养殖，从而获得更多的收益。土地规模化经营制度为这些人才留在乡村从事农业生产经营活动提供了良好的生产环境。在四川乡村，土地流转制度逐步实施，农业经营规模逐步扩大，改善了乡村人才的成长环境。

继续深化农村土地集体所有制改革。农村土地集体所有制是农村最基本的经济制度，农村集体土地是农村经济社会发展最基本的要素。只有解决好了这个问题，才能为其他问题的解决提供基本条件。其核心问题就是要在稳定农户对集体土地承包权的前提下让土地使用权得到优化配置。很多农户虽然拥有土地承包权，但是由于各种原因没有能力或者不愿意继续耕种土地，土地要么直接抛荒，要么收益很少，土地资源没有能够得到有效利用。我国人多地少，土地是我国最宝贵的资源，不应当让土地荒芜。要进一步创新建立在农村土地集体所有制基础上的农户土地承包经营制度以及农村承包地的"三权分置"权能制度。现有的"三权分置"政策让城里人到乡村获得土地经营权成为可能，让大学生回乡创业成为可能[①]。要进一步完善土地承包经营权，让乡村土地使用权流动起来，让乡村规模化生产组织发展壮大起来，让乡村农业生产内部分工更细、农业生产效率更高，从而为人们提供广阔的创业就业空间。

深化集体资产改革。集体资产多年来没有得到有效使用，村集体所有

---

①　陈英. 多方着力破解乡村振兴人才瓶颈 [N]. 湖南日报，2018-11-07.

的资产未能有效服务集体经济。我们要想办法把分散的集体资产汇集起来，形成有效益的集体经济。比如，将经营性资产股份化，建立合作制经济组织，探索集体经济新的组织形式，设计集体经济新的运行机制。我们都知道，以前集体经济的贪腐问题相当严重，集体资产成为少数乡村干部为自己谋取利益的工具。乡村集体经济组织者在决策设计上、在财务管理上、在组织运行上一定要想办法解决这些问题。不然的话，我们的集体经济还会出现很多问题。将产权制度引入集体经济，是解决这些问题的可行办法；进一步明确相关集体资产的农户产权，包括林业资产产权和河流滩涂资产产权，对这些资产的经营性使用需要的合法程序都要明确。这些制度可以为参与乡村经营活动的主体提供更多参与途径，增强他们的安全感并保障其利益，从而有利于这些领域人才的成长。

4.6.4 乡村宅基地制度是影响乡村振兴人才集聚的重要环境因素

创新乡村宅基地"三权分置"制度，探索吸引人才下乡的可行政策。乡村宅基地的所有权属于各个村集体，本村居民具有宅基地资格权。随着农村居民的广泛流动，部分宅基地及建在其上面的房屋等建筑长期闲置。如何才能让大量的农村宅基地和房屋得到有效利用，如何才能让这些宅基地和房屋在乡村建设中发挥应有作用，外来创业就业人员是否可以获得这些闲置的宅基地和房屋的使用权，也会对外来人才生产生活产生重要影响。

乡村宅基地制度创新需要建立在坚持宅基地村集体所有、本村居民占有使用的基础之上。要继续抓好乡村宅基地使用权的确权登记颁证工作，确保村民的合法权益。有贡献的人才，经村民大会合议，并经县级政府同意，可成为村荣誉村民，并获得一定范围内的村民权利。比如，允许他们与村民协商获得宅基地有偿使用权，允许他们建设有一定使用年限的自有房屋，为他们在乡村开展生产经营活动提供便利。对于村民退出的闲置宅基地，村组织应当合理统筹、科学使用。有些农户因为家庭经济地位等方面的变化，有退出自有宅基地的想法。这部分村民退出自己的宅基地后，村组织可以将这类宅基地进行统一规划和建设装修，用作下乡人才临时周转用房，或者以较低费用提供给在乡村创业的外地人使用。将其转化为经济发展建设用地也是一种使用方法。将宅基地置换为建设用地，加大乡村建设用地规模，为人们从事经济活动提供建设用地保障。将闲置宅基地用于休闲旅游开发也是可行办法。宅基地资格权方、村集体和第三方之间达成协议，对这些房屋进行改造装修，用于乡村旅游，同时明确各自的责任和权利，收益共享①。对乡村宅基地政策的这些创新在一定程度上为城镇人口回归乡村、融入乡村创建了有利环境。

4.7 乡村创业就业支持政策是乡村人才成长的重要环境因素

乡村创业就业支持政策影响乡村创业就业环境。乡村建设的关键在人才，乡村各种产业的发展壮大的关键在创业人才。所以，要让乡村有足够的人才，让来到乡村的人才愿意在这里工作和生活。人才成长、发展的环境也包括乡村创业相关支持政策是否有利于人们从事创业就业活动。乡村振兴战略下国家各种支持农业农村发展的政策措施就对人们参与乡村振兴各项事务起到了有力的推动作用②。从以往的实践我们也可以看出来，企业成长需要相应的有利于创业的政策体系，有利于创业的政策体系是企业等生产组织产生和成长的必不可少的土壤。农村从事乡村产业活动和与产业发展相关的公共服务活动直接受乡村创业政策的影响，这些领域的实用人才的成长离不开良好的乡村创业政策环境。对于那些希望从事实业、从事产业的潜在返乡创业人才，乡村良好的创业环境可以对他们产生巨大的吸引力③。制定适用的与乡村振兴人才能力发展配套的产业发展、创业经营扶持政策，有利于乡村振兴人才发挥自身能力并带动其他人共同成长、发展。

在乡村人才培育方面，四川省出台了一系列创新创业政策，为乡村创业人才拓展了政策空间。特别是在企业注册、融资和土地流转方面形成了更加有利于企业开展经营活动的政策环境，一批新企业在乡村建立起来。现有的乡村创业就业政策支持力度不够大。现代农业产业离不开科技生产要素的大力引入，离不开科技人才的大力引入。在当前的四川省乡村创业政策体系框架下，鼓励科技人才将科技引进乡村、引入农业产业及其他产

---

① 刘馨. 关于乡村人才振兴的研究［J］. 农场经济管理，2018（10）：18-22.

② 周倩，许传新. 农民工返乡创业与乡村振兴关系解析［J］. 中南林业科技大学学报（社会科学版），2018（6）：68-73.

③ 王轶，熊文. 返乡创业：实施乡村振兴战略的重要抓手［J］. 中国高校社会科学，2018（6）：6-8.

业的相关政策还不健全，对科技型人才在乡村创业的支持力度不够，政策激励保障机制远远不能满足科技人才在乡村创业发展的需要，农业科技人才缺乏必要的施展才能的舞台，有限的科技人才资源利用率也很低。与产业经营发展相关的土地流转、经营补贴、信贷扶持政策还有需要完善的地方。农村创业建设用地指标供应方面还有改进的空间。政府还要对各种乡村创业政策进行梳理和有效整合，保证创业政策之间的协调配套性，保证创业政策执行的连贯有效性，保证创业政策预期的稳定性。为了让各类人才更好地在乡村创业就业，要进一步深化农村集体经济组织产权制度改革，为参与乡村振兴的各类人才融入乡村集体经济组织提供产权支撑。在保障农民和集体利益基础上，借鉴现代企业产权制度，可以逐步允许参与乡村建设的各类人才对各类农村集体经济组织参股持股①。科学合理的人才创业考核认定、评估激励、宣传推广等政策有助于乡村振兴创业人才的个人价值实现和成就感提升，激发其干事创业的热情，激发人才活力。

要坚持政府管理与市场运作相结合。加强农村创业实用人才队伍建设离不开政府和市场"两只手"协同运用。乡村产业发展实用人才培育要以习近平总书记的人才观为指引，建立人才成长平台，完善人才机制，在实践中全面贯彻党和政府对于农村创业就业人才建设的理论和政策。同时，要在人才的适用配置环节进行创新，要高度重视市场机制对乡村人才的配置作用。要通过政策创新形成乡村源源不断的创业就业社会需求，才会有更多人才加入乡村创业就业活动中来，从而汇聚一批创业就业人才②。

要形成乡村创业就业人才引、育、用、留政策闭环系统。农村创业就业人才队伍建设必须从全局统筹，坚持人才引、育、用、留系统推进的原则。在创业就业人才队伍建设方面，要认识到引进和培育同等重要性。本土人才和外来人才都是乡村建设不可或缺的重要人才，我们要一视同仁地对待。在创业就业人才的引入和培育政策方面，要确保政策的针对性和准确性，根据实际需要引进创业就业活动中的紧缺人才。同时要在政策层面杜绝"重引轻用"现象，充分发挥内外人才的积极性、主动性。要把人才用好，就要给各类人才提供创业就业的舞台和空间。我们要通过经济社会政策的改进创造更好的产业发展条件，建设更有效的创新创业平台。比如，我国实行的大学生村官制度就吸引了许多本科生、研究生等高学历人

① 刘馨. 关于乡村人才振兴的研究 [J]. 农场经济管理, 2018 (10): 18-22.
② 宋欢. 乡村振兴战略背景下大学生返乡创业研究 [J]. 教育与职业, 2019 (22): 58-61.

才回乡干事创业①。要优化我们现有的管人用人政策。在对待人才的政策上，我们现有政策的条条框框过多，管得过死，人才被束缚了手脚，难以施展自身的才能，人力资源不能转化为事业成就和工作成绩。在留住人才的政策方面，"软""硬"政策环境均不可缺少，既要完善生产生活基础设施、公共服务和社会保障，又要健全人才评价激励管理政策，从而全方位提高人才的工作积极性，坚定其扎根农村的信念。要制定科学合理的乡村人才评价指标和管理制度，对乡村人才的评价不能脱离各地乡村的实际，要为创业人才的发展提供有利的政策层面和制度层面的系统支撑②。

4.8 社会价值导向是乡村振兴人才成长的重要环境因素

农村文化环境是影响乡村吸引人才的重要因素③。乡村社会风气、价值取向对人们选择工作、职业和就业地方都有极大的影响。一个地方的文化面貌，最终会对这个地方的方方面面产生深远的积极影响或者长期的不利影响。乡村文化认同自己的历史，认同乡村经济社会的地位和作用，认同乡村各个职业的社会价值，会对乡村人才汇聚起到正向激励作用。一个乡村具有良好的文化沉淀，其经济社会发展就有了和谐健康的文化基因，也就有了持续健康发展的内在动力。社会文化认同乡村职业，认同乡村创业就业，就会形成保障乡村人才各项权益的社会风气，就会增强其对组织、社区、社会的认同，身份和资格的认同会增强他们对农业农村发展的信心。乡村职业的社会评价及社会价值的认同程度会影响他们对从事农业农村事业和工作的态度，以及扎根农村、发展农业农村的决心和选择④。

很长时间以来，乡村经济社会环境失去了对青壮年人口的吸引力，他们不断向城市流动。受传统观念的影响，社会对农民职业的认同度较低。一方面，许多农民为子女考虑，自小便教育子女要离开农村，离开艰苦的

① 税国洪，刘银. 乡村振兴女性人才生态环境理性审视 [J]. 重庆社会科学，2020（8）：136-144.
② 李娜，李文生. 乡村振兴背景下农村实用人才队伍建设路径研究 [J]. 山西农经，2021（2）：9-10.
③ 蒲实，孙文营. 实施乡村振兴战略背景下乡村人才建设政策研究 [J]. 中国行政管理，2018（11）：90-93.
④ 洪雨萍. 乡村人才振兴从外推转向内生的必要性和路径：以湛江乡村振兴发展为例 [J]. 继续教育研究，2019（4）：45-55.

农业生产，一旦子女进城上学或能在城镇立足，家长们便希望子女不回村。另一方面，一些乡村基层干部终其一生追求的只是人事关系更上一层楼，即使目前在基层奋力工作，也只是在为今后离乡晋升做铺垫，真正能留下来支持乡村发展的人才屈指可数①。由于思想认识上存在一定误区和偏差，那些通过考大学、参军、打工创业等方式从农村走出来的优秀人才中，不少都不愿意再回到乡村②。社会责任感不强，缺乏浓厚的为社会服务的意识，也是当前乡村人才欠缺的重要表现。部分人才缺乏社会使命感，缺乏奉献精神，没有充分认识自己的事业与国家的发展需要是紧密联系在一起的③。乡村普遍存在的看重公务员和事业单位等无风险的"铁饭碗"的就业观也对乡村人才成长构成文化价值观制约。在乡村，害怕竞争、害怕承担风险，希望从事稳定工作的就业观具有广泛的社会基础。大家更愿意去考公务员，更愿意到事业单位去工作，不愿意自我创业，不愿意到私营企业就业。这种文化价值观制约了本土实用人才的培养，也制约了当地实体经济的发展。

我们要实施乡村振兴就必须改变乡村人才环境现状，建立优良的人才生态环境以吸引人们回乡、下乡干事创业。提升乡村振兴人才的社会价值和地位，有助于激发更多人才投身乡村振兴。随着我国经济社会的发展，人们的物质生活得到满足之后，价值观念也发生了很大变化，其个人需要也逐渐转向更高层次精神层面需要的满足，即个人社会认同和自我价值的实现。大力宣传乡村建设的重大历史意义，让人们感觉到自己从事的工作的重要性，责任心和使命感也就会不自觉地产生。要让人们认识到加入乡村建设是时代新风尚，是为祖国做贡献。要遵从人才成长的社会规律，从社会价值导向出发，建设有利于人才进入乡村的社会文化。

加强乡村经济社会发展必要性和重要性方面的宣传报道，多对乡村做正面宣传报道，要更多地树立乡村振兴人才的先进典型，让人们从思想观念上、价值取向上认可在乡村创业同样是大有前途的，乡村是大有可为的。开展形式丰富多样的农村创业实用人才宣传工作。向新人宣传前人的成功创业故事，和他们摆一摆当地优秀的创业成绩。还可以将这些人物的事迹以小人书、画报等形式进行宣传。对这些事迹的宣传可以坚定新人的

---

① 蒙颖. 乡村人才振兴实现路径研究 [J]. 农村经济与科技，2020 (11)：14-16.
② 周晓光. 实施乡村振兴战略的人才瓶颈及对策建议 [J]. 世界农业，2019 (4)：32-37.
③ 罗敏. 从"离乡"到"返乡"：青年参与乡村振兴的行动逻辑 [J]. 中国青年研究，2019 (9)：11-17.

创业信心,增强他们的责任心。在培育内生性创业人才时,要从农村基础教育抓起,增进其对农业农村的认识与认同,减少对农业农村的偏见。

正确评价乡村人才。乡村各类人才的付出与成果得到社会认可,才能让这些人才产生成就感和社会认同感,也才能激发他们持续奋斗的激情与热情。要转变社会过时观念,就需要提高"土专家"的社会地位。要坚持实事求是的人才观。要因地制宜,紧密结合乡村振兴工作的特点和实际,充分考虑乡村振兴工作的复杂性和艰巨性,正确认识"三农"人才的特殊性和多样性,建立起面向乡村的职业体系和人才体系。这需要建立新的乡村人才评价标准,提升乡村各类人才的社会地位,促进农村实用人才多样化发展。要探讨有利于乡村振兴人才社会经济价值实现的人才身份认定、考核评估激励等政策,为乡村人才社会地位的提升积极扩展空间,疏通渠道,形成乡村人才可持续发展的社会文化环境[1]。农业农村领域的人才评价不能照搬科研院校、事业单位的评价指标,一定要从农业农村的各类职业的特殊性出发,设置能反映这些职业特点和职业要求的评价指标。

要以乡土文化感人。文化乡愁则是乡村吸引人才的内在动力。不少参与乡村振兴的人才都有一份乡愁情结,一直萦绕在心间的乡愁是牵引不少人才回归乡村创业就业的无形且强大的力量[2]。要发扬中华传统文化重乡情、重亲情的价值理念,激发本土人才对家乡剪不断的眷恋之情,用亲情纽带留住本土人才。在产业发展项目方面要充分考虑当地回乡人才和乡贤的参与可能性,为回乡人才和乡贤从事当地产业提供更多机会。在乡村风貌建设和民居修建规划方面要注重保护好当地传统文化风貌和文化内涵,让回乡的务工者和乡贤有文化归属感。要吸纳各类人才广泛参与乡村基层民主管理和乡村治理,提升社会对他们的尊重和认同感,激发他们成长发展的精神动力[3]。通过这些方式,从思想认识更深层面激发人们入乡创业的内在动力。只要人们在思想上认同乡村社会、认同乡村创业就业,我们就不愁没有人来乡村创业。

要继承和发扬乡村优秀的传统农耕文化,将其融入当代社会主义核心价值观,实现乡村文化的重构与新生,才能为乡村社会治理、经济社会全面发展提供坚强的精神文化动力。

---

① 李成吾."五位一体"培养乡村振兴人才[J].农村·农业·农民,2019(10B):13-15.

② 胡小武.市场理性与文化乡愁:乡村振兴战略中的青年镜像与群体心态[J].中国青年研究,2019(9):5-10.

③ 缪雄,卢先明.乡土人才成长发展的动力因素评价体系构建[J].现代农业,2021(2):6-8.

4.9 生产生活基础设施和公共服务
是影响乡村人才队伍的基本环境因素

在基础设施领域，乡村基础设施建设相对缓慢。在计划经济时期，我们偏重于城市经济社会发展，对乡村重视不够，在城乡分治的规划管理制度形成的资源配置惯性以及各级政府非对称的财政属地化制度下，我国城镇的各类基础设施及公共产品供给由政府"包揽"，而农村很多基础设施要由农民"自掏腰包"，导致农村各项基础设施建设发展落后于城镇，城乡发展差距加大。政府投入乡村基础设施和公共服务领域的资金很少，农田水利、道路交通等生产生活基础设施建设以及教育、医疗、卫生社会保障等公共服务建设滞后，导致乡村生产生活条件相对较差，营商环境不优，投资与就业机会较少，持续恶化的发展环境导致高素质农业农村人才大量转移。进入 21 世纪以来，特别是党的十八大以来，从中央到地方，各级政府不断加大对乡村基础设施和公共服务的投入，乡村生产生活基础设施有了长足发展。与乡村振兴所规划的基础设施建设水平相比，现有的基础设施无论在数量上还是质量上都还有很大差距。

乡村的基础设施和公共服务短板导致乡村不能为人们的生产生活提供必要的公共产品和公共服务，乡村人群生产生活存在诸多不便，也增加了人们的生产生活负担和成本，还使得年轻人的精神文化需求在村里得不到满足，结果必然是乡村留不住人才。农村生活基础设施滞后，表现在还没有形成生活空间尺度适宜、布局协调、功能齐全的生活环境。随着乡村振兴战略的实施，村民生活水平不断提高，村民居住的房屋的安全性、舒适性和卫生条件都得到了一定程度提高和改善，休闲、锻炼和娱乐设施也有所完善。不过，乡村村庄建设规划还缺乏统一性和整体性，村庄民居的建设风格与村庄历史文化不协调，与环境不协调，民居分布还有不合理之处，影响了原有自然风貌与村庄自然环境的和谐。乡村娱乐设施供给缺乏。与城市完善的精神文化设施相比，乡村的阅读与文艺娱乐条件差，消费需求不足，导致乡村文化的凋零。乡村文化娱乐设施相对滞后，让青年人望而却步。农村生态环境建设也相对滞后。低水平的乡村基础设施难以吸引乡村外来创业者，也难以吸引外地的休闲旅游者。要加强农村生产发展、生活需要的基础设施，包括乡村道路、乡村住宅、乡村水电气等生活基础设施建设，乡村厕所等卫生设施建设，乡村网络通信设施建设，为乡村吸引人才创造条件。乡村人群的社会保障水平是影响乡村人才集聚的基本环境因素。社会保障已经成为每个居民最关心的事情。在我国，乡村社会保障建设滞后。在乡村就业人员能否获得必要的社会保障是决定人才是否来乡村发展的重要因素①。乡村对人才引进、人才培养的激励保障机制建设还有很多不足之处②。四川省还没有形成覆盖全体城市居民和乡村居民的养老保障体系和医疗保障体系，一部分群体还没有相关的养老保险和医疗保险，城市社会保障体系与乡村社会保障体系之间还没有顺畅的连接机制。这些都是制约人们投身乡村振兴建设的不利因素。

4.10 乡村社会治理体系是影响乡村人才成长的重要环境条件

乡村基层治理中民众的主体地位体现得不充分，非当地群体难以参与到乡村基层社会治理中来。不少与乡村有关事项的决策缺乏民主程序和民众参与。比如，村民集居点建设，不少地方都是个别领导就定下来了。村庄规划也是由乡镇领导或个别村干部决定。部分民众片面理解政府在经济社会发展治理中的主导地位，凡事都依赖政府，缺乏经济社会发展自我组织和自主决策意识，也是乡村治理体系的薄弱环节。广大村民在乡村建设中的主体地位被忽视，他们应有的社会治理参与权利没有得到体现。一般村民和外地群体对涉及与自身利益有关的事情没有话语权，没有发言权，村民的想法没有表达的渠道，自身权益难以得到保障，他们建设乡村的积极性也就被抑制了。在乡村社会治理中切实保障广大村民的参与权，是正确回答乡村建设是为谁而建、维护村民的根本利益从而实现共同富裕这个根本目标的先决条件。

只有在乡村治理中保证了村民的主体地位，才能调动大家投身乡村振兴的积极性。要充分尊重广大民众的想法，尽可能满足广大民众的愿望，让大家在家乡建设中有参与感和成就感，有发自内心的认同，才能把乡亲们的建设激情调动起来。要培养乡村民众的民主意识，增强他们参与乡村治理的责任心，提升他们参与乡村治理的能力。为了提升乡村民众参与乡村治理的能力，与乡村振兴有关的政府部门和事业单位在人员招聘上，应

① 赖德胜，陈建伟. 人力资本与乡村振兴［J］. 中国高校社会科学，2018（6）：21-28.
② 李宁. 乡村振兴背景下推进人才强农战略路径研究［J］. 农业经济，2018（10）：95-96.

当增加农科类专业的学生的招聘，让懂农业农村的人才来做适合他们做的事情①。要构建德治、法治、自治三种治理方式有机结合的乡村治理体制机制。培养乡村干部群众的法治意识，依法依规参与乡村事务管理。要以德为先，深植乡村民众德治的文化基因，要让乡村民众树立向上向善、忠义守信、孝敬老人、爱护亲邻、勤俭持家的道德观念。

4.11　营造乡村人才培养良好环境

前面我们分析过人才成长离不开适合其成长的生态环境。乡村产业发展政策是乡村人才环境的组成部分。换句话说，有合适的产业让乡村人才发挥自己的才智；有合适的社会保障制度让乡村人才没有后顾之忧；有良好的自然生态环境让乡村人才生活舒心；有良好的资源环境让人们能够方便获得创业所需的各类要素；有良好的公共服务体系为人们提供良好的社会环境；有完善的人才评定晋升标准为乡村人才成长提供可预期的前景；有社会荣誉可以让乡村人才创新创业更有成就感。

---

① 谭金芳，张朝阳，孙育峰，等.乡村振兴战略背景下人才战略的理论内涵和制度构建[J].中国农业教育，2018（6）：17-22.

5 四川乡村振兴人才培养的总体框架

发展壮大乡村人才队伍是乡村振兴的前提。人才建设是通往乡村繁荣的桥梁，是乡村各项建设的纽带。让乡村成为各类人才汇聚之所，成为各类人才奋斗之地、建功立业之地，乡村建设的成功就有了根本保障。乡村建设要取得成功，关键在于乡村人才建设首先要取得成功①。汇集大量的有知识、有能力、有信仰的人才，汇集大量年富力强的人才，集聚大量的有乡土情结的成功人士，以人员的流动带动其他生产要素的流动，让各类人才、各路人才能够随着乡村振兴的推进而不断成长。我们对乡村振兴人才培育应当有一个系统思考，整体性构想，要有一个人才培育的总体实施框架。

5.1 四川乡村振兴人才培育总体要求

5.1.1 四川乡村振兴人才培育要坚持科学合理的指导思想

习近平新时代中国特色社会主义思想是四川省乡村建设的指导思想。为此，要认真学习、弄懂该思想体系中乡村振兴思想的内涵与外延，梳理该思想体系中与乡村人才建设的相关论述，全面学习习近平总书记对乡村人才建设的相关论述。在四川省乡村建设中要将该理论与四川省乡村建设的实际情况紧密结合，认真贯彻落实习近平总书记关于乡村人才建设的指示。

乡村人才建设要准确把握人才建设的政治属性。乡村人才必须拥护中国共产党的领导，坚持走社会主义道路，走共同富裕道路。在四川省乡村

---

① 中共中央办公厅 国务院办公厅印发《关于加快推进乡村人才振兴的意见》[EB/OL].（2021-02-23）[2022-08-08]. https://www.gov.cn/zhengce/2021-02/23/content_5588496.htm.

振兴人才培育过程中，我们要坚持把党对乡村人才建设的领导放在核心位置。乡村人才建设必须坚持党对人才工作的领导，坚持党对乡村人才建设的基本原则、路线、方针和政策。在四川省乡村振兴人才培育过程中，要用习近平总书记关于乡村振兴的重要指示武装他们。要从党中央相关文件和会议精神出发，紧紧围绕农业农村现代化主题，以乡村振兴这个总体要求为出发点，让参与乡村建设的人才认真学习，认真落实党和国家对新时代乡村建设的总体要求和具体要求。

四川省在乡村人才建设过程中，一定要始终坚持人才的政治属性，要建立起一套加强人才思想政治建设的工作制度和工作机制，要让人才在政治站位上始终与党中央保持一致，要服务于我国乡村新时代中国特色社会主义建设。要培养具有坚定政治信仰的乡村人才群体，既要加强人才队伍的专业知识和业务技能的培养，也要加强人才队伍坚定的社会主义信念的培养①。要培养参与乡村建设人才的奉献精神和艰苦奋斗精神。乡村人才创新创业主要应当围绕党和国家最需要的领域展开。比如，粮食生产是保障国家粮食安全的需要，也是我们乡村创业的重要战场。四川省乡村人才建设一定要充分发挥党和政府的主导作用，坚持财政投入的引领作用。四川乡村人才建设还需要注重专业知识和实用技能的培养，要培养一批精通农业农村建设各行各业的专门人才和技术能人。

要以增强乡村人才振兴的内部动力为主、外部动力为辅。事物发展动力可以分为来自事物自身系统的内部动力和来自事物外部的外部动力两大类②。从乡村人才振兴角度出发，乡村就是事物自身或者系统本身。来自乡村自身的人才发展动力就是乡村人才振兴的内部动力。城镇就是外部系统。来自城镇外部系统的力量就是乡村人才振兴的外部动力。一个系统或者组织是否具有活力，主要取决于事物自身发展能力的强弱。事物自身发展能力强，系统或组织就具有内在活力，事物发展壮大的动力就强大，事物就会不断发展壮大。事物自身发展能力不足，系统或组织就缺乏内在活力，事物发展壮大的动力就弱，事物就难以依靠自身的力量发展壮大。外部动力对内部动力的影响是多元的。在一定条件下，外部动力可以对内部动力起到积极的促进作用。在另外的条件下，外部动力又可能对内部动力起到消极的阻碍作用。培育壮大乡村人才振兴自我发展的内生动力是乡村

① 李俊霞. 四川乡村振兴人才支撑战略研究［M］. 成都：西南财经大学出版社，2020.
② 张富刚，刘彦随. 中国区域农村发展动力机制及其发展模式［J］. 地理学报，2008（2）：115-122.

人才振兴的根本途径。内部动力的激发和释放需要消除不利因素，挖掘激发内部动力的有利因素。

5.1.2　四川乡村振兴人才培育要有科学合理的培育目标

四川乡村人才建设与一般意义上的人才培养有着显著的区别。这是专门针对乡村建设的人才培养，人才用途的指向性非常明确。服务于四川农业农村现代化，满足四川乡村振兴对各类人才的需求，确保乡村振兴建设目标如期实现，这就是我们人才培养的目标。从四川农业农村出发，落脚于四川农业农村现代化。在人才建设的时间节点上，我们也要把握好节奏，要与四川乡村建设的进度保持一致，形成共振。在人才培养进度上可以适度超前。从人才专业知识和技能来看，要与四川乡村建设对各类人才的需求结构保持一致，实现人才供给与人才需求相吻合。与脱贫攻坚相比，乡村振兴所需的各类人才的规模更大、素质更高，人才的知识和技能更加多元化。

5.1.3　明确加强乡村振兴人才培育的原则

四川省乡村振兴人才培育过程中，应坚持以下原则：

一是党管人才建设的原则。各级党组织要把乡村人才建设作为党组织的重要工作和优先工作来抓，切实加强党组织对乡村人才建设工作的领导。要通过制定相应的文件、组织相关的会议，通过检查督促来确保自己的人才领导职责得到落实，确保党组织制定的路线方针政策得到落实。

二是加强乡村振兴人才培育组织的领导原则。乡村人才建设是党和国家筹划的一件大事。乡村人才培育也是各级党政部门的一项重要任务。人才培育的组织，自然涉及众多部门。在国家层面，党中央和国务院是乡村人才建设的领导者和组织者。他们对人才建设有总体部署，有战略规划。这是各个省份开展乡村人才建设的基本指导思想。在四川省范围内，乡村人才建设是在四川省委省政府的组织和领导下开展的。他们负责全川乡村人才培训规划和政策措施的制定，负责培训组织机构的设立和参与培训的工作人员的安排，是四川省乡村人才建设的具体部署机构。市县党政部门是乡村人才建设组织体系中的具体落实部门。越往基层，具体事务越多，有力的组织领导越重要。加强组织领导是人才建设的组织机构保障，有完善的组织领导，我们的培养工作才能高效开展。各个层级之间和不同部门之间人才培训的协调与整合、培训机构和培训学员的挑选等都离不开背后的组织机构的高效运行，离不开相关人员的辛勤付出。比如在农业人才领域，在国家层面，我们有国务院现代农业人才支撑计划部际协调小组；在四川省层面，我们有现代农业人才支撑计划部门协调小组。各市州也有现代农业人才支撑计划协调小组，他们的主要职责就是本辖区人才建设计划制订和组织实施。

三是培训内容全面、系统的原则。要注重思想政治教育，重视法律法规知识教育，重视专业技术知识教育。要把培养具有坚定的党性、过硬的技术技能、强健的体魄的乡村振兴人才作为我们的人才培养目标。在培养过程中我们一定要从每位学员的实际情况出发，加强培训内容的针对性和培训时间地点的灵活性。

四是乡村人才培养机构多元化原则。既可以由党政系统内的培训机构从事教学工作，也可以采取购买公共服务的方式把社会化培训机构纳入其中。具体选择哪个培训机构，应当根据培训内容和培训实际需要确定。从培训活动的组织来看，政府部门要承担组织责任。培训机构要承担完成具体培训任务的责任。二者之间要有明确、合理的分工，要相互紧密配合。

五是人才来源多元化原则。要开阔视野，要拓宽人才进入渠道，多方纳才。要把培养本地人才作为培育人才的重要一环。本地人才具有乡土认同感，更愿意在当地就业，更愿意建设家乡。总之，我们对各方面的人才都要重视。

六是人才培育政策系统性原则。要完善四川省乡村振兴人才培育体制机制。要强化四川省乡村振兴人才培育的相关制度保障，强化人才培育的体制机制建设，优化乡村人才培养、引进、流动、社会保障等制度。

七是以乡村建设人才需求为导向的原则。要重视各类人才培养的差异性。要从乡村振兴的内涵出发分析乡村振兴所需的各类人才，包括产业发展人才、社会治理人才、公共服务人才、党建人才、农村政策制度创新方面的人才等①。

要高度重视现代农业发展所需人才的培养。产业发展是乡村振兴的核心任务。为乡村产业发展培养合格的人才则是人才建设的核心任务。在产业发展所需人才中，为现代农业产业发展培养合格的人才又是核心任务的核心。围绕乡村农业产业发展需要培训产业发展需要的各种人才，是乡村人才培养的主要目标。这些人才是否满足农业产业发展需要的检验标准就是看乡村农业产业是否发展壮大起来。在这些产业人才培育过程中我们需

---

① 叶惠娟. 乡土人才开发的途径、制约及策略分析 [J]. 佳木斯职业学院学报，2019（4）：54.

要有抓手，那就是开展一定数量的产业发展示范性建设项目。为了完成这些示范性项目就需要引进相关的人才，为完成这些示范性任务而开展的人才建设自然水到渠成。乡村农业产业人才培养还需要从乡村农业产业发展实际需要出发，始终围绕乡村农业产业人才缺口进行培养，缺什么人才就培养什么人才。就四川省乡村产业发展来看，种子行业是薄弱环节，经常被别人卡脖子。我们就要培养种子行业的育种人才，解决这个卡脖子问题，确保农业产业"芯片"的生产安全。此外，我们还缺少动植物病虫害防治方面的专业技术人员、农产品质量安全监测检测方面的人才、乡村循环经济发展人才，我们要把这些短板补上，要让我们的乡村产业壮大起来①。

5.2 健全各类人才向乡村流动的机制

5.2.1 创新乡村人才引进机制

乡村用人要对外开放。四川省每个乡村在寻找建设人才时都要有开放的心态，有博大的胸襟，纳百川之人才，把愿意来的人才都吸纳进来。在中国特色社会主义新时代，乡村充满着希望，是年轻人建功立业的热土。只要我们对外敞开大门，就有人才愿意来创业、来就业，就有人愿意扎根乡村并为之奋斗。乡村组织要做的就是种下"梧桐树"，为"凤凰"搭建一个可以栖息的家。乡村居民应当有容纳外部人才的气度，要和睦友好地对待这些外来的建设者们②。

推动各方面人才向乡村流动。鉴于城市在不少方面都要比乡村好一些，我们只是向这些外来者敞开大门还不够。在敞开大门之后，我们还需要做更多事情，推动城市人才向乡村流动。在今后的乡村建设中，我们应当继续坚持政府部门、事业单位选派驻村第一书记的制度。在乡村产业发展方面，我们还需要继续实行科技特派员制度，要让农业科技特派员更接地气，深入乡村产业发展的田间地头，与农民打成一片，让农业科技在产业发展中发挥更大作用。我们要鼓励农业类高等院校和中等职业技术学校、农业科研院所的专业技术人员以各种身份为乡村产业发展注入科技要

---

① 吕辉. 广东省乡村振兴人才支撑的思考［J］. 南方农机，2020，51（15）：71-72.

② 赵月枝，沙垚. 被争议的与被遮蔽的：重新发现乡村振兴的主体［J］. 江淮论坛，2018（6）：34-40.

素。引导大中专毕业生、退役军人、医疗卫生专业技术人员、乡村规划建设专业人才、法律文化专业人才以合适身份融入乡村各行各业。让乡村本土拥有各项传统手工艺技能的人才有用武之地，要让好的技艺有好的发展空间，从而让这些本土人才更好地融入乡村建设。政府对乡村各行各业的支持应当是普惠制的，不能因人而异。总之，科技人才下乡需要我们有灵活的引入机制，但求所用，不求所有。

在乡村人才建设方面，我们不能忽视返乡农民。他们既是乡村建设的主体，也是需要我们重点培养的群体。对于这个群体，我们只是将他们引回来还不够。这个群体的知识水平与受过高等教育的年轻人有一定差距；他们与具有传统农业生产技术的老农民也不一样，他们中绝大多数已经没有了他们父辈所拥有的传统农业生产技能和知识。但是，从群体数量来说，他们是一个非常大的群体，我们必须要把这个群体培育好、利用好。在培育方向上，就是将他们培养成为现代农村产业发展所需的各类从业人员。要促使他们加强农业现代化知识的学习，让他们具有必要的现代农业生产经营知识；向他们传授传统农业种植和养殖的知识及技能，让传统农业生产知识和技能在他们身上延续。对于他们的培养我们不能局限于搞示范性工程，要强调普惠性、大众化，要让每一个有意愿的人都能获得培养机会。

对于那些有奉献精神的城市专业技术人才，我们要将他们的奉献情怀与自身职业发展结合起来，将他们的职业晋升与在乡村建设中的贡献结合起来。这个制度可以在教育行业、医疗卫生行业全面推行。通过岗编适度分离，即员工的岗位与员工编制所在的单位一定程度分离的方式，为编制内员工提供一个献身乡村建设的制度空间①。

5.2.2　发挥以市带县作用

四川市州级政府及相关部门在乡村建设的组织体系中起着承上启下的纽带作用。市州是传达党和国家方针政策及省级党政政策措施的二传手。市州对县（市、区）是直接领导关系，他们做得怎么样，市州最有发言权。县（市、区）做得好不好也直接体现出市州的领导水平的高低。所以，在乡村人才建设方面，我们要重视市州党政部门在其中的领导、管理和监督作用。市州的党委书记要重视对乡村建设工作的领导，要提升乡村

---

① 贺雪峰. 谁的乡村建设：乡村振兴战略的实施前提［J］. 探索与证明，2017（12）：71-76.

人才培养工作在自己所有工作中的分量。市州书记要亲自参与乡村建设重大项目、重大计划的制订，要在财政上保证乡村建设所需的资金，要优化乡村基层人才队伍配置。要定期和不定期向上级汇报工作和请示工作，定期和不定期深入基层一线指导工作和检查工作。

5.2.3   搭建乡村人才集聚平台

要搭建乡村人才集聚平台。我们绝大多数都是普通人，我们来乡村创业也需要有平台接纳我们，让我们有就业机会，也让我们更容易创业成功。各级政府的一项重要职能就是建设支持乡村产业发展的各种产业园区。建设农业产业园区、农村双创园区、农业科技园区，为人们创办实体、从事科研提供支持与帮助。通过这些产业园区和科研平台为入驻企业和个人提供创新创业服务，帮助入驻企业做好发展战略规划，提供企业管理和技术方面的支持和服务，为科研人员提供科技成果转化方面的支持。

鼓励农业产业园区结合实际建立人才发展平台。根据他们生产经营情况，包括主营业务收入、生产技术水平、对行业其他实体的帮扶情况、吸引和接收人才的情况、员工收入水平等指标进行评估和奖励，鼓励他们专心做实业，带动大家共同富裕。建设一批农村创新创业基地和农村创新创业人员孵化基地。聘请有丰富创业经历、有成功创办实体经验的企业管理人才担任指导老师。鼓励家庭农场和农民合作社等经营实体参与乡村人才培养，业务开展得好的经营实体就是最好的人才培训机构。这些经营实体可以通过提供实习岗位、短期培训、代培养形式为社会培养高质量的劳动人才。搭建校企人才对接桥梁与合作平台。在县乡两级设立乡村人才服务绿色通道，为乡村人才提供服务。

5.3   创新乡村人才使用机制

5.3.1   让机关干部到乡村锻炼

要让县级及以上党政部门以及机关事业单位年轻干部和人员到乡村去锻炼。在这里他们可以学到很多知识，可以更深刻地认识和理解乡村，可以提升他们的工作能力，有利于他们人生事业的成长。到乡村基层锻炼不能流于形式，要真正让他们去干事情，在处理和解决各种基层实际问题中增长知识和才干，把自己锻炼成为真正参与乡村经济社会建设的行家。挂职锻炼固然是一种方式，将工作岗位直接安排到乡村基层一线，直接担任实职，更能对相关干部和人员起到锻炼提升作用。

5.3.2 让各类人才定期服务乡村

我们一定要认清这样一个事实，那就是我们不可能让大量的城市人口重新回到乡村、成为有乡村户籍的人口。随着我国的城镇化向前推进，乡村户籍人口还会继续减少。当乡村振兴任务完成和乡村振兴战略实现，参与乡村建设的一部分人还是会回到城市去的。也就是说，从较长时间看，只是一部分人在一定时期来乡村参与乡村建设。这部分人士在城市有稳定职业，有自己的单位和自己的本职工作。他们来乡村确实出于奉献以及响应国家的号召。对于这个群体我们可以实行约定服务期限的制度，不改变他们的户籍，也不改变他们的人事关系，与他们所在单位达成协议，保留他们原来的组织关系，在一定年限内或者每年抽一定时间来乡村支持乡村建设。他们来到乡村后，所在乡村应当做好他们工作服务的相关记录，每年向这些人才所在单位反馈，将记录资料定期移交单位存档。在服务形式上，这一部分人可以是挂职形式，也可以是全职形式。可以以这种形式加入乡村建设的人才包括教师、医生、农业科技专家、法律工作者、文化艺术人才等。为了让这些人员安心在乡村工作，需要政府部门制定一定的政策，保留他们在原单位的人事组织关系、社会保障关系以及工龄关系。他们在乡村的工作时间应当算在工龄里面。他们对乡村的服务关系，可以是问题导向的，就是为了解决特定的问题而来到乡村。特别是医生、科技人员和文化艺术人员，有需要他们才来乡村，平时不需要在乡村滞留坐班，在乡村工作时间安排上应当是非常灵活的。

5.3.3 建立县域人才统筹使用制度

在县域范围内实行人才统筹，可以提高人才的利用效率。有些工作岗位在一个很小的地域的时候，其业务量是比较小的，如果让工作人员只为一个乡镇服务，他们的工作量就不饱和。这样的工作安排不仅会增加乡村工作人员的数量，增加乡镇支出负担，还会造成人力资源的浪费。所以，应在一个更高行政层面统筹所拥有的人才，可以对这些人才存量进行更加合理的工作任务统筹和人员安排。让每个人的工作任务趋向饱和，让人力资源可以完成更多的工作。县域人才统筹还体现在对全县人才培育的统筹。由县一级部门统一组织全县人员的培养培训。把乡村基层对人才培养培训的需求考虑进去，与乡镇一级人员培训统一安排，一体化实施。这种方式可以有效减轻村一级组织人员的培训负担，提高人员培训质量，提升村一级人才素质。

在县域范围内统筹人员编制结构。我们现在的县域人才编制主要在县一级机关部门，乡镇所占编制相对较少。这些拥有编制的人员主要从事机关事务性工作，真正为基层服务、直接面向农业农村基层的人员占比很小。不少人的工作可以说就是为机关内部需要服务，属于典型的工作人员服务内循环。我们必须优化这种编制设置模式和人员工作职责安排。在编制不改变的情况下，我们也可以采取工作岗位下沉的办法。比如可以把一部分编制在县一级机关的工作岗位安排到乡镇一级，甚至乡村一级，让他们长期在基层直接服务乡村建设。

鼓励人才到艰苦地区和基层一线去。采取何种方式才能让人们愿意到艰苦地区去工作、愿意到乡村一线去工作，是乡村建设中一直在考虑的问题。总体上来说主要有以下一些办法。一是在经济收入上给予优待。给予他们更多的收入，比如劳务报酬和补贴等。二是在晋升方面给予优待。给予他们多个晋升机会，以及在同等条件下优先获得晋升。比如，在职称评审方面，可以对他们适当放宽评定标准，可以不受名额限制等。三是在作息时间方面，可以采取灵活的作息时间。比如，根据工作任务自主安排工作时间。四是在学习培训机会方面，给予他们更多学历教育、外出培训机会。

5.4　完善培训主体

5.4.1　完善涉农中等职业教育和高等教育人才培养体系

涉农高校和农业职业院校是乡村建设人才培养的主要机构。四川省有多所农业类高等院校，我们要利用好这些高等院校在涉农人才培养方面的优势，争取为四川省乡村建设培养更多优秀人才[1]。

涉农类高等院校在授课方法上可以更多样化一些。比如，可以实行耕读教育模式，把深入田间地头从事农业生产活动作为培养教育的一部分，作为学生学习的必修课程。把培养学生从事农业种植和养殖的技能作为学生必备技能。通过这种教学方式，切实增强学生从事农业生产种植和养殖

① 王秉安. 乡村振兴与高校人才培养模式创新［M］. 厦门：厦门大学出版社，2019.

技能。在专业课程设置上，要加强学生对生物技术、田间作业、农业气象、农业作物病虫害防治等与农业生产相关的知识的学习。与农业产业链相对应，对涉农学科专业进行适度整合，让学生的知识更加系统、全面①。

深化面向乡村的职业教育。受过职业教育的人才是乡村急需人才的重要组成部分。在涉农职业技术教育方面，四川省有比较多的涉农职业技术院校，有比较强的涉农职业教育师资力量和教学实验设施设备。首先，我们应当对一些涉农院校进行整合，实行强强联合，提升办学实力，开展本科层级的职业技术教育，培养本科层次的职业技术人才。其次，面向乡村建设的职业院校在专业设置上要从四川省各个地方乡村建设实际需要出发，要针对不同地方的生源，设计特色课程和特色专业。让学生真正学到今后就业中用得着的知识和技能。以用定学，学习以后用得着的东西，强调知识的实用性②。再次，要加强为职业技术院校学生服务的职业技能实训基地建设，通过提供职业作业机会，培养学生实际操作能力③。面向职业技术类学生的实训基地建设可以采取多方共建模式。比如，学校与企业共建针对特定行业的实训基地，学校与地方政府合建与本地主导产业和特色产业相适应的综合性实训基地。实训基地建设要注意明确各方的权利与义务。学校主要从事专业知识教育。企业主要提供场地、机器设备等。地方政府主要统筹协调各方以及提供财政经费支持。在职业技术学校招生方面，应当拓宽生源渠道，退役军人、下岗职工、种地农民、乡村妇女等都可以进入职业技术学校学习。在录取方式上可以适当降低录取分数和放宽其他限制条件。

完善乡村人才定向培养制度。针对乡村人才需求，为乡村定向培养人才是增加乡村人才的有效途径。面向乡村需求的人才定向培养可以采取多种方式。现在我们普遍实行的是对乡村地区的生源提供定向进入高校和职业技术学校学习的机会。对乡村本土生源进行定向培养很有必要，同时，我们也应当给其他地方的生源提供定向进入高校学习的机会，在定向培养协议中明确双方的权利和义务，学生毕业后分配到协议指定的乡村。比如，可以将城市生源通过定向培养模式引入广大乡村地区，这种模式有利

---

① 严先锋，毛挺刚. 乡村振兴背景下高职院校服务社会能力提升策略研究 [J]. 经济研究导刊，2020（10）：25-26.

② 郑传东. 高职院校服务乡村振兴战略的实践路径 [J]. 现代农村科技，2020（11）：118-120.

③ 谢俐，彭振宇. 高等职业院校在脱贫攻坚战中的作用与贡献 [J]. 中国职业技术教育，2019（34）：5-8.

于城市人才向乡村流动。乡村人才定向培养要以乡村人才需求为切入点，要服从、服务于乡村人才需求。要搞清楚乡村各种行业人才需求的专业性和层次，也就是说，我们首先需要弄清楚乡村人才需求结构。从乡村建设内涵出发，产业人才、技术人才、公共服务方面的专业人才、基层社会治理方面的干部人才都是我们需要的。对这些人才要进行数量分析，要有适度的前瞻性。

建设好、用好农业广播电视学校。农业广播电视学校是乡村群众接收农业生产方面的知识的重要渠道，是向农民传授生产、种植和养殖技术的重要媒体。这些年来该渠道的地位和作用被忽视了，没有能够有效发挥该渠道在传播农业生产技术知识中的应有作用。广播电视学校学习时间灵活，不会耽误人们干农活的时间，不需要面对面教学，也没有人数限制，只需要将广播电视等乡村基础设施架设起来就可以了，是大规模提升乡村农民知识和技能的有效方式。今后，我们应当把这种方式与 AI 技术、虚拟现实技术、5G 通信技术融合起来，让远程教学升级为远程面对面教学，增加教与学之间的互动。

5.4.2 用好党校、行政学院和红色教育培训学院

省市县三个层级的党校、行政学院以及部分地方建设的红色教育培训学院都是我们可以依托的党政干部人才培养机构。四川省要充分利用好这些培训资源，加强乡村基层党政干部培养。基层需要不少党政干部，这些人才是协调乡村建设参与各方、统一各方行动的组织者和指挥者，是乡村建设的重要推动者。加强对乡村基层干部的思想政治教育。提高党员干部政治站位，坚定党政干部社会主义、共产主义信仰。不仅村支书应当纳入党政干部培训体系，乡村的党员和非党员干部也应当全部纳入该培训体系，对村干部和农村党员进行扎实的思想政治素质教育。

5.4.3 支持企业参与乡村人才培养

企业不仅是乡村建设和乡村产业活动的主体，也是乡村人才建设的重要主体。一些比较大的企业有技术研发机构，有自己的科研平台和设施设备，是从事技术研发的理想场所。部分企业有严格的质量管理体系和工种操作规程，是培养技术能手的理想场所。将这些企业整合进培训体系，用好这些企业的设施设备和专业技术人才，有利于乡村专业技术人才培养。

5.4.4　用好对口帮扶培训资源

东西部协作市县（区）要进一步加强与对口帮扶单位的沟通对接，积极依托其职业院校培训师资和设施设备面向四川省乡村开展教育培训，提高四川省乡村人才素质。用好一省对一省的对口帮扶政策，积极主动支持和配合浙江省对四川省 68 个县的对口帮扶工作。加大对受援县的干部培养，特别要把从在最艰苦地区工作的优秀干部人才中选树一批典型作为一项重要工作，精准发力，鼓励创新，更好地激励援派干部人才担当作为。

5.4.5　整合县（区）培训力量

各县（区）要结合就业扶贫和职业技能提升专项行动，成立开展培训工作的领导小组。领导小组应当由各个县或区政府分管人社的县级领导担任负责人。由领导小组具体抓促本县（区）农村劳动力技能培训工作。明确县一级各职能部门在乡村人才培训中的职责，把各部门的资源进行整合，把各部门的力量形成合力，统一指挥，一体化运行。这些政府职能部门很多，主要有人社局、教体局、农业农村局、乡村振兴局、退役军人事务局、商务粮食局以及共青团、妇联等有关部门，要集聚众多政府职能部门力量统一推进农村劳动技能培训事务，避免重复或遗漏，紧密衔接。各县或区要根据辖区内产业发展和务工导向，并结合年度培训计划，提前确定好培训"菜单"，及早组织各乡镇、村组摸底掌握农村劳动力的培训需求，落实培训责任，认真组织实施。整合培训资金和师资力量。各县（区）要根据年度培训计划和专项资金使用规定，统筹各类专项培训资金和本级预算安排的培训经费，合理提出资金安排意见，由财政部门统一拨付培训资金。在培训师资方面，具有丰富实践经验的老把势要纳入培训师资队伍。这些老把势包括企业的老职工、种了一辈子的田的老农民、办了一辈子企业的老企业家。他们掌握有书本上学不到的来自实践的知识和技能。各培训站点或基地要依项目向人社局报送培训项目工作总结。每个季度人社局要向领导小组汇报一次工作。县或区培训工作领导小组要定期组织开展督查调研，及时发现不足，及时纠偏，及时解决困难，及时表彰先进组织和个人。对于没有尽职尽责的机构和个人要及时发现和处理，确保培训教学质量。

5.5 创新培训方式和课程设置

5.5.1 积极探索开展线上培训，推行培训输转一体化服务

在互联网普及化、大众化和数字化时代，我们在教学基础设施方面也应当不断改进。要充分利用门户网站、微信公众号、移动 APP 等现代信息技术手段，按照"线上长流水、线下择机办"的原则，探索建立线上学习与线下实操相结合的技能培训新模式，因地制宜、因人施策推广居家网络线上教学培训服务，做到"不出门学习、不见面培训"。在线教学平台要可视化、互动化，多方交流。要强化线上教学中教师与学员之间的实时交流和互动，授课教师可以实时看到学员在干什么，要消除教师和学员在空间上的分隔感觉，把在线远程教学办得具有现场课堂教学的效果。通过先进的通信网络和增强现实技术，把线上教学做到具有与线下教学同样的效果①。

推行培训输转一体化服务。开展"嵌入式"培训。依托龙头企业，以"龙头企业+岗位+培训"模式开展以工代训。充分发挥劳务输转行业协会以及培训机构的作用，从特定企业岗位员工需要出发，以劳务服务就业为纽带，让培训机构和企业直接对接，进行点对点的培训内容确认。开展订单式培训。要加强与各类用工企业的沟通衔接，根据用工需求，制定培训"菜单"，开展保安、保洁、护井、采油、运输等辅助岗位培训。再比如，针对公益性扶贫企业的人员需求和乡村公益岗位的人员需求，开展缝纫、商品包装、产品营销、水电维修、爱心美发等岗位技能培训，对技能型岗位力争做到持证上岗。多聘请那些长期在企业一线工作的技术过硬的技术骨干来培训机构担任培训教师。学员接受培训后优先到用工单位就业。开展线上就业服务。有条件的培训机构要实现在线培训系统与政府就业服务公共平台的连通，及时了解最新员工需求信息，及时与有需求的企业对接，接受企业委托，及时为其培训需要的员工，培训结束后直接到委托培训企业就业。

---

① 陈晓红，蔡宗朝. 职业教育服务乡村振兴战略路径探索与实践［J］. 职业技术，2020（11）：22-27.

5.5.2 合理设置培训课程

各培训机构要按照职业标准和教学大纲，结合培训对象的实际情况，合理设置培训内容。技能培训是实用人才培训的主要内容。技能培训一定要针对不同岗位专业技能，进行特定岗位需要的全套技能培训，确保学员能够胜任岗位职责。要增加实际操作学时，在实际操作过程中手把手指导学员。农业培训课程要突出实用技术，要强化实训教学。实训课程可以安排在实训基地，也可以在企业。行业龙头企业在实训方面有自身优势，对学员实训要多与行业大企业联系，多到龙头企业去实训，让学员学到行业岗位最先进的技术。根据国家职业标准要求，各类培训必须将安全生产、消防常识、职业道德、法律维权等内容纳入培训课程，不得压缩课程内容和减少培训课时，确保培训质量①。

5.5.3 突出培训过程监管

对培训流程进行全面管理和监督是培训系统高效健康运行的需要。乡村人才培养涉及的政府部门众多，涉及的相关主体众多。这是一个非常复杂的运行系统。找到负责任的培训机构，找到有责任心的授课教师，都需要相关人员去把关。培训管理人员要参与课程设置，要对授课老师的授课内容把关，要对使用的培训教材把关，对培训纪律执行情况进行检查。对培训计划执行情况进行检查。对不负责任的培训老师要及时调整和更换。对不负责任的培训机构亦要调整更换，对不合格的培训机构取消其政府补贴培训项目的投标资质和培训资格。要不断优化培训内容。要不断完善培训教材。

推广"培训券"式培训。在县（区）范围内要积极推广使用培训券。培训券是学员听课的凭证，学员凭培训券进课堂学习。培训券的好处就是给了培训学员更多选择的机会，他们可以选择合适的时间、合适的培训地点、自己需要的培训课程，选择自己认为讲课效果好的老师和口碑好的培训机构等，从而形成培训机构之间的竞争，形成培训师资之间的竞赛，有利于增强培训效果。培训券应当分年度使用，也就是每一年的培训券要当年使用。培训券应当分课程使用，不同课程的培训券不能混用。培训券还应当分项目使用。不同培训对象不同培训目的的培训券不能交叉使用。培

---

① 赵卫东. 高素质农民培育为乡村振兴提供人才支撑［J］. 江苏农村经济，2020（9）：49-50.

训券上面应当注明培训项目名称、培训机构及联系方式。各培训责任部门根据摸底情况发放、登记培训券。培训券也是承担培训任务的机构与相关部门进行费用结算的依据。收到的培训券越多，说明学员对该培训机构的认可度越高。为此，相关部门应当制作关于培训券的使用说明书，对培训券的制作、培训券如何发放、培训券如何防伪、如何防止培训券作假等方面做出规定。

5.6 建设乡村职业技能公共实训基地

5.6.1 建设公共实训基地的必要性

什么是公共实训基地？就是那些政府出资建设的实训基地。它是与企业等建设的实训基地并存的一类实训基地，是政府提供公共服务的一种形式。这类实训基地由各级政府主办、面向当地所有社会主体开放、为所有社会主体提供技能实训方面的服务，包括提供实际操作锻炼岗位，组织技能竞赛、进行职业技能培训、进行职业技能评价，提供创业相关知识培训、提供就业招聘方面的服务、为其他组织培训师资力量、进行实训课程开发等。公共实训基地的特点有三个方面。其一是公共性，面向大众提供服务，对社会主体开放。其二是综合性，功能全面，可以提供与实训相关的一系列服务。其三是公益性，有财政资金补助，收取的公共实训基地使用费用很低，甚至是免费的。

从公共实训基地的特点，我们就可以看出建设这类实训基地巨大的社会价值。建设公共实训基地对乡村实用技术人才的培养很有帮助。公共实训基地可以为广大乡村群众提供费用很低甚至是免费的学习生产经营技能的机会。在这里人们可以获得全面、系统的操作技能方面的锻炼机会，公共实训基地是培养技能型人才最有效的平台。公共实训基地是解决我国技能人才培养不足问题、满足高质量发展对技能人才需求的战略举措。

加强公共实训基地建设是政府承担自身公共服务职能的需要。从这些年的实际情况可以看出，我国就业技能培养一直是我国劳动力人才培养的短板，市场不能解决的问题就需要我们的政府来承担相应的责任。提升劳动者就业素质和技能是政府的职责，而提升劳动者的实际动手能力是我国劳动者培训的薄弱环节。针对我国劳动者培训中普遍存在的不足，劳动者职业技能提升则是人力资源供给侧改革的关键，建设增强大家动手能力和操作技能的公共实训基地可以较好地解决这个问题。地方政府应当把劳动技能培养作为自己的一项重要工作来抓。我国经济依靠人口数量红利驱动的发展模式已经成为过去，未来主要依靠人力资源素质的提高来获得发展动力。供给侧结构性改革需要高素质的人力资源，而大规模开展公共职业技能培训是提升劳动者素质的有效途径。

加强公共实训基地建设是实现四川省乡村产业高质量发展的需要。熟练的操作技能是提高劳动生产率的需要，是提高产品质量的需要，是降低投入增加产出的需要，是减少农业生产活动中废弃物的需要。总之，劳动者技能提升了，就可以解决我们农业生产活动中的很多问题。四川省产业活动中对人力投入要从过去的数量投入转为质量投入，要不断培养高素质的劳动力人才来提高我们投入的全部生产要素的产出效益。在产业层面，人们所学到的知识最终需要以劳动技能形式进入生产活动，这就需要我们加强劳动技能锻炼，将知识转化为劳动技能，建设公共实训基地就是要解决这个转化问题。我们要围绕重点群体、瞄准重点产业，发动广大劳动者积极参加公共实训基地技能培训，提升自己的生产能力，满足产业高质量发展对高素质人力资源的需求。

5.6.2　抓好公共实训基地体系建设

公共实训基地对于地方政府来说是一个新事物，是一项新的公共服务。如何建设公共实训基地，是我们首先需要解决的问题。为此，我们需要多学习了解其他国家实训基地建设情况，吸取他们的可取之处，结合新时代我国乡村现代化建设的实际情况，用习近平新时代中国特色社会主义思想指导四川省的公共实训基地建设。

地方政府部门在建设公共实训基地的过程中，一定要从当地经济社会发展实际出发，要以现实需要为导向。实训基地建设要讲求实用，能够切实起到培训劳动者的作用。要能够提供多样化的实训服务，满足不同职业劳动者提升从业技能的需要。从公共实训基地的设施看，作业操作场地是最基本的设施，对作业人员进行指导的技术事务离不开教研室等设施，需要有堆放作业设备的仓库、获取相关信息资料的网络通信设施，还需要有其他生活配套设施。作业实训场地一般应采用框架式建筑结构，设计要科学合理，一定要保证建设和使用安全，空间大小以满足需要为准。所用材料一定要符合相关标准，建设施工一定要确保建设质量。公共实训基地设计一定要找有实际经验的设计单位，要确保使用方便、安全可靠。要找有相应资质的建设单位建设施工，确保施工质量。

　　加强对公共实训基地运行的监督管理。监管方案应包括监管单位、监管责任人和监管措施等方面。运营方案应包括公共实训基地的运行管理机制、师资来源、经费保障、培训生源、培训内容、培训方式等。公共实训基地建设应当有相应的审批手续。在审批公共实训基地项目时要对可行性研究报告、建设方案、监管方案、运营方案、建设资金落实情况、开工条件等进行全面审核。申请中央基建投资支持建设的公共实训基地，须完成建设项目用地预审与选址意见书审批、可行性研究报告批复，落实建设资金来源，核实是否具备开工条件等，实训基地业主单位须是独立法人。项目所在地政府应对项目的建设方案、监管方案、运营方案和相关情况认真审查把关并出具承诺函。审核人员要有相应的知识和能力。各级发展改革部门要建立责任人制度，责任人对公共实训基地建设过程负有监督管理职责，需要承担履职不到位的责任。要加强对公共实训基地建设中违法违规情况的追责。

　　强化对公共实训基地投入使用后的运行管理。公共实训基地投入使用后，会牵涉多个相关主体，包括进入实训基地的企业、事业单位等各类组织和个人。各个组织进出频繁，人员来往频繁，各种操作活动也需要有技术人员指导。参与实训内容和实训课程设计，开展实训师资的延聘，制定完备的设施设备使用指南，聘请专业技术人员入场指导，招聘相关管理人员加强服务，都是必须做的事情。要把一个公共实训基地打理好、服务到位，是需要一定的运行管理经验的。

　　合理谋划公共实训基地地理空间分布。公共实训基地主要是服务区域重大战略的实施，为主要项目和工程建设服务，为当地主要产业发展服务。公共实训基地要有地方特色。各地要综合考虑本地人力资源情况与产业发展特点，以区域产业发展所需为牵引，推动人才链、创新链与产业链、供应链有效对接为目的。当然，我们也不应当忽视为当地小众产业所需人才服务的公共实训基地建设。优先在巩固拓展脱贫攻坚成果任务重、劳动力资源相对丰富、技能劳动者供需缺口较大、产业集中度较高、返乡入乡创业就业工作成效明显的地区设立公共实训基地。四川省广大山区更需要政府主办的公共实训基地，甘孜、阿坝和凉山三州以及秦巴山革命老区都需要公共实训基地来支持当地人才建设，用公共实训基地提升人才素质，进而推进产业发展和经济社会全面发展的良性互动，为经济社会发展提供动能。省一级的公共实训基地要向这些地区倾斜，而且要在省一级财政上支持这些地区设立市级和县级公共实训基地。还应当紧密依托国家区域重大战略，在脱贫攻坚成效显著、主导产业特色突出的县或区设立与当地产业链关键环节紧密相关的公共实训基地①。

公共实训基地建设要分级分类、突出重点。按照省一级、市一级、县一级三个行政级别分层建设。每个层级的公共实训基地承担的任务是有差异的。省级公共实训基地主要服务于区域重大战略和区域协调发展，在重点区域建设并具有辐射周边区域的功能。市一级公共实训基地主要是为本市主导产业、主要产业发展和人员就业服务的。县一级公共实训基地则是为本县基础条件较好的特色产业服务的。在资金安排方面，通过所属地区和建设级别两个指标，合理确定资金支持额度。公共实训基地的审批权限要与实训基地的主办方保持一致。省一级主办的公共实训基地应当由省一级主管部门审批。市一级的实训基地应当由市主管部门审批。县一级的实训基地应当由县主管部门审批。审批程序要尽量简化和务实，少走过场。审批单位同时也应当是实习基地建设检查监督部门。项目单位应认真履行项目建设主体责任，及时组织项目建设并按时投入使用。项目所在地政府应及时组织解决项目建设和运营中的相关困难。

5.6.3　规范公共实训基地运行使用

一是要为公共实训基地的使用者做好服务。公共实训基地的使用者就是那些来到这里接受培训的人们，他们是否真的因此而提升了职业知识技能是衡量实训基地是否达到建设目的的唯一标准。来到这里参加实训的人员有多少，有没有专业技术人员对他们进行操作指导，这些指导人员技术本领是否过硬，学员学到的技术在工作中是否用得着，接受培训的人员地域分布、行业分布如何，实训基地里面的设施设备使用情况如何，哪些设备比较紧缺、哪些经常处于闲置状况，如何安排好培训学员的培训时间等都属于管理内容，都是我们需要关注的方面，对这些数据的分析有助于我们进一步改进培训质量。公共实训基地使用要坚持聚焦重点。公共实训基地要服务国家产业战略，要为国家重大产业规划培养需要的人才，要为推动乡村产业高质量发展培养技术人才。公共实训基地要坚持就业优先政策，完善职业技能培训支撑保障体系。公共实训基地应当从当地劳动力情况出发，为当地劳动力就业提供支持。当地有哪些劳动力闲置，他们想从事什么工作，他们适合从事什么工作，要做好当地人力资源状况调查与分析，

① 转发国家发展改革委等16部委《关于推动公共实训基地共建共享的指导意见》的通知（1）[EB/OL].（2021-03-09）[2022-08-08]. http://www.nanhu.gov.cn/art/2021/3/9/art_1229493426_59020426.html.

然后针对当地劳动力就业需求进行培训，为他们重新就业提供支持①。

二是加强公共实训基地自身人才队伍建设。特别是要找到具有丰富实际操作经验的老把势来担任师傅和教师。在这方面实训基地应当从日常做起，要经常留意周边地区的技术能手。经常到企业里面转一转，看一看。要与技术工人们打成一片，发现其中的技术能手。经常参加一些技术比赛活动，从中发现技术能手。然后将他们聘请到实训基地担任教师。实训基地引进这些技术能手的方式可以是柔性的。他们利用工作之余的时间来这里对学员进行技术指导。实训基地教师标准应当从实训的需要出发，有过硬的技术技能就是标准。世界技能大赛、国际残疾人职业技能大赛、省一级以上职业技能竞赛的获奖者都是很好的培训教师，国家一级、省一级劳动模范，五一劳动奖章获得者，工匠，优秀创业者，非物质文化遗产传承人都是很好的培训导师，国家一级、省一级青年岗位能手、标兵，国家一级和省一级农村青年致富带头人标兵也是很好的培训教师。对于这些人员，我们可以把他们纳入师资库，根据培训需要随时请来授课。鼓励企业高技能人才和符合条件的技能劳动者兼任公共实训基地的实训教师。

三是重视公共实训课程建设。来到这里训练什么？可以学到什么？他们想学的东西我们是否有这方面的课程？我们开设的课程所讲授的知识和技术是否是当前最先进、最实用的知识技术？是不是代表最前沿的水平？这些才是学员关心的问题。学员关心的当然就是实训基地应该关心的。只有这样来设置实训课程才是从实际出发的实训课程。我们的学习内容开发者、课程开发者一定要到各地走一走、看一看，要去调研潜在的学员需要什么样的培训课程，需要从课程中学到哪些技术，只有这样我们才能设计出好的培训课程。

四是丰富实训基地的培训方式。公共实训基地的授课设计和实训方式要密切联系当地产业实际，与企业和乡村建设的人力资源需求紧密结合，推动培训链和产业链对接，精准培养社会和企业最需要的人才。以赛带训是一种有效调动学员积极性的培训方式，可以广泛使用。比如，每天一小赛，每周一大赛。小组讨论也是调动学员积极性的可行方式。培训课都应当有小组讨论，针对课堂上讲授的内容，老师与学员可以一起讨论，老师

---

① 转发国家发展改革委等16部委《关于推动公共实训基地共建共享的指导意见》的通知(1)［EB/OL］.（2021-03-09）［2022-08-08］. http://www.nanhu.gov.cn/art/2021/3/9/art_1229493426_59020426.html.

参与答疑。通过这种方式学员可以相互解决学习中遇到的一些问题，增进友谊，加强团队建设。经常派学员和老师参加各级技术竞赛，也能调动学员和老师的积极性。要加强信息化、网络化建设，将信息新技术，比如虚拟现实技术（VR）、增强现实技术（AR）和人工智能技术（AI），运用到培训过程中。要将大数据、云计算等信息技术与实训结合起来。

五是提高公共实训基地的可获得性。再好的实训基地，如果绝大多数人不能来学习，那也不能有效为社会服务。让更多有兴趣的学员来这里学习锻炼才是我们想要的。所以，我们的实训基地一定要面向大众，向各行业、各层次、各年龄段劳动者开放，让他们中绝大多数都能够来这里学习。要充分体现公共性和开放性。支持有公共职业技能培训任务和职能的各部门、各行业积极参与，坚持能共建则共建、能共享则共享的导向，提供覆盖面广、层次多的职业技能培训。压实公共实训基地培训主体责任，各个主体之间要协调整合、优势互补和共同发展。参与实训基地建设的各相关利益主体均可充分利用公共实训基地提供的训练设施设备。除了在场地、设备等硬件方面实现资源共享，还可以在师资、课程等软件方面实现资源共享，最终形成多方互利共赢的局面。

六是要保障公共实训基地运行经费。公共实训基地要运行起来就需要有运行经费，有了经费才能请来想要的老师，才能让设施设备运行起来，并得到维护。公共实训基地的经费应当以财政资金为主，其他资金为辅。实训基地的经费应当进入各级财政的年度预算之列。实训基地的经费拨付应当和实训基地培训取得的成效挂钩。培训学员越多，教学效果越好，获得的经费就应该越多。这中间，如何科学衡量教学效果就是关键环节。前面我们提到过的培训券也可以在经费支付上派上用场①。

七是切实加强对培训过程的考核监督。培训过程是考核监督的重要环节。考核监督要覆盖全部运行环节，从学员来到培训基地到离开培训基地的整个过程都应当纳入考核监督范围。学员训练时间和学员生活时间都应当进行监督考核。考核监督不应当以痕迹材料为主，而应当以不定时的现场检查和现场操作观摩为主。也就是说，要以各学员的所作所为为主。学员接受培训后掌握了哪些知识技能才应当是考核的重要依据。因此，学员

---

① 转发国家发展改革委等 16 部委《关于推动公共实训基地共建共享的指导意见》的通知（1）［EB/OL］.（2021 - 03 - 09）［2022 - 08 - 08］. http://www.nanhu.gov.cn/art/2021/3/9/art_1229493426_59020426.html.

入学前知识技能摸底就是不可少的步骤。为了调动培训教师的积极性，来实训基地从教的教师们的教学效果和教学量等培训情况可以纳入教师评优与职称评聘的考核评价体系①。

5.7　加强人才素质教育

5.7.1　加强思想政治教育

只要我们把思想政治建设抓好了，就抓住了对人才培养的根本。外因经由内因起作用，思想政治教育是培养人才的内核。把人培养成为有信仰的人才，他们才会有奋斗的动力，才会胸怀祖国，才会为了信仰而努力。社会主义核心价值观是思想政治教育的核心内容。社会主义核心价值观是新时代国家对公民思想建设的重要内容，是我国人民都遵循的价值观，是社会健康良序运行的思想基础。为此，应加强民众参与社会治理责任心教育，积极参与乡村社会治理，让大家有一颗爱国之心，为国家富强文明而奉献自己的力量。民族要复兴，乡村要振兴。中国碗要装中国粮，中国人要把饭碗牢牢端在自己手里。要提升农民的职业使命感和职业荣誉感，号召广大有识之士、广大青年到农村去，投身农业产业发展和社会发展。让大家有一颗法治之心，遵纪守法。

思想道德对一个人的行为产生重要影响。加强思想道德建设也十分必要。为此，应加强思想道德模范人物的宣传。在国家层面、省市县层面、乡村层面都应当经常开展道德模范评选活动，让大家向那些思想道德高尚的人们学习和看齐。评选的先进人物一定要能服众，不然只会产生不良影响。要发现和宣传那些真正有家庭责任心、有社会责任感、有奉献精神的人，将他们树立为时代楷模。

5.7.2　加强农村生态文明教育

良好的自然生态环境是人类生存和发展的基础。乡村是自然生态环境的主要组成部分。森林、湖泊、草地、江河等生态资源主要分布于乡村。维护乡村自然生态环境就是维护人类自身生存环境。乡村经济社会各个方

---

① 转发国家发展改革委等 16 部委《关于推动公共实训基地共建共享的指导意见》的通知（1）［EB/OL］．（2021-03-09）［2022-08-08］．http://www.nanhu.gov.cn/art/2021/3/9/art_1229493426_59020426.html.

面的发展都不能以破坏自然生态环境为代价。乡村生产和生活是建立在生态基础上的，生态又为生产和生活提供良好条件，乡村生产和生活要与乡村生态环境形成良性循环关系。

要将绿色生产和绿色生活纳入乡村人才培养内容，要让爱护生态环境的理念深入人心。向人们讲解生态环境知识，让人们认识到自然生态环境对我们的重要性，在生产和生活过程中自觉尊重和维护生态环境。向人们传授节约自然生态资源的生产技术，自觉在生产活动中减少自然资源使用，尊重自然规律。要将绿色生产和生活知识、技术纳入人才培训范畴，让人们掌握可以使自然生态环境越来越好的知识技能。

5.7.3 传承传统农耕文明

中国是以农耕文明为基础的礼仪之邦，国家民族文化传承很大程度上是乡村民族文化的传承。我国传统农耕文明就是尊重自然规律、顺应自然节气的天人合一的文明。传统农耕文明主张顺应自然，索取有度，在万物休养生息中取得一定的生活资源。我们今天的乡村建设缺少的就是这样的观念和文化。我们过多地希望通过大项目、大工程，对自然环境进行大手术来求得生产的发展，造成自然力下降和生态环境的不可持续。我们今天的社会主义核心价值观在很多内涵上也与传统农耕文明一脉相承。尊老爱幼、宽容大度、兼爱非攻、己所不欲勿施于人等传统文化与社会主义核心价值观具有内在相通性。

乡村文化更多地体现了地域民族的历史文化传统。乡村传统文化内涵丰富，历史源远流长，弘扬乡村传统文化就是铸造乡村的灵魂。乡村农耕文明是乡村社会振兴的基本建设内容，必须以优秀的传统文化夯实乡村文明建设基础[①]。对传统农耕文明的继承与发扬，可以在不同层面上展开[②]。

首先是在理念层面对传统农耕文明的自信。我们的祖先讲究天人合一，认为人来自自然，是自然界的产物，尊重自然就是尊重自己，所以要顺应自然规律。要从自然规律中找到人类生存的规则。自然可以提供的资源是有限的，所以我们要节约，不能对自然过度索取。人类要与自然和睦相处，也需要人与人和睦相处，要尊重生命，避免征战杀伐。一些人认为传统农耕文明没有科学依据，这是对传统农耕文明的误解。这些理念有其内在合理性，体现了人类对自然的尊重。

① 宋才发.传统文化是乡村振兴的根脉和基石［J］.青海民族研究，2020（4）：36-43.
② 陈锡文.乡村振兴应注重发挥好乡村功能［N］.社会科学报，2021-03-11.

其次是在知识层面对传统农耕文明的学习理解。在尊重自然的理念支配下，古代人们对自然运行规律做了持续不断的探索，形成了大量关于自然规律方面的知识。比如古代人们对自然气候的探索，提出了自然界的二十四节气。这些节气知识是在长期的生产生活中积累的集天文、地理、气候知识于一体的农业种植知识。中国古代人们还总结出了农业生产活动的各种知识技术。古代农学书籍都是这些知识的结晶，我国有名的农书有《氾胜之书》（氾胜之）、《农政全书》（徐光启）、《齐民要术》（贾思勰）等。民间还有大量的农谚，封建王朝为了"劝农"还颁发了《耕织图》。

最后是制度。制度是对机构和人的行为的一种强制性、约束性规范，包括民俗民风、乡（村）规民约等，这是传统文化的重要组成部分。认真挖掘梳理它们，可以为我们解决当下的众多乡村建设难题提供有益的启示。

5.7.4 培养农村人才的内生动力

让一个人主动去做某一件事情与要求或迫使某个人去做一件事情的结果会有很大不同。政府描绘的乡村建设蓝图是宏伟的，是美好的，但是如果村民们不支持、不积极主动去建设，最终恐怕难以成为现实。如果民众认识到乡村建设的重大意义，主动去奋斗、去建设，蓝图就会变为现实。我们认为，当前党和政府对乡村振兴是有深刻认识的，但是一般老百姓未必就有这样的深刻认识或觉悟。所以，我们看到的是党和政府工作人员在埋头苦干，不少百姓却在等待观望，等待别人把美好乡村给他们建设起来。在扶贫这件事情上，"剃头挑子一头热"，其实已经表现得很明显了。正是这种现实的存在，才让我们认识到扶贫要先扶智的道理。在乡村振兴的建设中我们不能忘了这个道理。我们必须把老百姓动员起来，把他们的头脑武装起来，激发他们主动建设乡村家园的自我动力。

完善乡村人才评定制度。乡村人才主要是实用型人才，乡村建设需要的人才也主要是实用型人才，他们的工作就是参与乡村产业发展，参与乡村公共服务，用知识技能服务乡村建设。在专业人才评定的指标设计上，一定要从乡村建设人才的特殊性出发，从乡村人才评定的最终目的出发，合理设置评定指标，科学进行评定。特别是与农业生产活动有关的职业技能认定，更要注意这一点。不知道大家是否还记得，我们对中医从业人员的职称评定闹出的笑话。中医的关键就在望闻问切上面，你要用西医那一套评定指标就是一个笑话。在涉农专业技术人才评定上面，我们要组织农业老把势，把传统农业种植养殖中的非物质技艺体现其中。要从传统农耕惯例出发，从农耕实际出发。

5.7.5 改进乡村人才评定体系

对乡村建设人才的评定我们不能套用对机关单位人才的评定指标。比如，对于支持乡村建设的高校和科研单位的科研人员，就不能把发表论文的多少作为职称评定指标。因为，他们从事的工作就是将科研成果应用到农村生产活动中，是一项科学技术应用推广使用的工作。他们是用自己的知识在祖国大地上书写论文。乡村产业发展起来了，乡村企业发展壮大了，农民收入增加了，就是他们的科技成果。我们要从他们在乡村干了哪些实际工作作为评定他们工作成效的标准。

乡村要为参与乡村建设的人才做好资料收集保存方面的服务。他们来乡村做了哪些工作，为乡村经济社会发展做了哪些贡献，乡村组织应当随时收集和建档保存。有贡献的我们不能漠视，当然也不能弄虚作假。这些信息在县一级政府部门应当统一组织，相关材料在县一级统一管理，并定期移交给这些工作人员人事关系所在单位和组织。

5.8 加强乡村振兴人才培育的相关保障建设

5.8.1 加强乡村人才建设的组织领导

各级党委和政府要把乡村人才建设作为一件大事来抓。省委、市委、县委是本级乡村人才建设的领导机构，省、市、县各级组织部门是乡村人才建设的指导部门，省、市、县各级党委农村工作部门是乡村人才建设的统筹协调部门。这些部门既有职责分工，又需要相互配合。在工作推进中召开相关部门联席会议是协调各部门工作内容、工作进度的可行方式。为了切实落实这项责任，需要将相关工作任务纳入部门和岗位绩效考核指标。我们的"一把手"要分配足够的时间和精力用于乡村人才培养工作的领导。

5.8.2 完善乡村振兴人才培养的相关政策措施

人才进村，还需政策扶持。要吸引人才，就应给予相应的配套政策。城市资本下乡必然会带来人才的涌入，但前提是要有政策的引导和扶持。我们提倡精神鼓励，但是对于绝大多数人来说，只有情怀是不够的，需要有物质方面的、事业方面的支持政策来激励人们①。

消除城市和乡村之间人员转移流动的制度性约束也很重要。适用于城市户籍和城市单位工作人员的教育、医疗卫生、社会保障方面的制度如果也能够适用于他们要去的乡村，就会极大地调动起人们去乡村创业从业的积极性。在全省范围内建立涵盖城乡居民的社会保障制度，更加均等化的教育、医疗卫生资源制度，有利于人才的城乡流动。现阶段，我们可以加大对乡村社会保障投入的力度，加大对乡村教育、医疗卫生等公共服务的投入力度，缓解这些因素对人才引入的制约。此外，乡村建设用地政策、乡村土地使用权流转政策、乡村金融资源可获得性政策都需要有所改进②。

制定乡村人才培养专项规划。乡村人才缺乏是四川省基层人才方面最大的问题。乡村人才基本上不属于体制内人才，村基层人才的特殊性决定了我们不能把乡镇人才引进制度照搬到村人才建设中。村人才结构也与乡镇人才结构不一样。在县乡层面制定村人才专项规划很有必要。村人才规划要从各个村产业发展需要和社会发展需要出发，先要制作每个村的人才需求清单，然后汇合成乡镇和县区村级人才需求清单。要保持村一级人才结构和总量的平衡。在此基础上，制定乡镇和县区村级人才规划。

在人才管理环节，对乡村建设人才应当有自成体系的管理考核规章制度。不能照搬县区乡镇层面干部的管理考核办法。要让他们把时间和精力都用在为民办事、为乡村发展出力上面，而不是应付检查和考核上面。如果这些乡村工作人员把主要时间都放在应付检查、评估、考核上面了，我们的管理考核制度设计就是失败的。

5.8.3　加大乡村人才培养财政支持力度

为乡村人才培养提供必要的经费保障。要保障乡村小学教育的必要经费，将相关支出纳入县一级财政预算，确保预算内经费按时足额发放到相关账户和个人。为了让乡村职业技能教育培训顺利开展，在省、市、县各级财政预算中都应当单列职业技术教育经费，让培训不会因为经费不足受到影响。要把中央一级与职业技能培训有关的各项专项资金进行适度整合，集中归口使用。各级地方政府与乡村职业技术培训有关的专项资金也

---

① 姜长云. 推进农村一二三产业融合发展，新题应有新解法［J］. 中国发展观察，2015（2）：8-22.

② 刘爱玲，薛二勇. 乡村振兴视域下涉农人才培养的体制机制分析［J］. 教育理论与实践，2018（33）：3-5.

需要归口到相关部门进行统筹，由特定部门统一调度。要确保针对乡村特定人才培养的专项资金足额到位。比如，针对面向农业科研杰出人才的支持经费，特别是由中央财政专项资金承担的切不可挪作他用。严格培训资金监管。各级有关部门要切实加强对培训专项资金使用情况的监督检查。要严格按培训任务落实情况审核拨付培训资金，资金发放支付渠道名目要符合相关规定。资金要进入各级财政预算清单。要确保资金拨付及时到位、资金下发不拖欠。要对培训任务落实、培训资金拨付及下发情况定期检查和抽查，要对骗取培训资金的培训机构和挪用培训资金的违法违规行为依法依规严肃处理。

5.8.4 加强人才培养的考核

对于各级书记抓乡村人才建设不能仅仅表现在文件上面，应当有实际的考核政策。要有针对五个层级的各级地方党委书记抓乡村人才建设的考核措施，由上一级党委书记对下一级党委书记直接进行考核。考核成绩作为年度绩效考核的一部分。考核时要对被考核人所做的事情有详细了解，要深入走访当地群众，要依据实际效果来考核。对基层党委书记抓人才培养工作的考核成绩要作为绩效考核的一个指标，要有一定分量的权重，作为干部评优、晋升的参考。在各级地方党委书记的年度工作计划中要有乡村人才培养方面的内容。在年度工作汇报中要有乡村人才建设方面的工作总结，到下面检查工作时要有这方面的检查事项。四川省的乡村振兴省一级统筹协调部门在每一年工作计划中应当有乡村人才培养方面的工作任务。要检查全省各级党政部门的乡村振兴工作计划中是否包含人才建设方面的内容，这些内容是否达到省委的相关要求，包括办班的数量、参加培训的学员规模和来源、培训内容和培训老师等方面的要求。要深入基层了解培训实际情况，并进行工作指导。

6 加快农业生产经营人才培养

6.1 培育新型职业农民势在必行

6.1.1 四川职业农民群体培育现状

我们经常说要发展现代农业，现代农业的一个核心含义就是从事农业生产活动的人们可以从他们的劳动中得到较高的收入，他们可以依靠这份劳动生活。农业劳动不再是他们闲暇之余的副业，收入不再仅仅是补贴家用。如果我们把农业发展壮大了，农民可以依靠农业生产就过上像样的生活，我们从事农业生产活动的农民就可以称为职业农民了①。

当前，四川省不少从事农业生产活动的人们来自农业生产活动的收入还不能满足家庭生活需要，他们还需要在农闲时间到周边乡镇去打短工以增加收入。个体农户不少都还没有达到这个水平，外出打短工的现象还很普遍，他们还算不上职业农民。只有提升农民的农业生产技能，帮助他们扩大经营规模，增加他们的农业生产收入，他们才会把农业当成职业，他们才算是职业农民。可见，职业农民与四川省乡村农业生产发展是相辅相成的。其实党中央和国务院已经明确指出了这一点。习近平总书记非常重视职业技术教育，他明确要求要培养更多高素质技术技能人才、能工巧匠、大国工匠，各级党委和政府要加大制度创新、政策供给、投入力度。随着四川省乡村振兴战略深入实施，四川省农业生产从业人员素质不能适应农业现代化发展需要的矛盾将会不断凸显，这是四川省农业现代化建设的薄弱环节。充分预见这个问题，前瞻性解决这个问题很有必要。四川省乡村农业从业群体人数众多，劳动力闲置情况比较明显，如何充分利用这个群体的劳动力资源、盘活乡村农业劳动力存量，直接关系着四川省农村

---

① 农业部关于印发《"十三五"全国新型职业农民培育发展规划》的通知 [EB/OL]. (2017-12-27) [2022-08-08]. http://www.moa.gov.cn/nybgb/2017/derq/201712/t20171227_6131209.htm.

产业的发展。站在服务四川省农业高质量发展的角度，我们要加强农业技能人才培养，提高人才培养质量①。

从 2012 年开始，四川省就开始了职业农民培育工作，是全国较早开展新型职业农民培育的省份。经过 10 多年的实践，四川省在新型职业农民培育方面做了不少实事，取得了一定成绩，积累了一些经验。2018 年，四川省大力推进乡村振兴，职业农民培育工作变得更加重要，四川省进一步加大了职业农民培育工作的力度，职业农民培育在全省各地全面推进。四川省职业农民培育注重对乡村各地现在从事农业活动的农村群众的培养，很重视将现在的还没有达到新型职业农民能力素质要求的农业从业人员培育转变为新型职业农民。这个工作思路是很切合四川省乡村从业人员实际情况的。对于乡村农业从业人员，四川省主要采取当地培训方式，让他们在乡村就能方便地得到培训。2018 年在省委和省政府直接组织下，全省采取当地培训形式对 4 万多农民进行了农业生产专业化知识培训。这一年，省委和省政府还对四川省新型农业经营主体的主要负责人进行了生产技术和经营管理方面的培训，培训对象包括青年农场主、新型农业经营主体带头人、农业职业经理人。各个市州党委和政府也积极开展新型职业农民培训。县一级党委和政府也有开展。不仅组织线下教学，线上培训也占有一定比例。比如，有些县区就利用微信、QQ 等现代立体媒体开展线上培训工作试点。

2019 年四川省下发了推动全省职业农民培育工作的专门文件。针对以往工作中存在的突出问题，这一年全省新型职业农民培育更加强调精准培训。一方面，在省级培训中率先探索培育对象和培育机构的双向遴选机制，提高各方的参与积极性。另一方面，丰富培育内容，在全省开展"五匠+"和"稻田+"等农村实用人才带头人培育，启动农业全科大专班和全日制职业农民技术学院学历教育。坚持以市场化机制、专业化服务、全程化覆盖为取向，建立以农广校为主、多方培育资源共同竞争的"一主多元"培育体系。同时，四川省还制定了《关于深化职业农民制度试点的意见》等有关新型职业农民培育的文件，着力从顶层设计上下功夫，为全省率先探索新型职业农民制度体系②。在认定管理环节，结合四川省实际，把农户家庭农场主、农业经理人和农业专业服务人员作为职业农民的三大

---

① 孔祥智，等. 乡村振兴的九个维度 [M]. 广州：广东人民出版社，2018.

② 其他文件主要有《四川省级新型职业农民资格准入与认定试点管理办法》和《四川省新型职业农民制度试点县绩效考核指标体系》两个文件。

类别来源。在这三类来源中，接受培训人数最多的是农户家庭农场主。在职业农民认定方面，四川省实行的是分级认定政策。四川省一级的认定部门负责高级职业农民的考评认定工作。各个市州认定部门负责本辖区的中级职业农民认定工作。每个县区负责本县域范围内的初级职业农民认定工作。每一级认定指导委员会统一负责职业农民认定、职业农民培育机构确定、家庭农场和农业经理人认定评级等工作。在11个职业农民制度试点县打通职称评定和职业农民认定的双向渠道，提高评定认定的政策含金量。

在培训对象方面，新型农业经营主体的主要经营管理人员被确定为重点培养对象，特别是新型农业经营主体的主要负责人，包括农业生产经营企业、青年农场主、农业种植（养殖）专业户、农民合作社带头人、农业社会化服务组织带头人。农村实用人才也是重点培养对象。在培训目标上也提出了更高的要求，那就是要大规模进行培养，依据农业生产人才需求结构培养高水平的职业农民。青年农场主还可以细分为不同群体：有中等教育学历的农民工群体、取得高等院校学历的毕业生群体、退役军人群体以及农村务农青年群体。为了提高培训质量，对这些群体的培养时间也延长到3年，包括2年的培训时间和1年的创业指导扶持时间，工作更细致、更务实，对于创业者很有帮助。实用人才培训的主要对象还包括村党委和村民自治委员会干部人员、村一级产业带头人以及大学生村官等。为了增强培训的实用性，四川省在乡村职业农民培养方面，很重视培养基地建设。一些地方直接将村办公室作为培训教室，将村里的田间地头作为培训现场，在田间地头边操作边讲解，那些有一技之长的老把势都可以充当培训教师。据有关部门统计，到2020年，5年时间里，四川省接受新型职业农民培训的人数超过30万。其中，生产经营人员占比为60%，专业技能人员占比为20%，专业服务人员占比为20%。

不过，我们发现，四川省农村劳动力中想以农业为职业的人并不是很多，乡村的年轻人很多都不愿意从事农业生产活动。乡村本地职业农民群体人员队伍不稳定，后继乏人[①]。正因为如此，"十四五"时期，四川省继续将新型职业农民培育作为乡村人才建设的重要工程。乡村职业农民培育还需要寻找新的主体，让那些愿意以农业为职业的群体进入这个行业，为这个古老的行业输入新鲜血液。职业农民这个群体也不是孤立发展的，需要相关改革开放配套措施。深化农村改革，既是乡村经济社会发展的需

---

① 卢秋萍. 我国农村人口老龄化对农业经济的影响研究［J］. 改革与战略，2016（5）：88-91.

要，也是乡村职业农民群体建设的需要。

6.1.2　培育新型职业农民是加快农业现代化建设的战略任务

任何一个行业，任何一个地方，没有一批有能力的人，这个行业、这个地方是很难发展起来的。任何突出的成绩、任何进步都是努力奋斗的结果。当前，四川省农业从业人员知识技能欠缺是农业发展缓慢的基本原因。由于农村自身改革缓慢，农业发展的空间被限制，农业从业人员要么转行，要么向城镇流动。农业人才的流失又让农业更没有发展的动力。推进农村改革开放，为乡村经济社会发展开辟足够的空间，是乡村经济社会发展的需要，也是农业产业发展的需要①。通过培养一个数量众多的高素质职业农民群体，让他们推动乡村的改革开放，为乡村产业发展和社会发展注入活力，让乡村产业得到发展、社会得到发展，让乡村不再是一个资源要素流出的地方，而是一个汇聚资源、集聚人才的地方，我们的乡村就可以发展起来，城乡二元状态就会逐渐消失。

职业农民是农业现代化的重要力量。现代农业与现有的农业生产方式相比是一次农业生产方式的巨大飞跃。这需要有相应知识和技术的从业人员，生产活动才能有效开展。农业现代化与农业规模化种植、农业生产活动分工、农业机械化是紧密联系在一起的。随着四川省农业产业现代化的推进，适度规模化种植和养殖的经营主体的数量和所占比例会逐年增长。农业生产活动的分工、农业规模化和机械化生产，对从业者的知识技术提出了更高要求，这已经不是一个人人都可以当农民的时代了②。和我国其他很多产业一样，农业专业化、职业化正在成为现实。现代农业的生产活动和现代农业经营主体的管理活动都需要有相关专业知识的从业人员。从农业种子到田间水肥管理，再到病虫害防治和收割都与技术技能紧密相关，无不需要有专业知识的从业人员。四川省要推动现代农业发展，最主要的制约因素其实就在于没有相应的可以胜任现代农业生产的从业人员。近年来，由于各方面的原因，农民从事农业活动的收益不稳定而且相对不高，导致农户对农业生产越来越没有积极性。当前四川省农业劳动力主要是老年人、妇女等，他们中的不少人的知识水平和劳动能力显然达不到职业农民的素质要求。"十四五"时期是我国也是四川省现代农业建设的关

---

① 李文明. 中国农民发展的现实困境与改革路径 [J]. 农业经济问题，2014（6）：10-15.
② 何金梅，刘芬华，何强. 乡村振兴战略初期新型职业农民多元主体重塑 [J]. 经济与管理，2020（3）：62-69.

键时期。培育合格的职业农民满足现代农业生产的需要是四川省农村劳动力发展的主要方向①。我们需要从培养职业农民入手，提升农业从业人员的农业生产技能，为现代农业发展准备合格的从业人员。如何才能激活这些农户的生产积极性是我们需要解决的问题。要让原来种粮食的农户愿意从事农业生产活动，愿意回乡重新当农民。要让这些农业生产能手重拾老本行。在这方面，我们做得还很不够。我们可以发挥村集体经济的潜力，充分发挥村集体经济组织的职能，形成"农户+集体经济"一体化发展的模式，用集体经济组织弥补农户个体经济的不足，从而实现农村经济的整体发展，推动职业农民的发展。

职业农民是乡村小康社会建设的重要力量。四川省的小康社会建设，离不开乡村群众的小康生活。乡村群众生活的小康离不开乡村群众自己的奋斗。提升乡村群众的技能，增强他们致富的本领。通过调查，我们发现收入水平低的乡村群众，他们的劳动技能也低。他们获取收入的方式主要是从事体力劳动，当他们年龄大了，不能做重体力活的时候，收入水平就会明显下降。如果他们的劳动技能得到提升，他们就可以从事一些非重体力劳动，年纪大了的时候也可以获得一定收入。开展职业农民培养，让他们掌握农业生产专业化知识和技能，可以凭借自己的技术到新型农业经营主体中从事专业技能工作，工作会更加稳定，收入也会更高、更有保障。在乡村，广大农民朋友的生活水平提高了，乡村小康建设也就前进了一大步。提升现有农民人力资源素质，可以有效解决当前四川省农村劳动力不足问题。

6.2　四川培育新型职业农民的总体要求

6.2.1　四川培育新型职业农民的总体思路

要以习近平新时代中国特色社会主义思想，特别是关于乡村人才建设的重要论述为指导，这是我们抓乡村职业农民队伍建设的根本指导思想，是我们从事职业农民培育的思想源泉。要树立新的发展理念，要有新的发展思路，寻找新的发展出路。要认真体会习近平总书记的科技兴农、人才

---

① 张海燕. 培育新型职业农民　夯实乡村振兴人才支撑［N］. 山西党校报，2021-05-25 (03).

兴农的相关论述。把这些思想化为具体措施和政策，落实到乡村职业农民培育的各项工作中。只有这样，我们才能不断汇聚乡村农业从业人才，推动农业现代化高质量发展。

要抓好职业农民培养规划。无论是科技进入农业，还是人才兴农，都需要一大批合格农业劳动力去从事农业产业活动，他们以此为生，以此为业，愿意将其作为事业，愿意把时间和精力倾注其中。如果能够让人们有这样的想法，我们的科技兴农和人才兴农战略就可以实现了。他们能够把农业作为事业，他们就会有提高生产技术和劳动技能的内在动力，农业现代化就会进入良性循环，职业农民也会进入良性循环。现在，这样的自我强化机制在职业农民主体中还没有形成，还需要借助外力，也就是需要政府的力量来推动。四川省政府需要制定专门的职业农民培育总体规划，把省市县各级党政力量集聚起来，明确各自任务，合力共进。新型职业农民培育总体规划主要需要回答这几个方面的问题。一是哪些群体是新型职业农民的潜在群体；二是如何让这些潜在的职业农民成为真正的职业农民群体；三是如何才能让农业成为有吸引力的产业，让农民成为他们认可的职业；四是在这个转变进程中，我们需要在乡村进行哪些方面的改革；五是我们需要开展哪些方面的培训让他们具备现代农业产业知识和技能。

要有健全的职业农民培训体系。在抓好职业农民培养规划基础上，我们可以聚焦职业农民的培训问题，形成系统的职业农民培训体系。在培训组织上，要建立全省一体化的职业农民培训领导体系，将省市县相关职能部门纳入其中，做好各层级领导职责分工。在培训机构上将与农业农村有关的中等职业学校、高等院校、科研院所、农技推广站所纳入其中，形成多层次的教育培训体系。在实训基地上，各级政府建设公共实训基地是必不可少的。除此之外，还应当把农业企业、政府创办的农业产业园区、农民合作社等生产经营组织纳入其中。强化统筹协调。职业农民培训体系涉及省市县党委和政府，涉及众多培训教育机构，牵涉与乡村和农业有关的众多党政职能部门，是一项复杂的系统工程。为此，应协调好相关部门的工作，做好各部门工作之间的责任分割与衔接是十分重要的组织工作。既要做到职责没有遗漏，又要做到职责不相互重叠，这确实不是一件容易的事。在组织协调中我们要充分利用大数据、区块链等现代信息技术。

要做好人力、物力和财力等方面的保障与支持。职业农民培训少不了人财物方面的投入。参与培训组织管理的人员抽调与配置、用于培训的场地基地建设、培训相关经费筹措都需要全盘考虑、统筹规划。在总体规划下，要有细分计划确保总体规划的每一项内容都有相应的支撑，是切实可行的①。

加强对政府相关部门和工作人员的考核。在考核方面要以直接从事的各项工作为考核评价依据。尽量少用间接的痕迹材料作为考核评价的依据，材料做得好并不表示实际工作就一定做得好。要眼见为实，考评人员要到他们工作的现场去实地检查。

6.2.2　四川新型职业农民培育要坚持的原则

我们认为，在四川省职业农民培育工作中需要坚持四个原则。

第一就是要坚持党和政府对培育工作的领导与主导。职业农民培育不仅是被培育者个人的事情，也是党和政府的事情。党和政府在其中需要承担公共服务职责。职业农民是一个数量庞大的职业群体，党和政府要从公共服务出发，履行自己的公共服务职责。党和政府需要从规划制定、组织实施、经费保障等方面参与职业农民培育工作。在组织领导上，省市县各级党政"一把手"都要把职业农民培训纳入乡村人才培育计划，作为其培育计划的一个方面。党政"一把手"都要将相应的职责落实到具体的部门和具体的人员，确保这些事情有部门负责、有人员执行。

第二就是要坚持市场机制的基础作用。就是要让选择、比较、竞争在培训过程中发挥作用。站在被培训者角度，要给被培训者选择培训机构和培训教师的权利，这样既能让自己学到知识、技能，又能调动培训机构和培训教师的积极性。尊重了被培训者的选择权，也就把培训机构和培训教师推向了市场，各个培训机构之间就存在竞争关系，他们只有做好培训服务才会有学员去他们那里培训，他们才会有收入。

第三就是要服从产业发展需要。我们培育职业农民的根本目的就是要把四川省的现代农业搞上去，把四川省乡村建设搞上去。如果这个目的没有达到，那么培训形式搞得再好看、培训过程抓得再紧也难以说培训是成功的②。

第四就是要坚持精准培训。精准培训的含义可以是多维度的。从接受培训的学员讲，他学习的东西对他是最有用的就是精准。从产业发展来说，培养的学员符合当地产业发展需要就算是精准。从培训组织运行来

---

① 苏于君. 发展职业教育　为乡村振兴提供人才支撑 ［N］. 经济日报，2020-12-02.
② 孟祥海，徐宏峰. 乡村振兴战略下双创农民培育提升策略研究 ［J］. 云南民族大学学报（哲学社会科学版），2018（6）：59-65.

说，为培训学员配置的培训机构和培训老师刚好符合学员需要就算是精准。参与培训的各方都需要精准工作。

6.2.3　四川新型职业农民培育主要指标

近期目标是争取到 2022 年 11 个试点县（市、区）平均 70% 的村民小组拥有 1~2 个职业农民，其中高级职业农民达到 1 万名左右。在政策扶持环节，重点在社会保障、生产扶持、金融支持、教育提升等方面细化、实化措施，强化要素保障。

从中期培育目标看，就是要实现职业农民培训的数量不断增多，培训质量不断提高。培训形式更加多样化，培训机构更加多元化。农业产业经营主体更加深入参与到培训实务中来。就是要让四川省职业农民队伍不断壮大，从事农业生产活动的技能不断提高，他们从农业生产活动中获得的收入占总收入的比例不断增大。具体如表 6-1 所示。

表6-1　四川省"十四五"新型职业农民培育主要指标

指标	年份		年均增长	指标属性
	2021	2025		
新型职业农民队伍数量/万人	24	48	6	预期性
高中及以上文化程度占比/%	36	≥40	1	预期性
现代青年农场主培养数量/户	2 500	≥1.25 万	≥2 500	约束性
农村实用人才带头人培训数量/人	7 200	9 600	≥600	约束性
农机大户和农机合作社带头人培训数量/人	示范性培训为主	≥1 200	300	约束性
新型农业经营主体带头人培训率/%	≈4.75	≈5.75	≈0.25	预期性
线上教育培训开展情况/%	36	≥60	≥6	预期性

6.2.4　开展现代农业全产业链职业技术技能教育培训

从现代农业产业体系中的职业分类出发，进行现代农业全产业职业技术技能人才培育。要培养更多高素质农业职业技术技能人才，我们首先就需要了解现代农业产业链所包含的产业环节和具体职业。农业生产经营人才的培育要面向现代农业生产产业链的各个环节、各个领域，我们所培育的农业生产经营人才才能满足现代农业生产产业链各个环节对人才的需求。依据 2015 年我国职业分类刊物，我国农业类产业活动共有 52 个职业①。具体如表 6-2 所示。

表 6-2 农、林、牧、渔、水利业生产人员中的职业分类②

序号	职业	序号	职业
1	种子繁育员	2	种苗繁育员
3	农艺工	4	园艺工
5	食用菌生产工	6	热带作物栽培工
7	中药材种植员	8	林木种苗工
9	造林更新工	10	护林员
11	森林抚育工	12	林木采伐工
13	集材作业工	14	木材水运工
15	家畜繁殖员	16	家禽繁殖员
17	家畜饲养员	18	家禽饲养员
19	经济昆虫饲养员	20	实验动物饲养员
21	特种动物饲养员	22	水生动物苗种繁育工
23	水生植物苗种繁育工	24	水生动物饲养工
25	水生植物栽培工	26	水产养殖潜水工
27	水产捕捞工	28	渔业船员
29	渔网具工	30	农业技术员
31	农作物植保员	32	林业有害生物防治员
33	动物疫病防治员	34	动物检疫检验员
35	水生物病害防治员	36	水生物检疫检验员
37	沼气工	38	农村节能员
39	太阳能利用工	40	微水电利用工
41	小风电利用工	42	农村环境保护工
43	农机驾驶操作员	44	农机修理工
45	农机服务经纪人	46	园艺产品加工工

① 依据 2015 年版《中华人民共和国职业分类大典》中的第五大类"农、林、牧、渔、水利业生产人员中的职业分类"，农、林、牧、渔、水利业生产人员的职业共分为 6 个中类、24 个小类、52 个职业。
② 依据 2015 年版《中华人民共和国职业分类大典》中的农、林、牧、渔、水利业生产人员中的职业分类。

表6-2(续)

序号	职业	序号	职业
47	棉花加工工	48	热带作物初制工
49	植物原料制取工	50	竹麻制品加工工
51	经济昆虫产品加工工	52	水产品原料处理工

6.3 选准教育培训对象，抓好教育培训机构建设

6.3.1 选准教育培训对象

涉农专业要将愿意到乡村就业的群体作为重点培育对象。要把那些确实有志向从事农业生产活动的人员精准挑选出来，要把那些确实想发展现代农业的人员选出来①。当前，高校农业人才以及农村产业人才培养与乡村各产业发展的现实人才需求存在较明显的差距，高校农科专业培养的毕业生中，有很大比例的毕业生虽然读了农科类专业，但是并不喜欢从事农业类职业，更不愿意到乡村去从事农业生产活动。高校在招收农科专业学生时应当与学生充分交流沟通，选择那些爱农业、爱农村，愿意从事农业和乡村产业职业的学生。

在培训领域也要搞好培训对象的选择。按照逐级审核、推荐、选择的原则进行筛选是一种选人办法，可以继续实施下去。在确定人选前一定要搞好宣传动员工作，要让大家都知道在开展这方面的培训，要告知人们每次培训都有哪些内容、在哪里培训，方便人们做出是否参加某一次培训的决策。培训信息一定要至少提前半个月告知，便于大家合理安排其他工作。培训对象从大的范围来说就是那么几大类。首先是在农村从事农业生产活动的人们，不管是种田的、养殖的还是放牧的都属于应该接受培训的对象。其次是外出务工的，一定要把他们通知到。这个群体中的部分人员是有在家乡从事农业生产活动的意愿的，家乡生产条件改善了就能把他们吸引回来。再次是接受过职业技术教育和高等教育的学生群体，他们有知识、有文化、有眼界，更容易采用现代农业生产技术从事农业生产活动。最后是那些创办农业企业的主要经营管理人员。他们也需要不断提升自己

---

① 李越恒. 新型城镇化视角下的农村人力资本投资效率研究 [J]. 农业经济，2016（2）：62-64.

的技术水平和管理能力，也有培训的需要。为此，要按年度制订培训计划，按步骤开展培育工作。

在培训顺序上可以有优先接受培训的安排，让那些有迫切需要的人先接受培训。哪些人应该先接受培训呢？已经进入现代农业生产体系中的各类从业人员应该先接受培训。比如，在国家一级的现代农业示范区的企业工作的人员，他们的技能直接影响到这些现代农业企业的发展，他们的示范性突出，对社会影响大，员工应该首先得到培训。从产业发展需要确定优先培训的群体。四川省粮食生产功能区与范围内的农业从业人员也需要优先进行培训。四川省是我国粮食主产区，水稻、小麦等粮食作物的种植都占有重要地位。这些产业发展所需的知识技能人才也需要优先培养。围绕这些产业链，合理设置业务岗位，包括种植、病虫害防治、施肥灌溉，计算其需要的人数，组织有丰富实践经验的培训机构精心培育相关人员。围绕一二三产业融合发展需要，梳理需要的职业岗位，明确各个岗位需要的人数，组织适合这些岗位的人员进行培育。粮食主产功能区是国家粮食生产的主要区域，从保障国家粮食安全考虑，需要对他们优先进行培训。而且这些地方发展农业生产的条件较好，接受培训的人员更能把培训所学应用于农业生产。再就是那些需要尽快就业的群体需要优先培训，他们获得技能后可以尽快找到工作，自食其力。

要把具有较高素质和知识水平的人员作为重点培训对象。接受过中等教育的人员、接受过高等教育的人员都是我们需要重点培育的人员。这些群体基础素质高，对新知识、新技能的接受能力强，容易培养。要把贫困地区和贫困家庭作为主要培训对象。提高这些人员的素质和技能可以有效助力扶贫目标的实现，有利于共同富裕的实现。要针对有意愿发展稻渔综合种养、池塘养殖、水产品加工、休闲渔业的人员，开展水产养殖、水产品加工、休闲渔业等实用技术培训，提升他们发展产业的能力。城市户籍的有志于到乡村从事农业生产经营活动的群体也是需要培训的群体。这些群体素质较高，视野开阔，有现代企业经营管理方面的知识，他们主要需要弥补农业生产方面的知识和技能。基于农业生产新业态的从业人员也属于新型职业农民；适度规模经营的主体也属于新型职业农民细分群体，也需要加强职业技能培训。

对培训对象的挑选可以以县为单位，在每个县的范围内进行选拔。各个县围绕自己农村主要产业、特色产业和优势产业，弄清楚现有从业人员数量和素质、人才知识和技能的不足之处，确定需要弥补的知识和技能，精准设计培训内容和培训课程，通过职业农民培训为县域产业发展注入强大动力①。

6.3.2 抓好教育培训机构建设

完善培训主体体系。参与职业农民培训的机构来源多样：有涉农高等院校和中等学校，有农业类科研机构和农业科技推广机构，有农业广播电视学校，有农业行业的企业及合作社等生产经营组织，有政府支持成立的公共实训基地——培训主体多元化特征明显。四川省要统筹建立培训师资库，建设集优势特色专业、名优师资和精品课程于一体的优质培育主体群体。我们需要加强这些参与培训的组织和机构在职业农民培训活动中的教学管理工作。要加强对这些培训主体与涉农培训有关工作的检查，包括是否有专门的组织机构和人员安排，是否有必要的教学场馆和设施设备，教学师资组织是否合理，培训内容是否科学。在省市县各行政层面分别成立乡村建设培训工作领导小组，指定牵头部门，各职能部门分工负责，加强对培训主体职业农民培育教学培训工作的指导，共同推进职业农民劳动力技能培训工作。

综合利用各类涉农高校、农科院所、中等职业技术学校、职业教育院校等教育培训机构。四川省与农业农村相关的高等院校和科研院所数量比较多。这是我们乡村建设的重要资源，是四川省的优势，我们要把这些资源利用好。要有对这些培训机构进行考核的组织体系和考核指标体系。针对不同的培训主体要明确各自的特长和专业优势，分配相应的培训任务。各个培训机构要形成相互补充、紧密衔接的培训关系。要做好对培训主体的教学指导和质量验收。农业领域内的中等职业技术学校和高等院校可以进一步优化学生培养过程，针对不同专业和不同学生个体，采取因材施教、理论与实践相结合的教学模式，提升教育质量②。对于涉及农业的高等院校来说，要在学校里面设立专门的为乡村建设服务的培训部门，全面负责涉农培训事务。要抓好实地调研，抓好课程建设。学校要为涉农培训在人力和资金方面提供保障和支持，要用好涉农财政专项资金。职业教育院校是乡村人才发展规划的重要参与主体，是乡村人才培养体系的重要参与主体，是乡村人才培养的重要渠道，在乡村各类实用人才培养方面具有

---

① 杨帆，梁伊馨. 职业化发展：民族地区乡村振兴的人才困境与路径选择［J］. 民族学刊，2021（4）：57-63.

② 刘春桃，柳松. 乡村振兴战略背景下农业类高校本科人才培养模式改革研究［J］. 高等农业教育，2018（6）：16-21.

举足轻重的作用。为了更好地服务乡村振兴，我们应当从乡村振兴实际需要出发，抓好职业技术院校建设①。

加强职业农民公共实训基地建设。政府支持成立的公共实训基地是职业农民培训体系的重要组成部分。公共实训基地要在省市县各个层面分别建设。各个层面的实训基地的培训任务各有侧重点，既要分工又要统筹。要抓好农业行业大中型企业对涉农培训的参与。要为这些企业提供必要的经费支持，比如对这些企业给予税收减免。

各类培训主体的培训内容应当有分工和侧重。学校注重知识方面的培训，实训基地和企业等经营实体侧重于实践操作方面的技能培训，科研院所和农技推广机构侧重于农业技术方面的培训。

要做好教育培训资源在全省范围内的均衡分布和均衡分配。就四川省来说，成都平原地区教育培训资源较为丰富，西部山区教育培训资源稀少。要在省一级党政层面，把成都平原地区的教育培训资源向西部山区调拨，接受更多的西部山区的学员，或者到西部山区设点开展教育培训。

要用好对口帮扶省市培训资源。浙江、广东等对四川进行对口帮扶的省份，经济比较发达，在职业农民培养方面有着比较丰富的经验，我们要多和他们交流，向他们学习。可以请他们的师资来四川参与培训，可以让四川建档立卡贫困劳动者到他们在川企业参加岗位培训和岗位技能提升培训。可以设立一些有各类培训教师参加的具有教育培训、技术推广、产业孵化等功能的新型职业农民之家。

加强师资队伍建设。培训的师资力量直接关系着培训质量。有完善的培训教师选聘制度是建设高质量师资队伍的关键。师资的选聘要坚持学历、教学经验与生产经营经验并重的原则。要从所承担学科的性质是属于知识素质类课程还是职业技能类课程的角度有所侧重。知识素质类课程对学历要求要高一些，职业技能类课程对生产实践经验的要求要高一些。职业农民培训师资队伍学科门类广泛，包括企业经营管理类师资、农业生产类师资、农田水利基础设施建设类师资、农产品加工类师资、农产品销售类师资等。选好师资后，在日常培训活动中还需要加强对教师培训课堂的管理，确保教师备课充分，讲课内容符合课程教学要求和目标。适当组织培训教师开展赛课活动。通过赛课，让教师们相互交流、相互借鉴，不断提升教师在职业农民培训方面的教学质量。要尽可能让培训教师专职化，

---

① 吴一鸣. 乡村振兴中职业教育的"角色"担当 [J]. 现代教育管理，2019（11）：106-110.

专门从事职业农民培训，以加快教师们在这方面的职业发展。

要改善教育培训设施条件。要加强各类培训机构的培训设施设备建设，这些设施设备包括实验设施设备、教学仪器等教辅工具、信息化教学工具、教材、操作训练基地等。培训机构的设施设备要能满足培训机构培训定位的需要①。在线教学设施是其中的重要教学基础设施。要让在线教学变得与现场教学一样方便、有现场感，实现教师与学生之间随时随地的交流与互动。在线教学平台还应当具有在线考勤、在线信息录入与信息共享等功能，要把区块链技术应用其中，要借助北斗通信实现实时通信。

6.4 科学设置教育培训内容，创新教育培训方式

6.4.1 科学设置教育培训内容

要从新型职业农民的需要出发设计培训内容。职业农民培训课程一定要切合接受培训学员的实际需要。培训内容既要有素质知识方面的课程，也要有技能方面的课程，还要有企业经营管理方面的课程。专业课和实训课要针对不同工种需要设置。公共课程是基础性的，面向全体接受培训的学员。公共课程应当包括产品质量与产品安全、绿色农业生产、与农业农村有关的法律法规、互联网+农业农村等方面的课程。公共课程还应当包括素质养成方面的内容，比如思想道德教育以及"四史"教育、爱国主义教育等。总之，要从农民在乡村振兴中的主体地位来考虑课程的设置，要从农民素质和技能全面发展需要来设置课程，要从当地产业发展需要来设置课程。

要加强现代农业知识技能培训。农村产业体系是以农业为基础，一二三产业融合，而且包含工业化、信息化的现代农业产业体系。现代农业产业知识技能体系必然是一个综合性的知识技能体系。在现代农业的产业知识技能培训方面，四川省各个市州一定要结合当地农业产业的实际情况，紧紧围绕各地主导产业、特色产业，开展种养、加工、销售以及经营管理等环节的全产业链培训，鼓励各地按产业开设专题班。农业生产管理知识和技能培训是现代农业产业知识技能培训必不可少的内容，是让农民从传

① 曾阳. 乡村振兴战略下职业教育服务城乡融合发展的路径研究［J］. 国家教育行政学院学报，2019（2）：23-30.

统小农户生产组织向现代农业组织形式转变的需要。随着四川省农业现代化进程的加快，农作物新品种、农业生产新设施和新工艺越来越多，不及时进行培训，人们就很难弄明白这些新品种、新技术和新工艺。

要加强适应乡村振兴需要的各方面素质的培训。新型职业农民也需要具有适应乡村振兴建设主要任务需要的综合素质——需要具有适应乡村生态环境建设要求的素质、适应乡村基层治理要求的素质、适应乡村文明文化建设要求的素质以及乡村建设其他方面要求的素质。所以我们还需要加强这些领域的素质培训，提升现代职业农民的综合素质。新时代的职业农民一定要掌握新时代的相关知识技能。乡村建设涉及乡村产业发展、乡村政治建设、乡村文化建设等很多方面，每个方面都会涉及党和国家的新政策、新知识和新成果，不及时补充这些方面的知识就无法跟上时代的发展和社会的进步。强化学习，不断学习，及时掌握新的知识和技术，及时学习党和国家的方针政策，才能做一个合格的乡村公民。

抓好职业农民学历教育。制定全省职业农民学历教育总体规划。部分职业农民有继续学习的意愿，希望利用业余时间再到学校学习充电，各级政府应当为这部分农业从业人员提供便利。在职业农民学历教育总体规划中，主要需要阐明哪些人可以成为学历教育的对象、采取什么样的教育形式、是否与农业生产活动相冲突、是否有政府的支持政策等。在学习方式上，要考虑开展非全日制学历教育，利用农闲时间、节假日时间和晚上组织他们进行学习。由于学员在农村不在城市，所以要充分利用远程在线教学方式，把分散的学员组织起来进行学习。在学习年限方面可以更加灵活一些，放宽学习年限，在学科考试方面也可以口头答题方式进行。要创新职业农民学历教育培养机制。按照国家相关部署将农民工、高素质农民和在岗基层农技人员纳入高职扩招范围。大力发展涉农院校"新农科"，建设一流涉农专业和课程。涉农院校可以针对农业从业人员的不同群体、不同类别分别组织教学，让学习的内容更加具有职业针对性，比如针对农业种植大户的学历教育、针对家庭农场经营者的学历教育、针对农民生产合作社负责人的学历教育、针对村社一级党员干部的学历教育、针对农业电商负责人的学历教育、针对农业技术人员的学历教育等。在学科考试上，还可以用现场操作方式代替笔试。毕业论文也可以是相关题目的现场动手操作。

6.4.2 创新教育培训方式

完善高校涉农专业现有人才培养模式。对高校农科类专业人才培养模式需要做好以下两个方面的工作。一是要强化产教融合。涉农高校要紧紧围绕农业农村产业发展的需要来培养人才，要紧扣农业农村产业发展所需科学技术知识、操作技能设置课程和课程内容。在课程设置方面，除了要继续重视专业理论知识学习，还需要加强农业农村产业组织、企业生产经营、农村集体经济组织、创新创业方面的知识学习。二是要加强校企合作。加强高校与农业农村方面的企业之间的合作，通过双方深入交流沟通，深入了解企业需要什么样的人才，有利于高校培养能满足企业需求的合格人才。加强校企合作，还可以借助企业开展学生技能培训，提高学生动手操作能力，有利于将学生培养成为理论与实践紧密结合的既有相关科学技术知识又有将所学知识应用于现实、解决现实问题的复合型人才。教学方式要跟上时代技术发展的步伐，要与学科特点相结合，选择适合教学内容的授课方式。课堂教学主要适用于基础理论教学。即使是基础理论学习也要尽可能采用实践和实验形式的教学方式，要始终贯彻"干中学"的教学理念。要让学员在实际操作过程中带着问题学习。要带着学员深入生产活动一线，用师傅带徒弟的方式，让学员学到真本事、真技能。要把集中学习和个别指导相结合。在基础知识讲授时应当采取集中学习交流的方式，在技术操作时一定要让学员亲自操作，一对一手把手指导。对于有生产实际工作经历的学员要让他们带着问题学习，围绕他们的问题以答疑的方式进行教学。对于缺乏生产实际经验的学员也应当收集生产经验以及在工作中经常遇到的问题，以问题为导向，进行教学。

要重视职业技能培训的方式方法。要把教室和教师"搬到"田间地头，他们以后想从事什么工种就让他们到相关企业代岗、顶岗实训。积极探索省外先进地区异地培训模式。走出去，到其他地方和其他企业去参观考察也是很有实际效果的学习方式。出去看看别人是怎么做的，看到差距更有学习动力。探索导师包干制教学模式。根据教师的特长，把学员分配给不同的教师，以这些学员各项知识技能考核合格为出师条件，前面的学员结业后，教师才能带新的学员，每一位教师带的学员不能超过一定数量，教师培训收入与出师的学员数量挂钩。依据农业生产季节合理设置培训时长，结合农时分段开展培训。把用工企业单位纳入培训环节中。用工企业和单位向培训主办方讲明需要什么样知识或技能的员工以及数量多少等方面的要求，培训主办方根据企业单位需要确定合适的培训机构和培训教师，完全从企业单位的实际需要出发开展定制化教学内容培训。企业或单位还可以经常深入培训机构了解培训进度以及学员学习情况，利用课余时间与上课教师广泛交流，提供企业单位生产方面的信息，让教师尽可能把他们需要的知识技能讲细讲透。培训结束后，学员直接到相应的企业单位就业。

注重培训过程中信息化工具的运用。要建设学员可以随时上网自主学习、互动学习的数字平台，要打造既可以集中学习又可以分散学习、既可以在线听课又可以在线面对面交流讨论的数字平台，要打造学员在田间地头、在室外也可以学习的在线数字平台。鼓励省、市、县三级政府部门组织的培训采取服务外包的形式购买互联网企业提供的在线培训服务进行在线教育培训，也可以采取公开招标方式购买社会化服务。

要把实训课程放在重要地位。职业技能培训绕不开实训课程。这是培养学员动手操作能力的最合适方式。只有在实际动手操作过程中才能对理论知识有感性认识，才能深刻理解理论知识，弄清关键点在哪里，才能将理论知识转化为现实生产力。实训课程应当占有较大的比例，四川省针对一线学员的培训课程，实训课程应当占到全部课程的70%以上。在实训课程上，教师是要到场的，要在旁边看着学员动手操作，并且要仔细观察、记录和分析学员操作情况，随时发现问题，随时向学员讲解纠正。

要开展分类分层培训。职业农民教育不同于学历教育，重在掌握知识技能，重在培养学员的动手操作能力。对于这些职业技能我们不可能一次性就让他们全部掌握。要将需要培训的知识技能分为不同的层次。科学确定每个工作需要培训的知识有哪些，可以分为哪几个层次，每个层次要学习哪些知识技能。实行分层次培训教学。每个层次学习的内容不同，难易程度不同，要求掌握的要点也不同。接受不同层次的培训需要具备不同的基础知识。中级以上层次的培训要达到相应的条件才能接收为学员。同时，对职业农民开展的培训一定要分工种、分行业进行。农业种植养殖业、农产品加工业、农业生产性服务业是农业产业的三个大类。每一大类又分为不同的工种。在同一个大类上设置公共课程。在具体工种上设置专业课程。分类分层培训还体现在不同培训主办单位之间的培训应当有所差异。省委省政府主办的培训、地市级党政部门主办的培训和县一级党政部门举办的培训应当各有侧重。表现在开设课程不一样、培训专业设置不一样、培训技能等级不一样等。

6.5 开展新型职业农民认定

6.5.1 健全农业职业技能开发工作体系

职业农民的评定标准应当明确化。什么样的人可以评定为职业农民？现在四川省还没有一个社会公认的合理标准。国家在这方面也没有一个统一的标准。因此，我们有必要在这方面再做一些研究，着手考虑职业农民认定的顶层制度设计，进一步规范职业农民认定的程序。对于职业农民，我们现在的认定范围太小，面向的人群太小，把很大一部分拥有农业生产技术的从业人员排除在外了，很难得到社会的认可，也很难在社会上推广。我们应当继续落实好省委1号文件，深入探索职业农民制度，科学界定职业农民认定范围。我们认为只要具有相应的农业生产知识的人群都可以认定为职业农民，包括那些没有读过书的老把势、年龄超过60岁的老年人。不能把是否接受职业技能培训作为评定职业农民的必要条件，也不能把参加相关知识的笔试作为评定的必要条件。在职业农民认定上，要把能从事农业职业工作作为根本标准。在职业农民认定上，应当分两个方面分别进行评定：一方面是具有传统农业生产技术知识的农民；另一方面是具有现代农业生产技术知识的农民。我们现在偏重于现代农业生产技术知识的职业农民认定，忽视了传统农业生产技术知识的职业农民评定。

科学设置农业职业工种。要依据国家有关职业工种的文件，结合四川省农业农村实际情况，建立和完善四川省农业农村职业工种制度[1]。召集相关人士对四川省农业行业职业工种种类进行梳理，形成农业工种清单，确保相关职业不被遗漏、不被忽略，特别是不要忽视农业农村手工艺领域的各种手工艺职业，只有这样才能建立起覆盖农业农村全部职业的职工工种体系。

创新和完善农业农村职业工种。围绕现代农业产业体系和新农村建设需要，把其中出现的新工作、新技能分离出来，组合成新的工种，比如农业科技成果转化经纪人、农村传统农业生产技艺传承人、农业产权交易人等新工种。只有这样才能为农业农村发展培养各种职业技能人才。

---

① 国务院办公厅关于清理规范各类职业资格相关活动的通知 [EB/OL]. (2008-03-28) [2022-08-08]. https://www.gov.cn/zhengce/content/2008-03/28/content_6634.htm.

要加强对传统农业生产技术职业技能教材的编写工作。有关传统农业生产知识的书籍众多，将这些浩瀚的知识进行整理实属不易。四川省应当集中众多相关高等院校、科研院所以及其他涉农科技机构的人才力量，对相关知识进行提炼，编写简易读本，广泛发放。要加强对职业农民新工种培训教材的编写工作。让这些新工种都有培训教材，便于从业人员学习。

积极参与制定乡村振兴所涉及职业的国家职业技能标准。依据 2020 年人力资源和社会保障部发布的最新国家职业技能标准目录，当前我国农业产业中的职业，有国家职业技能标准的职业共 13 个小类。发布这些职业技能标准的文件如表 6-3 所示。

表 6-3　具有国家职业技能认定标准的农业职业

职业技能工种	依据
（粮油）仓储管理员	关于颁布（粮油）仓储管理员等 4 个国家职业技能标准的通知（人社厅发〔2019〕56 号）
制米工	关于颁布（粮油）仓储管理员等 4 个国家职业技能标准的通知（人社厅发〔2019〕56 号）
制粉工	关于颁布（粮油）仓储管理员等 4 个国家职业技能标准的通知（人社厅发〔2019〕56 号）
制油工	关于颁布（粮油）仓储管理员等 4 个国家职业技能标准的通知（人社厅发〔2019〕56 号）
林业有害生物防治员	关于颁布林业有害生物防治员国家职业技能标准的通知（人社厅发〔2019〕115 号）
家畜繁殖员	关于颁布家畜繁殖员等 8 个国家职业技能标准的通知（人社厅发〔2020〕21 号）
农业技术员	关于颁布家畜繁殖员等 8 个国家职业技能标准的通知（人社厅发〔2020〕21 号）
农业经理人	关于颁布家畜繁殖员等 8 个国家职业技能标准的通知（人社厅发〔2020〕21 号）
农作物植保员	关于颁布家畜繁殖员等 8 个国家职业技能标准的通知（人社厅发〔2020〕21 号）
动物疫病防治员	关于颁布家畜繁殖员等 8 个国家职业技能标准的通知（人社厅发〔2020〕21 号）
动物检疫检验员	关于颁布家畜繁殖员等 8 个国家职业技能标准的通知（人社厅发〔2020〕21 号）
水生物病害防治员	关于颁布家畜繁殖员等 8 个国家职业技能标准的通知（人社厅发〔2020〕21 号）
农机修理工	关于颁布家畜繁殖员等 8 个国家职业技能标准的通知（人社厅发〔2020〕21 号）

注：源于 2020 年人力资源和社会保障部发布的国家职业标准目录。

壮大农业职业技能认定工作队伍，提高技能鉴定人员素质和业务能力。首先要让现有农业职业认定人员业务能力得到提升。要加强对现有技能鉴定业务人员的培训，让他们熟悉和精通鉴定业务。要分工种进行业务技能培训，要对新职业工种技能鉴定人员进行全方位业务技能培训，加强农业农村职业技能鉴定站点建设。要把培养一批能胜任职业技能鉴定工作的鉴定人员作为鉴定站点的基本要求。要开展职业技能鉴定人员技能比赛，在相互切磋过程中提升其鉴定技能。开展农业行业职业技能竞赛，积极参与农业农村部组织的各类农业职业技能竞赛，比如积极组织从业人员参加全国农业行业动物检疫检验员和动物疫病防治员职业技能大赛。对农业职业技能认定机构实行动态布局。根据全省和各市州农业农村产业和社会发展需要，调整鉴定机构的区域布局和行业布局。要支持涉农职业技术学院、农业科研院所和农业技术推广机构的农业农村职业技能开发工作。要将农业农村职业技能鉴定与涉农重大工程项目建设相结合，用重大建设项目推动相关人才培养。比如，把国家粮食生产基地建设与职业农民培育结合起来，在粮食生产基地认定条件中增加职业农民指标，在农产品批发市场建设中增加职业农民工种指标，在无公害农产品生产基地任命中增加职业农民指标。

6.5.2　深化认定管理

要科学确定职业农民认定条件。认定条件要切合各个工种从业技术技能特点，要抓住各个工种的基本技能。对各项指标的要求既不能太高也不能太低，应当从农业农村产业发展水平现状出发适当拔高。明确职业农民认定标准细分指标。在满足一定的基本条件之外，除了从业专业技能，还应当有是否爱农业、是否有敬业精神等维度的认定指标。爱农业，重点以从事农业的时间和设施装备投入水平进行量化。有文化，主要以从业者的文化程度为评判指标。懂技术，需要参加新型职业农民培训并达到合格水平，或获取相应的农业职业资格证书。善经营，着重从家庭人均收入水平和经营业绩进行考核。允许试点各地对认定标准进行适当完善，但须向农业农村厅备案。获得职业农民认定的人员信息应当向社会公布，便于农业生产经营主体查阅。在全省范围内，建设职业农民信息系统，实时将认定信息上传于系统。对于获得职业农民认定的要办理全省统一的认定证书，证书要分初级、中级和高级三个层次。当前，四川省要重点抓好动物防疫工种、植保工种、农产品质量安全检测工种、土壤肥力检测工种、农作物施肥工种、农业机械工种、农业绿色生产工种、农村废弃物循环利用工种、农产品储藏工种、农村畜禽养殖工种等从业人员认定工作。要补充这些薄弱环节的从业人员。建议把职业农民分为三种类别分别进行职业认定。每一种类别又细分为不同职业工种。第一种是生产经营型职业农民,第二种是专业技能型职业农民,第三种是专业服务型职业农民。要抓好不同农业经营主体的从业工种认定工作,特别是农民合作社所需的职业工种的培养和认定工作。要抓好家庭农场所需的职业工种的培养和认定工作。抓好生产经营型职业农民的认定管理工作,重在强调对生产经营活动的实际工作技能的考察。县一级政府负责初级职业农民的认定,市一级政府负责中级职业农民认定,高级职业农民认定需要由省一级政府指定的机构认定。

健全认定活动的组织管理。职业农民鉴定应当由省市县的农业农村部门牵头,由财政、人社、教育等部门联合组成认定指导委员会,统筹实施职业农民认定工作。建立职业农民认定专家库和专家随机抽取制度,提高认定的客观性、权威性。同时,明确认定的申报、审核、公示和颁证程序,建立定期复审机制。要加强职业农民认定现场管理。管理部门要有工作人员深入认定现场,观摩和指导认定人员的认定工作。在鉴定现场,应当张贴认定工种的认定指标,要公告认定人员和被认定人员的姓名、单位。要向被鉴定人告知鉴定流程和注意事项。要加强对鉴定中相关资料的保管。要加强职业农民鉴定机构的等级认定。对鉴定机构进行年度考核,没有达到要求的需要进行整改。参与鉴定的机构要签订鉴定质量责任书。

经常性组织职业农民技能竞赛。组织群众性职业农民技能竞赛,有助于增强农民提升自身技能的积极性。职业技能竞赛以综合性职业技能竞赛为主,分职业大类进行技能比赛。每一类竞赛又细分为不同工种,在同一工种内进行技能比拼。比如开展农机田间作业员工技能竞赛,开展农业机械修理维护职业技能竞赛,开展农田水利建设作业人员职业技能竞赛,等等。职业技能竞赛可以在不同层级政府层面展开,县一级政府可以围绕本县农业农村产业和社会发展中的职业技能进行全县职业技能比赛。特别是要开展县域内特色产业各工种技能竞赛。市一级政府要组织开展全市范围内主导产业和特色产业各工种技能竞赛。省一级政府要组织开展省域范围内各种农业农村职业工种技能竞赛。对竞赛优胜者要给予物质奖励与荣誉鼓励,并把相关竞赛活动广泛宣传,让大家了解和认识他们,增强其职业荣誉感。省、市、县三个层级的政府部门都可以设置竞赛荣誉称号,荣誉称号应当具有农业农村气息,要和传统农耕文化结合,要公开、公平、公正,要严格把关,确保荣誉称号的含金量。

6.6 规范培训管理

6.6.1 抓好培训管理部门和管理平台建设

在农村职业农民教育培训工作中，要抓好教育培训管理部门建设。抓好省、市、县三级职业农民培训部门的分工与协调。职业技能培训管理涉及省、市、县三个层级的统筹协调部门，这三个协调管理部门在培训管理上各自承担不同的职责，需要加强相互之间的协作，确保管理各个环节之间环环相扣，彼此紧密配合。三个层级的人社、教育、农业农村、商务、共青团、妇联等部门要加强监督指导，市州政府要强化属地督导落实责任，县、市、区政府要落实整合资源、组织实施的主体责任，共同推进农村劳动力技能培训工作各项任务落实。在省一级层面，职业农民培训属于农业现代化和粮食安全范畴，是省委书记和省长负责的"一把手"工作，属于省委书记和省长亲自抓的工作。"一把手"领导一定要把职业农民培训作为农业现代化和粮食安全工作的重要抓手。只有抓好职业农民队伍建设，才能有农业农村现代化和粮食产量的增长和质量的提高。省委书记和省长要亲自负责全省职业农民培训工作，将其作为一项重大工程；要加强对全省市、县职业农民培训工作的指导和监督考核，要深入培训现场和农村，了解培训现场实际情况。

加强职业农民教育培训管理数字化平台建设。规范培训信息管理。在全省范围内建立统一的职业农民培训各方面数据的信息管理系统，包括培训机构和培训师资数据、接受培训的学员数据、培训管理机构数据、在线培训系统等模块。数据要开放共享，相关人员都能够上网查询自己想要的数据。要确保数据的实时更新，要确保数据的全面完整，要加强数据安全管理。和机构、人员有关的基础数据应当存档保存，确保相关信息在3~5年内可以回溯查验。职业农民培训数字化系统是四川省数字化经济建设的重要组成部分。

6.6.2 加强培训过程管理

做好农村职业农民培训工作的过程跟踪指导服务。培训机构只是教学的执行机构，培训机构在开展培训活动过程中，在教学内容、课程设置、学员管理、学员饮食住宿保障、学习时间安排等方面都需要政府相关部门和培训组织的协助、支持与指导。在培训前要与培训机构充分交流和沟通，确保培训机构全面正确理解了本次培训的目的、重点，确保组织部门的培训意图得到正确贯彻。在职业农民认定方面也需要有政策。在职业农民等级认定方面，四川省可以继续探索，在前面成果的基础上进行完善。争取形成一套科学合理的认定标准体系，包括各级政府职责分工、培训、认定、考核与资金、数字化建设等方面的标准化建设。通过不断努力，让职业农民培育工作实现模块化运行，让整个培训体系更加顺畅、高效运行，解决好现有培训体系中存在的问题。

加强对培训过程的信息数据管理。培训机构的培训基地要有实时安防监控系统，相关信息要保存 3~5 年，确保信息可溯源和查验。培训机构对每一次参加培训的学员的信息、培训教师信息、培训教案教材信息、餐饮住宿信息等要妥善保存，每年年底职业农民培训的组织部门要对上述信息进行查验。对培训教学效果要经常检查。培训没有达到预期效果的要用其他方式帮助学员掌握培训内容，比如，增加课后答疑和讨论等培训形式。

加强对培训过程中资金用途和支付等方面的监管。职业农民培训资金要专款专用，要及时下拨和发放，要让参与培训的机构和培训师资可以及时收到服务报酬。要让相关后勤保障参与者可以及时收到服务费用，确保这些机构和实体都能正常运行和经营。严格按照培训任务落实情况审核拨付培训资金，对劳动者培训补贴发放情况进行专项督查，对套取、骗取培训补贴资金等违法违规行为依法依规处理。

6.7 完善职业农民支持政策

6.7.1 完善职业农民生产和社会保障支持政策

完善职业农民生产支持政策。和职业农民职业发展有关的政策生态环境涉及两个方面，即职业农民的生产经营环境、养老医疗保障环境。只有把其中不利于职业农民发展的问题解决了，才能为职业农民发展提供有利的社会环境。在生产经营方面，要为职业农民开辟政策空间，改善农业生产经营相关营商环境，为农业产业发展提供高效、充满活力的产业发展生态环境，让创业就业人员有一个充满希望的稳定的预期。让职业农民能够比较方便、容易地成立新的农业生产经营主体，包括农业现代企业、农业生产合作社组织、农业生产服务合作社组织等。这中间存在的问题，既表现在他们在注册上可能会遇到一些限制，更大的问题是他们如何才能顺利地流转到生产经营所需的农业生产用地和乡村建设用地。要为农业生产组织的生产用地和经营用地提供一个稳定的制度预期，只有这样才能让生产经营者有长期发展经营的信心。国家对农业生产的补助和补贴如何才能不被截留也是一个需要解决的问题。多年来国家出台了不少政策，相关资金支付与使用还是没有能够让农业生产经营者满意。国家拿出了很大一笔资金，但是却没有很好使用，还产生了一系列衍生问题。

在产业组织领域，要出台相关支持政策，鼓励广大职业农民通过共同出资、共同管理、利益共享方式，集聚农业服务资源要素，建设综合性、包容型、分享型农业社会化服务组织，为农业生产集约化经营提供有效支撑。对农业科技提供政策支持。四川省农业产业组织规模较小，缺乏科技投入条件。政府应当加大对农业科技的公共投入和科技研发力度，为农业产业提供科技要素，要从农业生产实际需要出发，开展科技研究。成熟的科技成果要向生产领域推广，让各种类型的农业生产组织都能从中受益。

要把国家对农业农村的各项扶持政策进行梳理和整合，要让这些支持政策真正起到支持农业农村生产发展的作用。要把帮助和支持职业农民创办新型农业生产经营主体作为一项重要工作。要帮助职业农民从小农户向现代农业经营主体转变。要在规模化经营方面对他们给予帮助和支持。在农业生产经营合作社建设方面也要对职业农民进行大力支持。在将传统农业生产工艺技术与现代农业生产技术融合方面也需要给予支持。在绿色农业生产方面也需要政府给予支持。

加大就业方面的政策支持。对于参加培训合格的农村劳动力，帮助其实现就业。要开展多种形式的招聘活动。与农业产业相关企业合作，通过帮助企业发展的方式让企业扩大就业，增加用工。在农业企业参加农业类博览会、对外出口、获得流动性资金等方面，政府需要加大支持力度，帮助企业发展壮大，从而让这些农业企业可以增加用工，扩大就业。

完善职业农民社会保障支持政策。既然是职业农民，就应当有相应的社会保障政策为其生产生活提供安全保障。要进一步推进乡村社会保障政策的完善，形成一个鼓励创业、人人愿意创新创业的社会保障制度环境。建立一个不分职业身份、不分年龄大小、不分户籍的统一的社会保障体系，可以消除人们对事业、养老和医疗方面的担忧，可以极大地调动起人们创业和工作的积极性。在这方面，国家要做的是城乡社会保障一体化，真正建立全民社会保障体系。有了这样一个社会保障网，将极大地激发人们的潜在动力，社会发展将会更有群众基础。随着村干部和社干部社会保障问题的逐渐解决，这些人员的社会保障可能出现重复保障的问题，要核对这些具有职业农民身份和村社干部身份的人员，他们不能重复参保，也不得重复领取社保。有条件的区（市）县，也可以对职业农民参加社会保障的相关费用进行补贴。

加大乡村社会保障的财力投入。职业农民培育从根本上来说是一项政府工程，从性质上来说是一项公共服务工程，是政府承担自身公共服务职能的一种具体形式。既然如此，相关费用自然应当以公共财政资金为主。乡村振兴既然是党和国家优先实施的国家战略，就应当为其提供必要的财力支持。从总体上来看，国家和四川省对农业农村的财政投入的总量虽然不少，但是财政资金分属于不同政府部门，各自为政，各管其用，很难统一经略并有效发挥作用，这是我们需要首先解决好的问题。我们应当在财政预算层面加强面向农业农村的统一财政预算，做好资金的统一调度和具体使用。在财政资金使用方面要注意保持财政资金使用的公平性。对获得财政资金的地域和具体企业组织，应当科学评定。在财政资金用途上，要以人力资源培训、农业基础设施建设、农村交通水利建设、农业实训基地建设、农业公共服务组织建设为重点。针对企业的补助，要注重实际效果，要根据这些主体在农业生产中实际投入情况、产出产值情况进行综合评价，要以调动经营主体的积极性为目的。公平、共享和有利于调动大家的积极性是财政资金使用的总体指导思想。

6.7.2 营造有利于新型职业农民成长的良好氛围

培养职业农民职业荣誉感，认可其较高的社会地位。农民是一个对社会有巨大贡献的社会群体，为我国粮食等农产品自给自足和粮食安全做出了重要贡献。曾经，他们在很少得到国家帮助和支持的情况下，依靠自身的力量推动农业生产向前发展。但由于历史的原因，这个群体没有得到社会应有的尊重。我们需要改变这种社会风气，让农民得到应有的社会尊重。四川省要隆重举办中国农民丰收节活动。要表彰农业农村领域的先进人物。要广泛宣传农业农村的好人好事，广泛宣传农业农村中创新创业先进人物事迹。要在电视、广播、互联网等各种媒体上广泛报道农业农村建设中有重要贡献的个人和组织。

除此之外，还应当授予社会荣誉。在这方面，要发动大家广泛参与国家和省市各个层面的社会荣誉称号评选活动。比如积极组织相关人员参加国家层面的全国十佳农民评选、全国农村青年致富带头人评选、全国三八红旗手评选、全国劳动模范评选、全国五四奖章评选等。还要积极开展省市一级层面的荣誉称号评选活动。

7 加强乡村实用专业人才队伍建设

7.1 农村实用专业人才队伍对乡村振兴的重要意义

一是有利于推进乡村产业发展。乡村建设离不开在乡村各行各业从事具体工作的实用人才。无论是乡村农业发展还是乡村生态环境治理、乡风重塑及农民收入增加各个方面，最终都需要由从事这些方面具体工作的专业人员来实施。这些实用专业人才是完成各项建设任务的生力军，离开了这些实用专业人才，乡村建设都只能是纸上谈兵。农村实用专业人才具有更高水平的创造性。拥有创造性是农村实用专业人才区别于其他一般人力资源的重要特点。乡村实用专业人才具备较强的能力、素养及经验，因而具有高于普通农村人员的知识水平、判断能力和创新能力。这些专业实用人员所掌握的行业和岗位专业技术技能是提高农业劳动生产率的源泉。同时，农村实用专业人才具备很好的示范带动作用。农村实用专业人才的本土区域性较强，农村实用专业人才凭借较高的素质，先把各项事情做起来，让大家看得见成绩和效益，就会对周边的群众起到良好的示范作用和带动作用。他们因其实用技术也就会成为其他人学习的榜样，成为推动各地产业发展和乡村各项事业发展的原动力。实用人才的推动作用，已经获得村民的广泛认可，可以很好地带动当地农民投入生产生活。有利于加强乡村二、三产业专业人才的培育，为乡村建设培育更多新兴产业实用人才。农村的二、三产业发展不能照搬城市二、三产业发展模式。其实我们曾经的乡村社会并不缺乏二、三产业，在这里，不仅农业中有种养殖业，村民的生活日用品基本上都是由乡村自己提供，二、三产业广泛存在于乡村民间。只是随着农村发展的滞后，这些存在形式消失了。只要让那些在世的二、三产业艺人重操旧业，就可以让这些几近消失的技艺重新焕发生机。可以说，这些传统技艺是四川省乡村发展二、三产业的天然资源宝库。除此以外，基于现代农业生产活动的专业技术人员同样是乡村二、三产业发展的核心人才，他们的生产技能和经营管理能力是推进乡村二、三产业发展的根本动力。比如，农业职业经理人、经纪人、乡村工匠、文化能人、非遗传承人等都是我们需要的实用人才①。农村实用专业人才可以较好地根据市场所需从事农业生产种植和养殖活动，也能够根据市场需要将乡村旅游、绿色生产与农业生产活动结合起来，走一二三产业融合之路，可以提高农村三次产业融合发展质量。

二是有利于促进乡村生态环境建设。乡村生态环境建设是乡村振兴主要任务之一。乡村是人类自然生态资源的主要组成部分，这些生态资源是人类生存和发展的基本资源，是乡村经济社会发展不可或缺的重要资源，也是乡村的优势资源。乡村的生态资源需要农村实用专业人才运用专业知识和技能去带领村民发掘、保护。一方面，农村实用专业人才作为建设农业农村的直接力量，直接与乡村自然生态环境打交道，他们在农业生产活动中少用一些农药和化肥，多用一些有机肥，发展循环生产，就不会对自然界植物、动物和水土产生不利影响，人们将人畜粪便用作农业生产肥料和沼气制作原料，就可以减少生产生活污染，农村环境就会清爽干净②。另一方面，可以通过农村实用专业人才加大生态宜居的宣传，为当地学校、社会开设生态环保理论实践课程，推动村社开展"环境友好"街道或家庭标杆建设。在乡村形成一种重视环境、保护环境的社会意识，同时整洁的居住环境也能提高村民的幸福感和获得感③。

三是有利于传承乡村优秀文化。乡村农耕文化是中华文明的发源地，是中华文明发展和传承的基本地域空间，是中华文明的基本载体。在乡村，文化广泛存在于生产活动、节庆活动、天文历法、民俗活动、手工技艺等生产生活各个方面。现实情况是很多优秀传统民俗由于没有得到很好保护和应用而日渐没落，要走出这样的文化困境需要重新发挥农村实用人才在乡村建设中的主体作用，让他们所掌握的传统技艺在乡村建设中有重新施展的舞台。乡村手艺人，农业老把势，石匠、木匠、弹匠、篾匠等各类匠人，教育者、文物保护者以及德高望重的文化乡贤等都是乡村传统文化的载体。农村实用人才通过普查、整理、梳理乡村文化资源，形成乡村文化资源库，可以为后续文化保护打下基础、提供资源。农村实用人才可

① 方应波，易文芳，王艳君. 乡村振兴视角下的高职院校涉农人才培养 [J]. 教育与职业，2021 (4)：47-51.

② 高桂华，张南. 数据包络分析方法的应用：以内蒙古农业循环经济分析为例 [J]. 内蒙古农业大学学报（社会科学版），2013 (1)：159-163.

③ 蒋高明. 乡村振兴选择与实践 [M]. 北京：中国科学技术出版社，2019.

以积极传承传统文化，凭借优秀乡村文化的丰富内涵，为今天的乡风文明建设、淳朴民风建设和家庭家风建设提供精神食粮。还有，农村实用人才可以发扬光大乡村优秀传统文化，深入挖掘文物古迹、民间艺术、匠人手艺中的思想文化元素，让文化资源变为经济资源，优化乡村产业结构，为乡村发展注入文化特色和精神内涵。

四是有利于提升乡村基层自治能力。农村基层组织一般是指村社一级的社会管理机构，农村基层组织是我国党政组织中最底层的机构，也是村民参与自治的机构，是党政部门和村民联系的主要桥梁和桥头堡。乡村实用专业人才是基层组织的重要组成人员，农村实用专业人才的素质一定程度上决定了乡村治理水平的高低。在基层党组织领导下，充分发挥农村实用专业人才在基层组织中的积极作用，可以增强乡村凝聚力，推进乡村自治、法治、德治进程，有效调动村民自治的积极性，增强村民归属感、认同感。

7.2　分类培育乡村各类实用专业人才

7.2.1　抓好新型农业经营主体负责人培育

农业农村发展离不开农村产业的发展，产业的发展离不开从事这些产业的实体的发展壮大，实体的发展又少不了建立这些实体的带头人。党的十九大报告精神和中办发〔2017〕38 号文件为我们开展新型农业经营主体带头人建设提供了指导①。四川省农业厅 2018 年 5 月制定的关于新型农业经营主体建设的文件又可以为我们开展新型农业经营主体带头人建设提供操作实务②。

新型农业经营实体是现代农业体系的细胞，增加这些细胞的过程就是现代农业发展壮大的过程。这些实体的带头人既是这些实体的建立者又是这些实体得以持续发展的关键。有一批敢于和善于创建这些实体的人，新

---

① 中共中央办公厅 国务院办公厅印发《关于加快构建政策体系培育新型农业经营主体的意见》［EB/OL］.（2017-05-31）［2022-08-08］. https://www.gov.cn/zhengce/2017-05/31/content_5198567.htm.

② 《关于加快构建政策体系培育新型农业经营主体的实施意见（征求意见稿）》公开征求意见［EB/OL］.（2018-05-30）［2022-08-08］. https://www.sc.gov.cn/10462/10771/10795/12400/2018/5/30/10452605.shtml.

型实体就会如雨后春笋不断出现。抓好实体带头人队伍建设，就为解决新型实体问题创造了条件。在新型实体带头人培养问题上，我们需要把综合素质和职业能力作为培养的重点内容。新型实体带头人要分类培养。要依据不同新型实体带头人需要的知识技能分别培养。家庭农场经营者和农民合作社带头人是新型实体的主要组织形式①。家庭农场带头人需要实用生产技能，属于生产性实用人才，需要生产种植技术和农业机械化耕种方面的技能。农民合作社带头人首先要把不同人组织起来，他们更需要组织能力和经营能力②。

实施现代青年农场主培养计划。青年农场主有干劲、有精力，对创业充满热情，对培训知识接受起来也快。他们缺少的是实操经验。所以教学应当更多采用深入企业经营管理岗位，用案例进行现场讲学，用带学徒的方式让老把势带着他们在干中学③。对于援助乡村的大学生也应当进行培训，让他们深入了解乡村生产生活所需的各项知识和技能。

要加强农产品加工业企业家队伍的培育。一家企业要可持续发展离不开有合格的企业家来掌舵。企业家就是企业的掌舵人，他们为企业指明发展的方向。企业家最核心的素质就是能准确把握市场上的机会，能够在合适的时间生产出合适的产品来满足市场的需要。企业家还需要有政治素养，保持正确的政治站位。企业家要有战略意识，能准确把握行业发展趋势。企业家要有社会责任意识，承担公民应当承担的责任。比如，保护生态环境、有社会责任心的企业会走得更远。我们要让企业主要负责人加强对国家大政方针政策的学习，让企业担负起社会责任，让企业目标与国家目标和社会责任紧密结合起来。

重视农业龙头企业负责人的培育。农业龙头企业是农业产业发展的支柱企业。农业龙头企业是地域性农业产业生态的组织者和建设者。龙头企业站位越高，组织起来的农业产业链越长，产业环节越多，这个产业集群的市场竞争力也越强。通过龙头企业把相关农业企业组织起来，形成一个产业链，把企业与企业之间的竞争升级为产业链之间的竞争，提升了市场竞争力。当然这对龙头企业负责人的素质和能力也提出了更高的要求。四川省要把农业搞上去离不开一批高素质的农业龙头企业，离不开高素质的

---

① 罗骏，贺意林."农业共营制"下土地股份合作社资金融通模式：以四川省崇州市为例 [J]．农村经济，2017（7）：83-89．

② 苏昕，刘昊龙．农村劳动力转移背景下农业合作经营对农业生产效率的影响 [J]．中国农村经济，2017（5）：58-72．

③ 郭铖．中国农民涉农创业 [M]．北京：经济科学出版社，2019．

龙头企业负责人队伍。精心制订培育方案。对农业龙头企业负责人的培育内容自然是更高层面的知识。向农业经营主体传授建立现代企业制度方面的管理知识。产业链知识、农业产业链知识、产业生态系统知识也是需要重点学习的知识。龙头企业要有与产业链上其他企业分享利益的意识和胸怀。要不断增强培训实效。通过优化培训方案、优化培训大纲、优化培训组织和机构、优化培训师资队伍、优化培训教学管理等方式，切实提升培训质量。

强化对农业经营主体权益的法制保障。适时启动农村土地承包、农民合作社等地方性规章修订工作，积极开展《四川省农村集体资产管理条例》立法调研。加强农村土地承包经营纠纷体系建设，依法稳妥化解矛盾纠纷。推进政府部门社会信用建设，严肃查处加重新型农业经营主体负担等不合理做法，为新型农业经营主体创建一个清爽公正的营商环境。加强动态监测，取消不合格的农民合作社示范社、家庭农场示范场和农业龙头企业的资格。

创新培训机制，加强培训指导。对新型农业经营主体负责人的培育要分门别类、自成体系。分别制定培育规划，分别设置培训内容，分别确定培训方式。对新型农业经营主体负责人的培训方式方法要符合特定职业人群工作实际。尽量少用集中授课的方式，远程教学云课堂更容易把这些平时工作很忙又分散在乡村各个地方的群众组织起来。利用农闲时间分时段进行培训更能保证出勤率。一边劳动一边培训，可以兼顾工作与学习。以案例、群众日常工作事例进行教学更能让大家领会要领。各级政府在条件允许的情况下可以对集中培训提供生活交通方面的补助。

新型农业经营主体负责人培训计划及培训方案应当由各级政府主管部门来制订。下一级政府主管部门在制订培训计划的时候，要以上一级主管部门的培训规划为依据，并结合当地实际情况，适当变通。省一级主管部门应当将培训教材、考试大纲、培训机构应具备的条件、培训师资应具备的条件等培训事项纳入自己职责范围之内，使用统一的教材，明确培训课程及培训内容。各地的特殊情况可以以补充材料的方式加入培训内容之中，在考试考核的时候也要将补充内容纳入考试。县一级主管部门是本县范围内各地培训的组织者和实施者，统一管理本县各个培训网点的培训事务。

结合省、市州有关要求和区县实际，把当地特有的经营管理内容整合进培训课堂。要根据当地农业农村生产活动时间，利用空余时间分段安排培训时间。要加强对被培训人员的考勤管理。通过线上视频等方式观察学员的听课情况。要随时深入基层与学员交流，听取大家的意见，不断改进培训质量。要鼓励学员自学等，以问答形式与老师交流。要鼓励学员进行讨论。要加强对学员参加培训的档案材料的管理，及时完整地将培训信息录入"农民教育培训信息系统"。

强化新型农业经营主体负责人培育的组织和领导。省、市、县各级党委和政府都有明确的职责分工，要认真履职，落实职责分工，制定实施意见和推进措施。由于涉及的部门较多，要由牵头部门随时对相关部门的工作进行衔接，做到步调一致。省级主管部门主要是制定政策，包括规划、要求以及支持政策，并且负有指导监督职责。下一级主管部门主要是落实政策，承担培训的具体工作，结合部门职责认真抓好贯彻落实。要抓好主管部门有涉农工作职责的人员队伍建设。要让这些管理人员具备基本的农业农村知识，不说外行话，不做外行事。各地要通过"三支一扶"人员等多种途径，充实乡、村基层农经队伍。

强化对县一级部门实施工作的指导考核。对于省市一级政府主管部门来说，出台了政策、制定了规划是不够的，还需要对县一级政府部门落实情况进行指导与考核。要制定切合实际的实施情况评估指标，让评估公正客观。将评估成绩纳入部门负责人绩效考核，让主要负责人有动力去从事这项工作。要对县一级实施工作进行指导。在实施之前，可以组织县一级相关人员进行业务培训，告知大家重点是什么、可能的难点是什么，要注意的事项是什么。让大家提前熟悉即将要做的事情，少走弯路。要对省市政府制定的政策和主要工作进行讲解，让大家知道为什么，这样做起事来才更有方向感，也才能发挥能动性，而不是机械地要求做什么就做什么。对于工作中表现突出、积极主动的人员要及时表扬，广泛宣传，号召大家学习。在农业农村部主管的杂志、新媒体、电视节目上广泛宣传报道。对于工作需要改进的地方要及时指出来，并分析存在不足的原因，同时推广成功经验和创新做法。

7.2.2　大力培养农产品加工业专门人才

强化对乡村农产品加工人才培养的支持。当前，四川省农产品加工业实用人才缺乏，农产品加工业在市场上缺乏竞争力。农产品加工业企业带头人产品创新能力不足，市场拓展能力不足，资源组织能力不足，企业规模普遍偏小，缺乏行业龙头企业。

加强农产品加工业人才队伍培育是四川省乡村产业振兴的客观要求。四川省提出要大力发展农产品加工业，要提升农产品附加值。农产品加工业在四川农业产业现代化中扮演着重要角色，只有农产品加工业发展壮大了，对农产品的需求增加了，农业种植业和养殖业才会获得更大发展空间，从而带动上游种植养殖业发展。只有农产品加工业发展壮大了，农产品加工所需的生产性服务业才有依托，才会发展壮大，否则生产性服务业为谁服务啊？发展农产品加工业是延伸四川农业产业链、壮大农村产业、提高农产品加工质量、降低农产品加工成本、增强农产品加工业竞争力的需要，是调整优化四川省农产品加工业地域空间布局、促进四川省乡村城市经济均衡发展的需要。这些任务的落实都迫切需要四川省建设一支高素质的农产品加工人才队伍。

农产品加工的重要性，四川省各级党政一把手对此都有清醒的认识，因而把农产品加工业作为四川省农业产业发展的主要抓手。为此，我们必须大力培育农产品加工业所需的实用人才，夯实农产品加工业发展的实用人才基础。我们要把大规模实用人才培养作为农产品加工业发展的主要依靠，通过高素质的人力资源引导科学技术、创新要素进入农产品加工业，实现农产品加工业高质量发展①。

要有明确的农产品加工人才培养总体要求。农产品加工人才培养要与四川省农产品加工业发展规划相适应，要服从和服务于农产品加工业发展需要。四川省农产品加工业人才培养要有明确的培养目标。那就是能够满足四川省农产品加工业对人才的需要，成为该产业发展的巨大竞争优势。总体上说就是要实现四川省农产品加工业行业竞争力提升，龙头企业的市场占有率更高、效益更好，行业企业创新能力更强，拥有关键核心技术和知识产权。

四川省农产品加工业人才培养需要坚持三个原则。首先是从农产品加工业现实需要出发，为企业培养需要的人才，以企业需要作为人才培育的出发点和归宿。企业需要哪些工种的人才就培养哪方面的人才，企业需要什么层次的人才就培养什么层次的人才。二是优先培养农产品加工业关键岗位的高层次人才。新产品开发岗位、知识产权保护岗位、产品市场开拓岗位等就是关键岗位。我们要针对这些岗位，面向全行业企业进行大规模人才培育。要针对四川省主要农业生产行业，比如小麦、水稻、生猪和鸡鸭牛羊养殖业的农产品加工业进行农产品加工人才培育。要针对四川省特色农产品，比如地道药材、特色水果、特色杂粮等进行加工业人才培养。三是要发挥政府在人才培育中的主导作用。在人才培育上，政府是绕不开

---

① 农业部办公厅关于进一步加强农产品加工业人才队伍建设的意见 [EB/OL]. (2017-12-02) [2022-08-08]. https://www.moa.gov.cn/nybgb/2015/jiuqi/201712/t20171219_6103776.htm.

的，这是政府公共服务职能决定的，农产品加工实用人才培育同样要坚持政府的主导地位。政府要把自身所拥有的相关资源，包括涉农高等院校、农产品加工科研机构、食品行业的国有企业等汇集起来，将政产学研紧紧地结合在一起。

加强对农产品加工业实用人才培育的领导与服务。改进对农产品加工业人才培育的公共服务。各级工信部门、农产品加工园区、食品检验检疫部门要切实履行主体责任，加强组织领导和部门间的协调，从不同角度明确农产品加工业实用人才有哪些工种和岗位以及这些工种需要哪些知识和技能，并将这些需求情况以书面形式上报主管部门。主管部门要从工种和岗位出发，制订培育方案。对于其他与培训有关的部门，包括教育部门、人社部门、科技部门以及财政部门，主管部门要召集大家开会，明确各自的职责，建立沟通协调机制，确保培训工作顺利开展。财政资金是培训顺利进行的基础，要做好这项培训的财政经费预算。

加强针对农产品加工业实用人员培育的政策建设。为实用人才培育提供财税、金融、社会保障、政府采购、知识产权保护方面的支持。要把实用人才培育与农业生产重大工程、重大项目对接起来，通过重大工程的各种人才需求和重大项目的人才需求，拉动相关工种的人才需求和培养。

编制四川省"十四五"农产品加工业发展规划。在规划中要有农产品实用人才培育方面的内容，把农产品加工业产业发展和实用人才培育紧密对接起来，确保产业发展有坚实的人才支撑，并对人才培育提出总体规划，为农产品加工业具体的人才培育规划的制定提供指导。

加强农产品加工实用人才培育平台建设。农产品加工科研院所、农产品加工类国有企业、有农产品加工专业的院校都是农产品加工实用人才培育的合适平台。这些企业和机构科研设施全面，熟悉农产品加工研究的演变，能准确把握农产品加工研究的前沿，有经验丰富的研究团队。依托这些主体开展实用人才培育，才能够培育出高素质的实用人才，各级政府可以委托这些组织机构为全省农产品加工行业培训实用人才。各级政府可与这些科研院所和企业签订人才培训合作协议，政府要明确培训机构要从事哪些细分行业实用人才的培训以及政府可以给这些组织机构提供哪些政策支持。这些组织机构可以将农产品加工人才培养作为一个专题，组建专门的组织机构，配备专门的人员和师资，专门为四川省农产品加工业培养实用人才。中小企业自身实力不强，没有培养实用人才的能力和条件，需要政府提供一定的支持。在政府主导下，建设一定数量的农产品加工业见习基地和创业基地，为中小农产品加工企业提供培养实用人才的服务。政府可以针对当地主要农业产业建立见习基地和创业基地，为本地农产品加工制造业发展服务。

实施现代农业人才支持计划，加快农村二、三产业实用人才培养，支持乡村二、三产业人才。乡村一二三产业融合发展是振兴乡村产业的需要，而乡村缺乏二、三产业所需人才，各产业间的融合进展缓慢。加强农村二、三产业专业人才培育，培育二、三产业农业企业。加强农村生产性服务业企业实用人才培育，支持农业生产性服务业企业发展①。培育乡村二、三产业企业带头人，开阔带头人视野，提升其业务能力。优化农村二、三产业企业成长的生态环境，让其能更加方便快捷、低成本获得企业所需的资源。从税收上和财政上支持乡村二、三产业企业发展。政府智库应当帮助企业科学制定战略规划，在产品销售方面帮助企业开拓国际市场，为涉农企业打造地域公共品牌。

加强农产品加工业关键岗位人才的培养。加强农产品加工业产品创新人才的培养和市场拓展人才的培养。现代社会人们追求饮食的多样化倾向越来越明显，再好吃的食品吃多了也会让食客生厌。很多传统美食就是因为大众的口味变了，登门的人就少了，慢慢也就被人们忽略了。食品加工企业只有不断开发新产品，在继承中创新，满足人们的新口味和新鲜感，企业才能保持其市场地位，所以产品创新人才就显得特别重要。

市场拓展人才也很重要。好产品还需要有好的营销方式和好的营销策划，要找准产品的市场需求点，找到需要该产品的消费者。随着农产品加工业的发展，传统人人相传的口碑营销固然重要，但仅有这种营销方式是不够的，我们还需要开拓省外市场和国际市场，企业必然会需要相关销售人才。四川省国有农产品加工企业具有较强的实力，在产品研发方面具有较丰富的经验，可以在全省食品研发领域人才培养方面发挥重要作用。为此，可以在政府主导下组织国有食品生产企业，对全行业企业研发人员进行培训。一些大型民营食品加工企业也具有较为丰富的产品研发经验，政府可以与这些企业达成人才培训战略合作。

重视农产品加工业企业经营管理人员的培育。农产品加工企业不仅需要技术实用人才，还需要经营管理实用人才。历史和现实生活中，我们不难看到一些企业不缺乏好的产品，但是这些企业的经营理念和经营策略有误，最后企业还是经营不下去了。有些百年老店，其产品生产技术世代相

---

① 田真平，王志华. 乡村振兴战略下职业教育与农村三产融合发展的耦合 [J]. 职教论坛，2019（7）：19-25.

传，经受住了一代又一代人的检验，但是这些老店就是因为新的掌门人的错误经营决策而衰微了。所以，我们不能小看经营管理人才，相反要重视经营管理人才的培养。经营管理人才的培养重点就是要培养他们的经营理念，要能正确制定发展战略，能采取正确的经营策略，避免大的决策失误，避免大的经营管理风险，让企业可以平稳发展。要加强对经营管理人员经济社会发展宏观知识的学习，要让他们有开阔的视野，能看清社会发展变化的趋势，及时适应新的发展趋势。

抓好农业经营管理人才的培育。现代农业离不开企业实体。企业离不开懂企业经营管理的人员。经营人员要有企业家素质，具备企业家才能，善于发现行业商机、敢于承担潜在风险、善于组织动员相关资源要素，是企业家的基本特征。企业运行还需要管理人员，财务管理、生产物资管理、班组员工作业管理等，让企业内部生产活动井然有序、环环相扣。在经营管理人才培养上，我们需要精选被培养对象。不是所有的人都可以成为企业家、成为领头羊，要把那些具有相关潜力和素质的人才作为培养对象。要把既具有专业知识又懂管理、善于与人打交道的人作为管理人才培养对象。乡镇、村社是发现潜在经营管理人才的第一线。他们经常与村民打交道，哪些人有经营能力，哪些人有管理能力他们是最清楚的。村社干部和工作人员要担当发现经营管理人才的责任，随时关心留意身边群众，向上一级政府主管部门推荐合适人选。上一级主管部门也应当深入基层一线，在田间地头发现合适的人选。乡村群众也应当相互推荐，当然乡村个人也可以自荐。县一级主管部门对收集到的信息进行汇总，将培训名单公示，并最终确定培育人选名单。已经是家庭农场主和农民合作社负责人的群体优先进入培育名单，农业生产领域的企业中高层经营管理人员也应优先进入培训人员名单。农业领域获得各级政府主管部门认定的示范性主体主要经营管理人员也要优先进入培育名单。农家乐负责人也要进入培训名单。规模以上种植、养殖户，农副产品加工制造企业经营管理人员，美丽乡村建设管理服务工作人员，拥有传统技艺的能工巧匠，组织带领农民致富的村干部和农村党员等人员也应当纳入培育名单。种养大户、返乡农民工和退伍军人也是合适人选。

7.2.3 加强农村职业经理人培育

完善农村职业经理人培训体系，加强职业经理人培育。要培育一批农村产业领域的职业经理人。为了保障家庭农场、农民合作社、农业企业持续健康发展，我们需要适度发展农业职业经理人群体。随着老一代老把势年龄的增长，他们将不再执掌这些实体，用职业经理人来接替进入退休年龄的掌门人就是一种合适的选择。在我国，职业经理人队伍建设一直是一个没有能够很好解决的问题，如何处理好家族企业与职业经理人之间的关系一直是一个老大难问题，但是四川省农业产业的发展又确实需要这样的职业经理人群体，所以我们需要加强这方面人才的培育。

我们可以从公民道德角度加强职业经理人建设，通过提高职业经理人的道德水平来增强自我约束，减少委托代理冲突。应培养职业经理人法律意识，让他们做懂法和守法公民。加强职业经理人业务能力培养，让他们有把企业做强做大的能力，包括学习行业发展状况及发展趋势的知识，学习企业经营管理知识。

完善农村职业经理人培训主体。财经类高等院校的财经和工商管理类专业有助于职业经理人经营管理业务能力的提升。综合类大学有助于职业经理人人文素养的形成。涉农高等院校有助于职业经理人农业产业知识、行业科技和职业技能的学习和培养。政府应当把这些机构都纳入职业经理人培训体系。同时还应当给学员提供实习训练的机会，应当把农业产业链各类企业、农业类合作社也纳入。要聘请有丰富教学经验的教师和丰富实践经验的企业管理人员作为实训老师①。

创新农村职业经理人培训方法，抓好课程设置。职业经理人也是一个不断发展的职业群体，他们的业务知识和职业素质也需要不断丰富和提升。对他们的培育也不是一次性的，要一步一步地来，要把这个职业分为初、中、高三个职级，分级进行培养。从实际需要为三个层级设置不同培训课程和课程内容。初级类的培训侧重于经济类和工商管理类专业知识和技术的学习，当然思想政治类课程也是不可少的。中级类的培训要增加农业产业类生产技术知识，增加更多农学方面的知识。高级类的培训要增加党和国家政策、国际国内形势等宏观层面的知识。在实训方面，就是要让他们学会理论如何与实践有效结合，防止他们只会纸上谈兵，培养他们解决实际问题的能力，实现知识向能力的转化。理论课与实训课要相互交叉，每一类理论学习后应当安排相应的实训，比如到企业、产业园区和合作社实习和代班②。

---

① 薛金林，戴青华，姚雪霞. 高等农业院校新工科建设分析与路径 [J]. 高等农业教育，2019（2）：15-19.

② 图解：《四川省人民政府办公厅关于加强农业职业经理人队伍建设的意见》[EB/OL].（2018-05-29）[2022-08-08]. https://www.sc.gov.cn/10462/10464/13298/13300/2018/5/29/10452073.shtml.

加强职业经理人培训管理。对农村职业经理人进行分级评价，并动态调整。农业职业经理人培育的三个等级最好分属不同的主管部门：初级由县一级主管，中级由市一级主管，高级由省一级主管。主管部门主要负责各层级职业经理人的培训、职业资格认定和管理工作。各级农业主管部门是相关具体事务的召集部门，人社部门、教育部门等是参与部门。这些部门一起组成农业职业经理人认定管理部门，一起制定认定标准和指标。农业主管部门负责认定现场的组织与管理和证书的制作与发放，并将相关信息上传到主管部门指定的网站上。

要加强对农业产业职业经理人的管理。每两年要组织证书获得者进行业务知识的在职培训，让这些从业者掌握与职业有关的新知识和国家的新政策。管理部门还要对这个群体的失信行为和违法违规行为进行管理。建立职业经理人人才市场平台。在各级政府人力资源网站上建立职业经理人招聘专栏，方便相关企业和人员对接。县一级政府主管部门还可以设立职业经理人服务站点，负责证书的发放和人员就业信息的登记；组织成立职业经理人协会，加强群体自律管理。加强对现代农业经营实体的治理体系建设的指导，帮助实体厘清企业董事长或组织理事长与职业经理人之间的权责关系，充分发挥实体所有者代表与职业经理人两个主体的能力，集聚大家的智慧推动实体发展壮大。

用好中央财政针对农村就业群体培育的专项资金，省一级政府也应当配置一定比例的专项资金，还应当与其他涉农资金进行协调。比如用于职业经理人培训的财政资金要与支持农业企业的财政资金彼此连接，让获得财政资金的企业可以聘用到接受过培训的职业经理人。与财政支持的农业农村重大建设项目衔接，比如职业经理人培育与政府农业产业园区建设、粮食种植和养殖示范基地建设衔接，为这些建设项目提供合格人才。

从产业政策角度对职业经理人进行支持。支持有职业经理人的家庭农场和农民合作社发展，以财政资金建设的农业基础设施、农产品收储、农业生产技术服务等公共服务可以优先为这些实体提供。

从社会保障角度对职业经理人进行政策扶持。要求企业和实体为职业经理人购买养老保险和医疗保险。个人购买养老保险和医疗保险的，地方政府应当提供一定比例的补助。

从金融政策角度对职业经理人进行支持。有职业经理人的农业产业类企业和实体，在申请经营性贷款时，政府可以为其提供一定金额的贷款担保，或者申请政府性质的产业基金和农业政策性金融机构的低息贷款，或者获得农业政策性产业基金的股权投资。

搞好职业经理人培育示范宣传工作。每年在县一级、省一级开展优秀职业经理人评选活动。活动前要广泛宣传，形成国家重视职业经理人的社会风尚，给予优秀职业经理人物质奖励和荣誉鼓励。对优秀职业经理人的成绩在媒体上介绍，推荐他们参加劳动模范等先进人物评选①。

7.2.4 加强农村手工艺人培育

深入开展"五匠"手工技艺能人培育。乡村传统技艺工匠是传统农耕文化的一部分，这些技艺属于乡村非物质文化的一部分。让这些技艺一代一代地传承下去，就是在弘扬我国传统文化，就是在留住乡村的精神文脉。要把手工技艺与乡村传统生产方式和人际关系结合起来，把技艺变成职业技能。让这些技艺手艺人能够把自己的技艺转变为可以获得收入的职业，更有利于技艺的传承。让他们可以收徒弟，以师带徒，就可以把技艺传授给下一代，还能以师徒关系增进乡村人际关系。

开展"五匠"手工艺技能人才培训。"五匠"指木工制作师、木雕师、竹编师、竹雕师、石器制作师、石雕师、陶器师、唐卡师、刺绣师、金属工艺师等，这是一个广泛的概念②。让传统手工艺人认识到自己技艺的社会价值、自身的社会地位，认识到他们在乡村建设中的使命和责任。

开展"五匠"手工艺技能人才大师竞赛。长期从事农村手工艺品制作，积极参加手工艺技能提升培训，有丰富的创作经验和较高的艺术修养，技艺独特，技术精湛，有一定数量的优秀作品，已将手工艺品转化为旅游商品，具有较好的经济效益、社会效益的人员；有意愿培养农村手工艺技能的人员；带领农民群众特别是贫困群众增收致富的积极性高的手工艺技能人员——他们都有资格参加手工艺技能大师大赛或手工艺术专业人才评比活动。通过举办手工艺技能人才大师竞赛，带动大家努力学习手工艺技能技术。

加强乡村传统手工技艺知识整理。乡村传统手工技艺绝不是一些人认

---

① 四川省人民政府办公厅关于加强农业职业经理人队伍建设的意见［EB/OL］.（2018－05－15）［2022－08－08］. https://www.sc.gov.cn/10462/c103046/2018/5/15/fc687ee21a9f48c4b927db21c5372b53.shtml.

② 在四川省范围内，"五匠"手工艺术主要类别包括手工画类（唐卡、年画、剪纸、烙画）、雕塑类（木雕、石雕、根雕、竹雕、木器、石器、彩塑、刻砚、面塑、吹糖人）、刺绣、染织类（蜀绣、羌绣、彝绣、嘉绒藏绣、麻柳刺绣、观音绣、川西挑花、扎染、蜡染、彝族泥染、蜀锦、织毯、织带）、编织类（竹编、藤编、草编、绳编、皮编）、漆艺＆陶器类、金属工艺类、盆景园艺类、茶艺类、纸扎类（风筝、皮影、木偶、绢花、灯彩、彩扎狮头、纸面具、民间玩具制作）。

为的仅仅是村民们粗浅的经验总结。这些技艺知识是我们几千年来农耕文明的一部分，不仅源远流长，而且内涵丰富，博大精深，自成体系。一些技艺知识见于古代农学书记等典籍。更多的技艺在过去只是依血脉代代相传或者在师徒之间口口相传，没有见诸书籍。这些知识如果遗失在我们这个时代，我们难辞其咎。我们的现代农业需要这些知识提供精神食粮。弘扬乡村传统的师徒关系，并且鼓励传统技艺的父子、父女传承。政府应当组织非物质文化管理部门对这些文化进行整理抢救，组织农业类高校和科研院所对这些知识进行梳理。还应当开设乡村传统技艺讲习班，政府提供一定经费，号召和鼓励年轻人免费学习。鼓励传统手工艺人把自己的手艺整理出来，政府为其提供出版经费。广泛开展乡村传统手工艺产品展览。推动传统手工艺与现代科技和工艺的结合。加强对乡村传统技艺的知识产权保护，避免传统技艺被肤浅化粗制滥造和过度商业化。鼓励地方政府或行业协会注册地域性传统手工艺商标，既可以提升这些技艺的知名度，又可以保护他们的知识产权。鼓励在乡镇开设本地手工艺品集市。安排固定的场地和门面，免费让手工艺人摆摊设点，销售手工艺品。在四川省农博会上，设专题展位进行乡村手工艺及产品展览，要多搞一些以传统手工艺为主题的活动。倡导乡村绿色生产方式和绿色生活方式，让传统的手工农具和手工生活用品重新派上用场。利用我国传统节庆组织以传统生产方式和生活方式为主题的晚会活动。加强对四川省彝族、藏族等少数民族传统农耕文化的保护，让他们的生产方式和生活方式得以传承。在此基础上，发展少数民族地区乡村农耕文化旅游。推荐少数民族高素质手工艺人参加国家级、省级艺术人才评选。

7.2.5　培育其他实用专业人才

一是扶持培育农业生产能手。农业生产能手也就是在农村从事各种农业生产活动的高手。比如从事农业种植和养殖的能手。他们熟悉当地的地形气候，知道哪个地方适合种什么，他们懂得农历节气与播种养殖的对应关系，知道什么时候种什么，知道不同农作物的种植要点。他们熟悉农村各种畜禽的生活习性和养殖方法，能够让家畜家禽吃得少、长得快、少生病。只是他们的这些知识和技术不容易学习，需要日积月累才能明白其中的道理。现在的年轻人很少有在农村从事农业生产活动的，对这些传统的农耕知识知之甚少。传统农业耕种和养殖技术濒临消失。我们要鼓励乡村年轻人回到乡村，继承父辈们的耕作技能，用传统耕作技术把农业产业发展好。要鼓励城市里有志于从事农业产业的人士到农村学习传统农耕技术。

二是扶持培育农业经纪人。农业经纪人是指从事农产品交易的人士。他们的主要职责就是为农产品找到合适的销售渠道，确保农产品顺利销售。他们熟悉农产品市场行情，能较准确预测各种农产品未来行情变化趋势。农业产业中不少生产实体是小农户和家庭农场主，而农产品销售市场却是全国性的，甚至是全球性的。随着全球化的推进，农产品在全球范围内流通销售，价格也趋于全球化定价。而这些市场情况不是小农户和农场主可以准确了解的，农业经纪人职业也就产生了。对农业经纪人的培育，重在对全国农产品市场以及全球农产品市场相关知识的学习。政府可以定期组织愿意从事农产品经纪职业的人们学习这方面的专业知识，开展农业经纪人职业认定工作，为合格人才颁发认定证书。

三是培育乡村财会信贷专业人才。随着乡村农业产业发展，现代农业生产组织、集体经济组织、农民合作社组织不断增加，随着乡村二、三产业的发展，乡村生产性组织也不断增加。这些组织的财务活动需要规范，对财务人员的需求相应增加。相关政府部门应当关注乡村建设中对财务人员的需求和培养。在人才培育中要有这方面的培训班，为乡村建设补充合格的财务人员。建立专业化农业金融信贷队伍，提高为农服务水平。落实普惠金融"定向降准"政策，综合运用差别化存款准备金率、再贷款、涉农信贷政策等，引导金融资源向乡村流动。农业农村的大发展意味着金融资源也需要向农业农村大流动。政府应当加强对金融机构涉农业务的引导，加强对涉农金融机构负责人和业务人员的培训，让他们看到农业农村金融业务的广阔前景。在涉农金融业务方面增加工作人员和资金投放。农业金融中可以抵押的资产主要是农产品、农业机械等物资和资产。农户对资金的需求也主要是流动资金需求，用于购买种子、化肥等农用物资，这些物资本身不具有抵押性。涉农金融机构要探索农业农村贷款的新模式。发展农村互助性金融也是可行之路。政府可以组织那些有意开展农民合作社内部信贷的人们进行相关业务知识的学习，大力培育农民合作社内部信用负责人。要加强对农民合作社内部信用活动的管理和规范，倡导诚实运营。拓宽农业产业发展融资风险保障金试点范围。建立专业化农业保险队伍，大力发展农业农村保险业务。农业种植养殖生产活动是高风险生产活动。自然灾害、人为破坏、野生动物破坏等会让种植养殖业歉收，可是我们的农业生产活动却没有相应的保险险种，农业还是靠天吃饭的产业，遇到自然灾害较多的年份农民辛苦一年可能还会亏本。这也是村民们不愿意种植和养殖的部分原因。政府应当帮助保险机构开发适合农业种植养殖特点的保险险种。适度分散种植养殖农户的经营风险，让农业步入现代农业新时代。农业经营主体参保时，对"基本险"部分按规定落实保费补贴，保费补贴水平要能覆盖地租及农业生产机械和人工费用成本。鼓励保险机构开设覆盖农业生产全过程、多领域或适应特色优势产业发展的险种业务。支持农业企业、农民合作社、供销社等社属企业与农户共同设立风险保障金。

四是加强合作社科技人才培育。以农民合作社为平台大力推动科技的应用，多方面拓展乡村人才储备与引进渠道。政府部门应加强与农民合作社的沟通，及时了解合作社的人才基本情况和发展需求，并与各高校或市县级等人才就业中心建立沟通渠道，共同为农民合作社引进人才。加强合作社应用科技培训与引导。农民合作社应大力推动对科技的应用，发挥其对乡村人才的培训与引导作用。要分析社员自身优势，科学规划社员在合作社的职位分工，增强社员对合作社的归属感。根据社员的兴趣爱好，积极引导社员树立继续学习的意识，深化合作社的培训教育工作，健全理论和实践相结合的课程体系，深入田间地头进行精确指导，培养造就一支复合型乡村合作社人才队伍。围绕社员举办一系列合作社培训活动，积极引导社员树立诚信、共赢的合作意识，加强社员的思想道德建设，弘扬传统文化，树立社会主义核心价值观[①]。

五是加强乡村电商人才的培育。"互联网+"是各产业发展的时代趋势。农村产业分散、实体规模小，难以开展大规模销售营销，更适合使用电子商务进行推广销售。发展乡村电商很有必要，但乡村恰恰缺少这方面的人才，所以培育乡村电商人才就显得尤为迫切。通过购买电子商务龙头企业服务，让他们到农村去支持农村电商发展，为农产品打通线上销售渠道，扩大地域特色农产品销售的地域空间，让特色农产品走向全国、走向世界。积极探索实行农村电商人才星级管理，力争每个行政村都有1名以上电商从业人员。引导城市电子商务从业者到乡村设点。加强乡村就业人员数字技术使用技能培训。教会广大农民拍摄和传播乡村题材的短视频。依托乡村特色资源，利用数字技术开发农业多种业态，挖掘乡村特色资源的多元价值。通过短视频等数字技术的运用，精准对接农产品生产与销售环节，推动小农户走上集约化、规模化生产经营道路。

六是加强农村旅游业从业人才培育。加快乡村旅游人才队伍建设，着

---

① 丁卓智，李子涵，许婷婷，等. 以合作社为平台科技支撑乡村人才振兴的现状及对策[J]. 农业科技管理，2020（4）：9-14.

力创新开展乡村旅游规划师、工程师、技术员试点工作。开展针对乡村旅游从业人员的从业能力培训。举办乡村旅游导游、讲解员专业知识和技能培训班。旅游从业人员培训要与地方性旅游资源相结合，让从业人员熟悉当地的旅游资源和背后的历史文化故事，要规范从业人员的仪表，要培养从业人员的关爱服务意识。

七是加强农产品地理标识从业人员培育。加强四川省地理标识农产品服务专业人才培育。四川是农业大省，有独特的自然生态条件，特色农产品丰富，这些农产品不仅是特色食品，有些还是特色中药材，具有独特的药用价值。让这些特色农产品走入寻常百姓生活，不仅是社会的需要，也是四川省农业产业发展的需要。加强特色农产品地理标识品牌建设就是途径之一。我们已经有邛崃文君茶、明月雷竹笋、罗江鳜鱼、蒲江樱桃、若尔盖牦牛、若尔盖藏香猪、若尔盖藏绵羊、邓柯枸杞等地理标识农产品近200个。要擦亮四川地理标识农产品这块金字招牌，我们就需要大力培育地理标识农产品方面的专业人才队伍，包括地理标识农产品种植、加工制作和商标服务等全链条从业人员的培养。实施四川农业品牌达人培养计划。加强特色产业发展带头人的生产技术、品牌打造、电商营销、金融信贷、加工物流等方面的培训，提升示范带动能力，促进脱贫地区特色产业可持续发展。

8　加强乡村科技人才培育

乡村科技人才是乡村人才支撑的重要力量。乡村科技人才是指聚焦乡村振兴的重要需求、构建乡村振兴科技人才体系、引领农业科技进步、为乡村振兴提供科技创新和服务支撑的人才。乡村科技人才除农业科技专业人才外，还包括从事农业领域重大基础理论研究、承担农业农村重大科技任务、负责乡村人才培养的高校、科研院所的专业技术人才。乡村振兴离不开科技力量的支撑，乡村科技人才可以为乡村振兴提供科学研究、技术创新攻关、人才培养提质、成果推广转化等方面的支撑，是乡村人才队伍的必要支撑力量。

8.1　加强农业农村科技创新人才培养

8.1.1　加强科技创新环境建设

一是推进农业科技园建设，为科技人才搭建从事科技创新和科技成果应用推广的舞台。建设现代农业离不开农业科技进步和创新，我们需要大力强化农业科技支撑。提高农业科技创新和应用水平，为农业现代化开辟新空间，提供新动力。而农业科技创新和应用推广也离不开相应的人才支撑。我们要培育符合现代农业发展要求的科技创新主体，实现各类创新主体协调互动。推进农业科技园建设，壮大生物育种、智能农机、现代食品制造等农业高新技术产业，培育相应的农业高新技术企业，为农业科研和科技人才搭建实战平台。推进四川国家制种基地建设。建立农业野生植物原生境保护区和种质资源库，为农业种业方面的科研和科技人才提供实战舞台。四川省还应当在农业科技人才成长环境方面下功夫。为人们从事农业科技研究营造合适的社会环境。比如，政府可以在全省各地建立一批面向社会大众的公用型实验室和研究所。实验室和研究所的设施设备面向社会大众开放，免费使用。让农业科技研究活动深入民间，让农业科技研究更有群众基础。

二是完善农业农村科技人才创新的体制机制。编制农业科研杰出人才培养计划实施方案。农业科研杰出人才培养以 5 年为一个培养周期，制订四川省杰出农业科研人才培养方案。分阶段设计培训内容和考核方式，分阶段组织培训。在选出杰出人才培养对象后，政府应当在科研项目、科研经费、科研设施设备等方面给予一定的支持。在项目申报上可以单列农业科技杰出人才科研项目。在杰出农业科技人才认定和选拔上，主要应当看他们从事的科研项目是否有研究的价值。成果验收也应当以成果应用为主要依据。完善农业农村科技人才相关政策制度。四川省农业科技人才的不足从根本上来说还是农业科技的体制机制不够健全。要从根本上解决这个问题，我们就需要从体制机制上入手。政府要给予足够的财力支持，确保国家下发的农业科研杰出人才经费足额到位，并且落实到人。要有注重科研人员实际才能的用人机制，让经费主要用于资助那些有研究能力、有好的科研项目的研究人员。畅通科研成果产业化渠道，让从事农业科研的人员有动力将自身可以产业化的成果产业化。如果这些问题解决了，有真才实学的农业科技人员的积极性就会充分调动起来，农业科技人才队伍就会不断壮大，农业科技成果也会不断出现，农业科技成果就会不断应用于农业生产活动中。当前，四川省需要切实落实国家有关农业科技人才支持项目经费管理办法，让农业科技人才可以把主要精力放在科研上面，而不是跑项目上面[①]。放宽项目资金使用用途，报账方式更灵活一些，凡是与科研有关的活动费用都可以报销。

8.1.2 优化农业农村科技创新人才队伍

培育扶持优秀农业科技人才。发展高水平的农业科技是农业高质量发展的需要，而培养高水平的农业科技人才是前提和基础。四川省农业科技领域人才存在比较明显的断层现象，年轻农业科技人才比较少，我们需要将培养年轻农业科技人才作为重点。农业科技人才可以分为初级、中级和高级三个层次。在四川省农业院校学生中选拔优秀毕业生和有志于从事农业科技研究的学生，作为农业科研的后备力量，不断丰富他们的学识，不

---

① 农业部关于印发《现代农业人才支撑计划项目资金管理办法》的通知 ［EB/OL］. (2018-05-15) ［2022-08-08］. https://www.moa.gov.cn/nybgb/2018/201802/201805/t20180515_6142136. htm.

断培养他们独立从事科研的能力，将他们培养成为具有原创能力的农业科技人才。在培养对象的确定上，我们应当允许具有涉农专业的本科及以上学历的学生自愿报名，扩大培育对象。满足学历要求且愿意成为农业科技人才的学生都可以进入培养对象序列。根据学员的实际情况，可以把学员分为全日制培训和非全日制培训两大类。有工作的学员可以采取非全日制学习方式，利用业余时间和周末休息时间学习和接受培训。以需要学习的知识是否被学员学习掌握作为每一门课程是否合格的标准，而不应当教条地以是否按时上课作为衡量成绩的标准。成绩合格的学员根据自身意愿，可以进入更高一级农业科技人才培养序列。中级培训合格后，学员若愿意可以进入高级农业科技人才培养序列。对于参加全日制农业科技人才培训的学员，应当在生活和社会保障方面给予他们相应的支持。在此期间，政府应当给他们发放基本生活费用并为他们提供社会保障。通过对本科以上学生的大规模培养，可以为四川省农业科技人才培养大量的合格人才，壮大四川省农业科技人才群体。这些农业科技人才进入农业农村各个领域，在实践中不断磨炼自己，结合四川农业农村需要，把所学知识应用于实践，又在实践中不断总结，就会成为具有特定农业科技知识的高素质农业科技人才。在发展壮大农业科技人才队伍的基础上，还要选拔那些素质高、肯吃苦的群体进入市一级和省一级农业科技拔尖人才序列，对他们做进一步培养和扶持。进行农业科技人才的培养要确保专业结构合理。四川省农业科技人才稀缺程度存在一定的专业差异：有些领域的农业科技水平更落后，科技人才更少；有些领域的农业科技具有一定水平，有一定数量和质量的农业科技人才。我们要针对这两种情况，加大短缺领域农业科技人才培养力度。特别是那些农业发展需要，国内发展水平不高，被国外卡脖子的农业科技，更是我们需要重点培养人才的领域。当然，我们也不能放松对我们有实力的领域的科技人才的培养，以巩固我们的优势。在省一级重大农业投入项目中，我们过于重视农田水利等基础设施工程建设，缺乏与农业科技人才有关的重大建设项目，这是当前四川省涉农财政资金使用的缺陷。我们应当将一部分财政资金用于农业科技人才培育方面。只有解决了农业生产重大科技问题，农业生产中所需的其他要素才能够以市场方式配置起来。政府农业科技投入是带动社会资金参与农业农村建设的先导投入。

8.2　加强农业农村科技推广人才培养

8.2.1　创新科技成果转化方式

科技是农民致富的助力器，科技兴则产业兴，产业兴则乡村兴。然而，科技却是农村的短板，实现乡村振兴，必须补上这个短板，让现代科技与传统农业紧密结合。激励各类科技人才在农村广阔天地各展其长、大显身手，就一定能持续增加农业发展的含金量，谱写好乡村振兴新篇章。显然，这个结合，不是拿着书本对着农民照本宣科，也不是发几台新农机、新农具那么简单，而是要在植根农村、贴近农民上做文章。农业科技特派员投身产业，通过领办、协办、兴办各类科技项目，给农民做示范，帮助农民致富。要将农技服务从"专家讲什么，村民就听什么"转变为"村民不懂什么，专家就解决什么"，带动农村产业从根本上实现发展依靠科技进步的转变。

要做好农业科技成果转化工作。农业科技成果转化率低下，是四川省农业科技领域的又一短板。本来农业科技成果就不是很多，仅有的这些科技成果又只能是知识产权或专利，不能应用到生产活动中去。虽然，国家层面已经提出了一些政策来解决这个问题，但是效果还没有显现出来。四川省在这方面还需要继续探索，总结经验，制定更加切合四川省实际情况的政策办法。要打通农业科研人员、科研机构与农业产业中的企业和实体之间的联系渠道，让二者无缝连接。让科技成果无障碍地进入实体组织，成为生产要素。鼓励科研人员到农民合作社、农业企业、供销社等社属企业任职、提供科技创业服务。科技成果可以是股权方式，也可以是授权使用等多种产权方式，与实体的其他资源结合。比如研究出来的优良农作物品种和先进装备等专利技术都可以采取这些方式进行产业化。

要创新科技成果转化方式。农业科技成果进入农业生产活动的方式可以是多种多样的。向农村派遣更多农业科技特派员，让科技特派员把农业科技知识带到农村创新创业第一线，把论文写在田野大地上，让科技成果被更多从事种植养殖的人员所了解和掌握，广泛应用在生产劳动中，增加农业生产的科技含量，为农业转型升级和乡村振兴注入新动能。派遣农业科技特派员要有具体技术和具体行业针对性。科技人员本身就具有很强的研究领域属性，这些知识技术有特定的应用领域。派遣每一位农业科技特派员都应当从其自身知识技术领域出发，匹配与其知识技术一致的农业行业，明确其服务边界。同时，可以将不同领域农业科技人员组织成为协同指导的团队，以农业科技特派员团队的形式向各个地方派遣。这样一来，团队成员知识技能就可以实现互补，可以为各个地方农业生产提供全面的技术指导服务，真正达到提高农业生产技术水平的目的。四川省县一级政府在派遣农业科技特派员方面，要具有更大的发言权。在县一级，可以根据本县农业生产实际、农业科技人员现状和农业科技人员缺口，明确提出需要的农业科技特派员的行业和领域要求。省市要围绕地方的需要为他们找到匹配的科技人员。

为农业科技推广人员提供必要的推广农业科技的载体和平台。农业科技人员也不可能对每个农业从业人员都手把手去教他们，也不可能只在田间地头教他们，还需要一个他们方便传授技艺的地方。为农业科技人才提供更多的服务渠道，让农业科技公益服务渠道更加多样化。农业科技园区、农业科技站点、农业创新创业园区、农业专家大院都是与产业实体结合紧密的农业科技推广平台。比如，在乡村建立科技小院，为来这里开展科技服务的人员提供基本生活保障。科技小院可以作为高等院校和科研院所学生和工作人员实习和调研的落脚点。农业科技服务还可以采取承包制方式，政府则做好农技人员包村联户工作，每年选派不定名额的农技人员，按照每名农技人员服务一定人数的种植大户或者养殖大户开展科技服务，并且明确要取得的效果，直到达到预期效果才算承包任务完成。进一步放宽农业科技成果产业化的相关政策，特别是要完善在体制内的专家学者所取得的农业科技成果知识产权政策，让专家学者对在体制内的职务创新发明拥有更大成分的知识产权和利益分享权利，让专家学者有动力将自己的科研成果产业化。特别是要赋予高等院校、科研院所的农业领域专家学者在科技成果转化方面更多的权益，让他们能够获得合理的转化收益。

搭建覆盖面广泛的科技问题咨询服务公共网络，让那些科技工作者可以通过科技公共服务平台为广大群众提供科技咨询服务。有科技需求的地方可以向省、市、县农业农村科技人才培育主管部门提出申请，省、市、县主管部门负责为他们提供合适的科技服务团队，县一级主管部门不能满足的就向市一级汇报申请，市一级不能满足的就向省一级主管部门申请，相关费用在全省科技服务专项经费中列支。要把省、市、县在机关事业单位的农业科技人员与乡村基层需求科技成果的行业和地方直接联系起来，在不改变农业科技人员体制编制的前提下，让他们可以与一线需求部门一起工作，让科技服务直达最终需求的地方和实体。要围绕科技成果服务，配合乡村产业专业化发展，采用一村一乡发展一个或两个特色产业的产业发展模式，让科技服务人员可以为规模化产业提供科技服务①。

要让农业科技服务人员熟悉所服务的农业产业生产经营情况。为他们提供必需的调查经费，让他们深入服务地区，深入了解农业生产中科学技术实际使用状况以及存在的问题和适合这些地方产业的农业科技成果。然后根据需要，提出合适的服务方案，做到精准服务。

建立农业科技服务人员供需选择机制。让科技服务供给方与需求方都有一个选择的机会。通过双方的选择形成竞争和激励机制，调动双方的能动性。政府作为为双方牵线搭桥的中间部门，要把科技服务人员的服务领域清楚、准确地告诉被需求方，同时也需要把被服务方的需求准确告诉科技服务方，让科技服务更加精准，从而提升实际效果。

8.2.2 加强农业技术推广人才队伍建设

加强农业科技推广人才团队建设。并不是任何一个专家都精通农业科技所有领域的。随着农业现代化的发展，农业科技服务也会不断进行专业化分工。要完成农业全产业链的科技服务就需要相关科技人员组成一个科技服务团队，为特定农业产业提供全产业链农业技术服务。将农业科技特派员升级为农业科技特派团，通过科技人员的组合实现科技服务效能的聚变。让每个科技人员专注于自己的科技特长，致力于所擅长领域的科研和技术推广服务，实现科技人员事业成长。

对于长期在基层一线从事农业科技服务的技术人员，政府要有扶持政策。给基层农技人员更多学习深造的机会，为他们提供学历提升机会和培训机会。要让农业科技人员学历提升常态化和制度化，要让农业科技人员培训常态化和制度化。要有基层农技人员素质提升专项计划。通过专项计划为基层农技人员提供职业发展机会。定期开展基层农技人员专题培训，对基层农技人员分技术领域、分专业进行培训，加强特色产业专业技术人员、农产品质量安全专业人才队伍建设。对基层农技人员实行轮训制度，确保农村农技人员培训的全覆盖。为农业科技服务人员承接各级政府农业科技项目提供条件。农业科技项目无论是在纯理论层面的研究还是在应用层面的研究都应当从农业生产活动实际出发，农业科技服务人员长期在农

---

① 晏育伟，何秀古，刘建峰，等. 人才下沉 科技下乡 为脱贫攻坚和乡村振兴提供科技支撑：广东省农业科学院农村科技特派员工作探索与实践［J］. 广东农业科学，2020（11）：264-270.

村一线工作，更熟悉农业生产实际，更知道农业产业技术现状和问题，他们的科研课题更切合现实需要，他们申请的课题更能解决现实问题，更有实用价值①。要为这个群体提供更多交流互动的机会，比如组织学术交流会、学习研修班、技术竞赛等活动。

农业科技人员除了在技术方面要有一定要求，在其他方面也要有要求。首先，要求他们热爱农业和农村。有了爱心就会有关心，有了爱心才会专心服务、真心服务，服务才有实效。有了爱心才会不断丰富和提升自己的专业技术知识和技能。其次，要加强农业科技人员思想道德教育，把他们培育成为德和智双达标的合格人才。还要增强他们的身体素质，以适应农村相对艰苦的生产生活环境。

规范农技推广服务特聘计划人员的报酬与职称评定。可以把农业科技人员作为农业科研院所和高等院校特定系列专业技术人员，另设待遇和职称评定系统。他们不同于教学人员，也不同于专职科研人员，他们属于科技成果转化序列人员。教书育人很重要，从事科研很重要，科技成果转化也很重要。衡量这个序列科研人员的指标就是科技成果转化取得的成绩。有多少科技成果转化了，生产经营成果增加了多少，取得了多大的经济效益，他们的薪酬和职称都应当与科技成果产业化的实际效果联系起来。

8.3 加强农业关键核心技术科研攻关人才培养

8.3.1 加强农业重点领域关键核心技术攻关

一是高度重视农业重点领域关键技术攻关。农业要实现现代化，就需要将现代科技引入农业行业。农业虽然是传统产业，但是农业的发展需要现代科学技术。多年来，我们忽视了农业科技的重要性，对农业科技的投入严重不足。农业产业有不少关键技术环节，掌握了这些关键节点的科学技术，才能实现农产品基本自足，确保我国农产品安全。育种技术、土壤肥力保持技术、土壤污染防治技术、节水灌溉技术、机械化耕作技术、减少农业生产投入的环境污染技术、不使用农药的病虫害防治技术、防止土壤板结硬化技术、食品加工技术等都属于关键技术。不少农业关键技术投

---

① 晏育伟，何秀古，刘建峰，等. 人才下沉 科技下乡 为脱贫攻坚和乡村振兴提供科技支撑：广东省农业科学院农村科技特派员工作探索与实践［J］. 广东农业科学，2020（11）：264-270.

入大，研发周期长，见效慢，中小企业缺乏科研动力和能力。而且由于农业企业经营规模相对较小，且难以扩大，研发的技术也难以在一个企业范围内转化为生产力，所以农业科研需要国家投入，并以公共产品形式提供给社会。四川省应当加大农业科技研发的财政投入，用好农业科技财政资金，为四川省及我国农业科技发展贡献四川智慧。依托农业产业发展重大项目，将科技研发作为重大项目的重要建设环节。用科技进步支持重大项目高质量发展，是农业科技发展的可行途径。筑牢农业科技研究的群众基础，让更多的人关心农业和粮食安全，热爱农业科技与发明，崇尚农业科学家，让更多年轻人愿意将农业科技作为职业，扎根农村。要给农业科研人员良好的科研环境。要加强农业基础科学如生物技术、育种技术、自然生态保护技术等的研究。这些都需要相应的科研人才来攻克相应的技术难题[1]。只有农业科技基础技术有实质性突破，农业科技才会有大的发展。要把农业关键科技进步作为四川省重大科研项目的重要组成部分，要加强农业科技的政府公共服务能力，创新政府农业科技公共研发和服务体系，要做好农村科技实用人才培育工作，确保创新科技走进"田间地头"[2]。

二是加强种质资源技术和种子培育技术攻关。种子是农业的命脉，高品质的种子是农业丰收的必要条件，是农业高质量发展的必要条件。世界范围内，农业用种子已经从农民自己留种变成了从农业种子培育公司购买。当前，种子技术落后，农业生产用种子不能自给，经常有因为种子质量原因农业歉收或无收现象，这给种植户带来严重损失，给我国农产品安全带来重大风险。种子培育技术是农业关键核心技术，是农业产业的高新技术，是农业产业链的控制环节，谁掌握了种子培育技术，谁就掌握了这个细分行业的控制权。四川省是我国三个重要育种基地之一，我们一定不辜负党和国家寄予我们的厚望，把我国种子事业抓好，把种子产业发展壮大，不仅为四川省和全国农业生产提供高质量种子，还将种子出口到世界各国，为世界农业生产做出贡献。要培育出好的种子不仅要有必要的资金投入，还需要有一批献身种子培育的科研人才。生物科学和技术等高新技术是现代种子培育的基础，我们需要抓好生物技术等基础学科建设，加强生物科学与技术人才队伍建设，加强种子研发各个环节科技人才的培养，

---

① 中共中央 国务院关于抓好"三农"领域重点工作确保如期实现全面小康的意见 [EB/OL]. (2020–02–05) [2022–08–08]. https://www.gov.cn/zhengce/2020–02/05/content_5474884. htm.

② 单振生. 乡村振兴人才需求侧和供给侧锻造 [J]. 淮南师范学院学报，2020（4）：41–45.

建设种子研发团队。为种子培育科研人员提供必要的科研经费，提供实验设施设备。加强种质资源保护与研究，加强濒危种子的保护与收集，加强基于各种生物技术的种子培育。要加强种子培育技术知识产权的国家保护，增强育种业的国际竞争力，将主要农业生产用种子的知识产权掌握在我们自己手中，把四川省建设成为农业育种科技强省。

8.3.2   加强关键核心技术研发载体和主体建设

一是加强关键核心技术研发载体建设。农业科技研发对科研设施设备的要求较高，中小企业没有建设农业科研机构的财力。政府应当为从事农业科研的团队提供开放性的免费科研平台，为那些有农业科研需求的人员、企业和组织提供科研基础设施。四川省可以依据省委省政府划分的五个区域分别建设一个区域性农业科研中心，主要从事区域性农作物共性技术研究。要为农业企业开发应用农业科技搭建平台，也为农业科研和科技人才搭建科技创新平台，实现科研和科技人才与农业企业有机对接。支持农业企业与涉农院校共建国家级、省级农业科研中心和实验室以及工程技术中心等科研机构①。政府主办的农业科技创新中心等科研平台一定要建设成为开放性的公共平台，为这些领域农业科研科技人才提供施展才能、投身乡村振兴的舞台，这样才能最大限度发挥科研平台的作用，增加科研基础设施投入的科技成果产出。为了让农业科技研发更有针对性，更注重实际效果，应当把重大科技攻关与国家或省一级重大农业产业项目建设结合起来，将科技人才培育、科学技术研究与科技成果产业化三者结合起来，一体化推进。

二是加强涉农院校和研究机构科技人才学科专业建设和技术转化体制机制建设。涉农院校和科研院所是农业科研的重要力量。四川省的涉农高校和科研院所有较强的科研实力，这是四川省农业科研的主要力量，也是四川省农业产业的重要竞争力所在。我们要把这些优势科研资源利用好，让其研究出高水平的涉农科技成果。涉农高等院校一定要围绕农业农村需求设置相关专业，把主要的经费用于涉农专业的人才培养和研究。在人才培养和科技研发上，要让高等院校与农业企业之间形成紧密联系，从实体技术需要出发，从事人才培养和技术研发，让高等院校对实体组织的服务功能进一步加强。对于农业科技工作者的职称评定和工作考核一定要结合

---

①   周伟，徐军田. 乡村振兴战略下新农科人才培养教育改革思考［J］. 科学咨询，2020（45）：56.

农业行业实际来设置评价指标。对于潜心于农业科技成果转化和推广的科技服务人员，要围绕科技成果转化的实际经济社会效果设立评定指标。实施高层次农业科技创新人才入川工程。为了进一步壮大四川省农业科技研究人才队伍，我们不仅要大力培育省内现有人才，还需要召集四海人才为我们所用。积极邀请院士、首席科学家、产业体系专家到四川开展考察指导、科技研发和产业合作。组织农业科研院所、职业院校、农业产业化龙头企业、农业产业园区企业等到全国双一流高校招才引智，与国内外知名高校、科研机构、创新型农业企业合作共建联合实验室或创新中心。聘请发达国家农业领域专家学者来四川讲学或从事科研活动。

9 大力培育乡村社会治理人才

9.1 加强党在乡村振兴工作中的领导核心地位

9.1.1 完善党对乡村振兴的领导体制和工作机制

健全党在农村工作中的领导体制。在我国的乡村振兴中还需要将乡村社会治理作为一个重要内容，要把加强乡村社会治理组织体系和参与人员治理能力建设两个方面作为重要建设领域，从而实现乡村治理能力实质性提升。乡村社会治理建设一定是在各级党委的领导下进行的。省委省政府是四川省乡村振兴战略的总负责人，市县党委和政府是各地乡村振兴建设的第一责任人。他们都要在党中央国务院的统一领导下，按照中央的统筹，严格执行党中央和国务院的相关决策和政策。从体制来看，我们实行的是五级党政一把手一起抓乡村振兴的工作体制。省委省政府的党政一把手都是乡村振兴省一级第一责任人，市党政一把手是市一级第一责任人，县党政一把手是县一级第一责任人。乡镇党政一把手是乡镇一级第一责任人。村支书和村主任是最基层的第一责任人。县委书记是乡村振兴的一线总指挥。每一级党委农村工作部门是乡村振兴的直接领导部门。我们要严格依据《中国共产党工作机关条例（试行）》有关规定，把党委农村工作部门的机构设置全，把工作人员配置够，要将责任落实到部门和岗位以及个人，要加强工作指导和考核，让机构有效运行。要把我们党领导农业农村工作的相关规章制度用起来，要把好的经验和做法纳入党的规章制度，让我党乡村振兴的工作体制和工作机制更加健全①。

健全各级书记乡村振兴工作机制。把乡村振兴与脱贫攻坚做比较可以发现，脱贫攻坚主要面向贫困家庭的生活水平的改善，乡村振兴则面向所

---

① 中共中央办公厅印发《2019—2023 年全国党员教育培训工作规划》［EB/OL］.（2019-11-11）［2022-08-08］. https://www.gov.cn/zhengce/2019-11/11/content_5450978.htm.

有乡村，涉及乡村经济、社会、生态、文化等各个方面，是乡村的全面建设，是乡村的高质量发展。所以，乡村振兴的任务是十分广泛而复杂的，任务是十分艰巨的。要完成这些艰巨的任务我们就离不开党的坚强领导，加强各级党委的领导也就显得十分重要。党委是各项工作的组织者、领导者，是乡村建设所需各项要素的供给者，是乡村改革基本政策的制定者，是乡村振兴战略任务、战略目标的制定者，是对参与乡村建设的广大干部工作成绩的评价者、考核者。我们应当形成一个更加健全、更加灵活高效的乡村振兴工作机制[1]。我们的乡村振兴工作机制要把五级党委紧密联系起来，让党和国家关于乡村振兴的路线方针政策能够直达村社基层，让五级党委环环相扣、层层相通，把每一级的力量贯通到村社基层，同时让村社基层的实际需要和存在的问题能够不折不扣地反馈到上级党委，实现基层与各级党委和政府之间的畅通交流。我们要把乡村振兴作为培养党员干部的大舞台，让党员干部到最艰苦的地方去工作、历练，让党员干部到重大建设工程和项目中去历练，为我们党培养大批能力出众、政治立场正确坚定的优秀人才[2]。要建立市委带县委的工作机制。市委不仅是党中央国务院和省委省政府的政策方针的贯彻者，也应当是基层实际问题和困难的解决者，他们需要把全市的具体情况与上级党委和政府的要求结合起来，提出切实可行的工作办法。

9.1.2 培养愿意扎根农村的党政组织工作队伍

现在的乡镇及村党政组织存在一些不足之处。乡镇、村党政组织是四川省农村基层党政组织，这两个层级的党政组织是我国政党组织体系的细胞，他们是否充满活力、富有创新精神直接关系着乡村振兴任务能否完成。当前四川省乡镇和村党政组织建设取得了很大成绩，同时我们也应当看到乡镇和村党政组织建设中还存在不足的地方。我们要及时完善乡镇和村党政组织。特别是村一级党政组织负责人的素质和能力都还有很大的提升空间，与乡村振兴提出的艰巨任务比较，还需要对这个群体持续培养。乡镇和村党政组织成员在待遇上和职务晋升方面也还有不足之处，还没有调动起大家的积极性。乡镇及村党政组织的新鲜血液注入较少，缺乏进入这些基层党政组织的社会化渠道，党政组织成员具有明显的地域封闭性，

---

① 洪文滨. 乡村振兴看浙江 [M]. 北京：社会科学文献出版社，2020.
② 中共中央 国务院关于全面推进乡村振兴加快农业农村现代化的意见 [EB/OL]. (2021-02-21) [2022-08-08]. https://www.gov.cn/zhengce/2021-02/21/content_5588098.htm.

组织成员的本地化现象十分明显。

乡镇和村党政组织是乡村治理的核心力量，是乡村经济社会生态建设的领导力量，是农村全面发展的主导力量，是领导者、组织者、带领者，是先锋模范。要加强对乡镇和村党政干部的培养。通过学历教育，提升基本素质；通过培训提升业务能力。四川省应当有面向乡镇和村党政干部的专项培育计划。加强基层党政组织建设，还要加强基层党政组织的功能建设。

打造农村专业人才队伍，夯实基层政权。加强市县党委、政府分管负责同志、农口部门主要负责人队伍建设，完善培养、考核、选拔、任用机制，推动实现"三农"领导干部年轻化、专业化、专家化。加强乡镇领导班子建设，有计划地选派省市县机关部门有发展潜力的年轻干部到乡镇任职。加大从优秀选调生、乡镇事业编制人员、优秀村干部、大学生村官中选拔乡镇领导班子成员力度。加强边境地区、民族地区农村基层政权建设相关工作。

乡镇和村党政组织是农村的基层组织，是为农业和农村经济社会发展服务的，懂农业、懂农村，热爱乡亲，才能更好服务乡村建设。热爱农业和农村，才愿意长期在农村工作，才会不断提升自己为农业和农村工作的积极性和主动性，自己的能力也才会不断提升，个人也才能不断成长。热爱本职工作是我们对乡镇和村党政组织工作人员的基本要求和基础要求。要把那些愿意来乡镇和村工作的人才选拔出来，放在重要岗位上，让他们为乡村建设挥洒汗水，这也是乡镇和村一级党政干部培育的一个基本内容。省市县的党政一把手也要按照这个条件来严格要求自己，让自己成为农业农村工作的行家里手①。为此，我们需要完善乡镇、村党政干部的选拔制度和管理制度。在选人方面，要进一步扩大村党政干部选拔渠道，给更多年轻党员和非当地户籍党员群众担任职务的机会，要发展那些非党员的年轻人积极入党，扩大乡村党组织。

在工作方式上，要改进基层党政组织的工作方式和方法。实地调查和分析研究应当是基层党政组织人员的基本工作方法。深入群众，在交流中发现问题，在交往中取得信任，在实践过程中找到解决问题的办法，一切为了村民，一切依靠村民。把自己作为村民的一员，设身处地看待问题。反对不顾实际的形式主义。要尽可能减少对村干部的痕迹材料性检查，让

---

① 腾明雨. 乡村振兴战略下"一懂两爱"人才培养理论实践研究［M］. 北京：中国社会科学出版社，2019.

他们把精力放在为民办实事上，而不是为应付上级检查而准备材料的无意义活动上。

9.1.3 加强农村基层党组织带头人群体建设

乡镇党委书记、村支书是乡村基层党组织带头人。乡村基层干部是乡村发展建设的领头人和带路人①。乡村人才振兴首先应当是乡村一级干部人才的振兴②。这个群体的素质和能力直接影响着乡村建设。村支书不仅是合格的党务和社会治理的领导者，还应当是农业生产活动的内行、关心村民生产和生活的有爱心的人。也就是说，他们属于既有专业技术又有很好思想政治素质的群体。当前四川省各个地方村支书群体的素质存在明显差距。有些村党支部书记政治素质好，业务能力强，村社经济社会发展好；有些村则存在村支部书记领导不作为的情况，集体经济没有搞好，村民怨言较多。在村支部书记的选任上，思想政治素质是基本要求，就是要政治立场正确，不折不扣执行党的路线方针政策，同时还要从带领大家建设乡村的能力角度进行考察，要有与这个岗位适配的领导能力，政治觉悟和业务能力缺一不可。这样的人才可不好找，本村没有合适的人选就应当让非本村居民来担任这个职务，党的干部在哪里都是为人民服务。大学毕业生、企业等实体负责人、退伍军人这些群体都可以成为这个岗位的合适人选。在村支部书记的选拔上，投票人不应当只是本村党员，乡镇党组织工作人员也应当有一定的投票权。在条件不成熟的地方，不应当将村支书担任村主任作为硬性要求，要根据实际情况而定。毕竟政治站位高、业务素质也高的人不是很多。让适合当村支书的人只担任村支书，让适合担任村主任的人担任村主任，各自负责岗位工作。通过选举方式，确实未能将有能力的合适人选选拔出来，上一级应当暂时安排合适人选来代理。也可以实行村支书由外面调入任职的制度。建立农村党员定期培训制度，及时将党和国家乡村振兴的新政策传达到基层党组织③。

建立健全第一书记选派长效机制。坚持向全省所有贫困村、基层组织软弱涣散村和集体经济薄弱村选派第一书记制度，为乡村振兴提供组织保障。广撒英雄帖，吸引社会人才担任乡村振兴第一书记。来自机关的第一

① 刘玉娟，丁威. 乡村振兴战略中乡村人才作用发挥探析 [J]. 大连干部学刊，2018 (8)：11-17.

② 王富忠. 乡村振兴战略视域下乡村人才机制建设研究 [J]. 农村经济，2020 (8)：48-49.

③ 中共中央办公厅 国务院办公厅印发《关于加快推进乡村人才振兴的意见》[EB/OL].(2021-02-23) [2022-08-08]. https://www.gov.cn/xinwen/2021-02/23/content_5588496.htm.

书记更加熟悉政策，更清楚政府办事的规矩和流程，因此工作会以落实政策、服务群众为主。来自社会各界的人才各具优势，有的能带来资源和资金，有的具有较强的经营管理才能，有的有乡村建设必需的专业技能。通过这些招贤纳士的措施，让来自社会各界的人才加入乡村振兴建设队伍中，有资源的出资源，有技能的出技能。这些第一书记，懂政策，有资源，可以给村里带来一股新风。我们希望第一书记和所在村村干部之间能相互补台、共同促进，给乡村振兴带来一股发展新风。在村里工作久了，这些人才的观念、思维也会影响村干部和村民。一些村干部过去思想比较保守，发展思路打不开，第一书记来之后，他们就变得积极很多。

优化村委会议事规程，扩大村干部来源。村委会商议事情要做到程序规范，坚持党的议事规则。既要有让每个党员表达自己想法的民主，也要有坚持党和国家政策、维护群众利益的集中。要明确村委会有哪些事项要经过村委会讨论决定，并列出清单。由村委会决定的事项应当告知每位村民，做到人人知晓。村委会要明确哪些事情是需要召开村民大会的，哪些事情是需要召开村民代表大会的，同时也要将这些事项清单化。

要畅通村两委会成员来源渠道。让优秀年轻干部加入村两委会班子，让村干部队伍不断优化。对村两委会成员的基本要求包括两个方面。其一是思想政治素质要过硬，政治立场坚定。其二是有过硬的业务能力，能胜任所承担的工作和任务。不仅要有书本知识，更要善于从实践中不断总结和学习。对两委会干部的培养更多是对他们的辩证唯物主义和历史唯物主义的思维方法和工作方法的传授。要做的具体事情是多种多样的，但是处理这些事情的思维逻辑和工作逻辑则是统一的，那就是马克思主义的实事求是的工作方法。有了科学的处世哲学，他们处事的能力就会不断提升。

9.2 对农村基层党员干部进行全员培训

9.2.1 加强乡村基层党员培训体系建设

要实施乡村振兴战略，就必须提高农村党员干部的整体素质，而提高农村党员干部整体素质的重要途径就是对其加强教育培训。对各村社党员进行培训，是改进党的作风的需要[①]。在农村，重点围绕贯彻落实习近平

---

① 杜林. 四川省农村党员教育培训问题研究［D］. 成都：西南交通大学，2015.

总书记关于推进农业农村现代化开展党员教育培训的重要论述开展党员教育培训①。

让"两学一做"学习教育制度化。对农村基层党员干部进行全员培训，推动村党组织带头人队伍整体优化。在乡镇和村社，让"两学一做"成为组织制度，定期举办学习活动。"两学一做"的目的就是要提高基层党员干部的政治素质，让党中央的基本理论和政策能够被基层党员干部正确理解和接受，让党的政策能够得到全面、系统执行，确保党和国家政策在执行落实过程中不走样，确保党员队伍廉洁奉公。"两学一做"是要帮助每一位党员干部寻找自身不足，及时改正，减少工作中的失误，避免工作中犯错误，让大家健康成长。无论是民主评议，还是上级谈心谈话，出发点都是让党员干部健康成长。我们也要善于发现基层党组织中的先进人物和先进事迹，树立典型，让大家学习。要加强党员行为管理和监督，发现不良行为要及时提醒。要严肃处理基层党员干部中存在的各种贪污腐败问题。要严厉打击与黑恶势力勾结的行为以及侵吞各级政府财政补助资金的行为。要促使村两委会人员加强法律知识学习，做守法村干部。要加强村两委会成员思想道德建设，让他们做道德高尚的村民。

对于老党员，要教育他们时刻保持党员的先进性，要严格要求自己，不倚老卖老。要以老带新，老而弥坚。对于新党员，要不断让他们学习了解党风党纪，遵守党的纪律和规矩，做合格党员。在党员教育学习方面，多开展党的光荣历史教育、党的奋斗史教育、革命先烈英雄事迹教育。要加强国际形势和国际斗争教育。放眼当今世界，我们依然面临着各种外部危险，我们必须随时保持警惕。我们广大党员干部，要有高度的时代使命感，要有危机意识和斗争意识，要与各种危害我们社会主义建设的思想和行为做斗争。要教育党员与我党发展保持同步，不断学习党的新思想，特别是习近平新时代中国特色社会主义思想。

加强对基层党支部书记的培训。大力实施基层党组织"千名好书记"培养引领计划和村级后备干部培育工程。通过培训提升基层党组织带头人和党员队伍的素质与能力。大力探索经常性教育与集中性培训相结合的新模式，教育引导广大党员进一步增强政治意识、大局意识、核心意识、看齐意识，坚定理想信念，保持对党忠诚，树立清风正气，勇于担当作为，在加快推动四川"两个跨越"中奋发有为、建功立业。对基层党组织书

① 中共中央办公厅印发《2019—2023 年全国党员教育培训工作规划》[EB/OL].（2019-11-11）[2022-08-08]. https://www.gov.cn/zhengce/2019-11/11/content_5450978.htm.

记，重点开展党的创新理论、党建工作实务、群众工作、基层治理等教育培训，努力建设一支守信念、讲奉献、有本领、重品行的基层党组织带头人队伍。

每年对乡镇和村社基层党员进行全面培训。利用红色教育基地和学院对乡镇和村社普通党员进行"四史"和党性教育，加强理想道德教育、思想政治素质教育和当前乡村社党员使命责任教育，增强他们的责任意识、担当意识和荣誉感。每次乡镇村社换届选举时都要对参与换届的党员进行教育培训，统筹好参训党员干部的选调工作，确保各个环节活动公开公平公正，让更有能力的党员群众进入新的班子，办好新任乡镇党员领导干部岗前培训，让新干部尽快进入角色，尽快全面熟悉工作。各级党组织对乡镇和村社党员培训要统筹和协调，减少重复培训和多头培训。

加强全员培训工作的领导、组织与考评。提供农村党员教育培训经费保障。针对农村党员教育培训资源紧缺难题，注重整合现有资源，用活现有政策，最大限度提供支持保障。

注重部门联动。各级党员教育培训联席会议要做好本地区基层党员全覆盖培训工作，要认真做好安排部署、宏观指导、督促落实，确保年初有计划、年中有督查、年末有总结。尤其是各级党委组织部门要充分发挥牵头作用，认真做好整体规划、协调服务等工作。其他成员单位要牢固树立"一盘棋"思想，充分发挥自身职能作用，坚持既分工履职又协调配合，确保各项工作落地落实、取得实效，推动形成联席会议总体抓、组织部门牵头抓、职能单位配合抓的联动工作格局。

严格考核评估。各级党组织都要把对本级和下一级党组织工作考评作为自身一项重要工作。年中和年末考评结果要纳入对被考评对象的绩效考核成绩之中。省、市、县三级党组织确定的负责人要切实承担起组织建设和乡村振兴建设第一责任人职责，加大领导力度，做好统筹协调，经常了解推进情况，及时发现和解决难题。省、市、县、乡四级党组织分管领导要履行好具体责任人职责，抓好具体事务各项细节。在基层党组织建设考核指标中要将对基层党员教育培训工作作为评议考核的下一级指标。还要把党员培训作为考评基层党组织工作的重要指标，考核结果作为基层党组织评选先进的依据。对基层组织党员干部培训的考核不仅要有年度考核还要有中期考核和长期考核①。健全农村基层党员教育培训考核体系。建立

---

① 中共中央办公厅印发《2019—2023年全国党员教育培训工作规划》［EB/OL］.（2019-11-11）［2022-08-08］. https://www.gov.cn/zhengce/2019/11/11/content_5450978.htm.

日常督查、年末考核机制，坚持把农村党员教育纳入党组织书记抓党建述职评议考核的重要内容，从严考评、从严问效。针对农村党员每年开展一次集中考核和民主评议，以考促学、以评促优。对考核不合格、群众满意度偏低的党员批评教育、帮助改正；对考核合格、群众认可的党员予以表扬激励。

抓好宣传引导工作。要大力宣传中央、省委关于加强党员教育培训的重大部署，大力宣传"全省基层党员全覆盖培训计划"的重要意义、具体措施和工作成效，努力营造广大基层党员干部人人关心、人人参与、人人支持的良好氛围。要统筹规划一批示范单位或示范点，围绕党员教育培训工作重点、难点问题先行先试、率先破题，努力带动整体工作均衡、快速发展。要定期开展远程教育扶贫行动"示范站点""学用标兵"等评选活动，对群众取得成功的方式方法进行总结，并鼓励大家学习借鉴，复制这些成功做法，让基层党员培训持续深入扎实开展。在村一级两委会开展权责清单制度建设培训很有必要。教育大家只做职权范围内的事情，把职权范围内的事情做好、做细、做出实际成效。不越权做事，也要做好职责清单中的各项事情。让村两委会风清气正，为民服务。开展"党员先锋模范行动"。开展党员先锋模范评选活动，提升评选活动的媒体曝光度和社会知名度，提升党员先锋的社会美誉度，让他们成为大家学习的楷模。通过树立榜样让广大党员群众受到感染和熏陶，提升社会大众的素质。探索建立"星级管理""积分兑换"等激励机制，积极组织广大党员主动认领服务岗位、开展志愿服务、接受绩效评价。要结合"七一"建党节活动，集中表彰宣传一批优秀共产党员，引导广大党员在生产、工作、学习和社会生活中起到先锋模范作用，自觉维护共产党员良好形象。

9.2.2 加强培训主体建设

加强阵地建设。要继续大力推进"三学院三基地"建设，充分整合县级党校维修补助、省级党员教育示范点培训费等项目资金，分期分批新建一批省、市示范点，加快形成布局合理、优势互补、相互促进的党员教育基地格局。要坚持"三学院三基地"建设"八有"标准，即有比较突出的培训特长或地方特色，有比较丰富的大规模办学经验，有能够容纳100人以上的学习场所，有进行封闭式管理的集中食宿条件，有必要的教学设施及多媒体设备，有一支专业的讲解员或辅导员队伍，有一定数量的兼职培训教师，有一套较为完备的训前培训计划、训中规范管理、训后效果评估及情况通报等制度规范。要对"三学院三基地"示范点实行动态管理，对年度综合考评不合格的要及时取消示范点资格，被取消资格的单位两年内不得重新申报。要充分发挥"三学院三基地"作用，原则上各级党员教育培训都安排在"三学院三基地"，优先安排在省、市级示范点。

加强师资建设。要拓宽师资选聘视野，更加注重选聘与中央、省委重大决策部署相关的领导干部，更加注重选聘国内、省内的知名专家，更加注重选聘实践经验丰富的优秀实用技术人才，不断优化各级师资的整体素质和队伍结构①。要加强各级师资库管理，定期组织入库师资进行政治理论和专业能力培训，适时开展"名师"评选活动，建立健全教师个人述职、参学党员测评、组织单位评价等制度，对不能胜任教学工作的要及时调整出库。要充分发挥入库师资的作用，建立健全各地各级"名师"、紧缺教师联聘联用制度，定期开展送教下基层活动，引导和组织兼职教师积极参与教学，推动各地党员教育培训工作均衡、健康发展。

加强培训教材建设。要建立教材需求定期调研分析制度，认真研究制定各级党员教育大纲，增强教材建设的系统性和实效性。要加强重点教材建设，围绕转型升级、脱贫攻坚等省委重大决策部署开发引进一批主题教材，围绕党员干部需求开发引进一批专题教材，围绕民族地区"三件大事"开发引进一批特色教材，努力形成一批本土实用教材和精品示范教材成果。要不断丰富教材形式，尤其要开发一批融媒体、微电影等新媒体教材，不断增强教育培训的吸引力和感染力。要建好用好各级教材资源库，大力推进各类教材数字化、网络化，定期开展党员教育电视片暨远程教育课件观摩交流活动，为各级党组织开展党员教育培训提供有力保障。

创新运用信息化手段，搭建农村基层党员干部教育培训数字平台。用好"共产党员"教育平台、学习强国平台等载体。建立基于互联网基础设施的党员学习教育在线平台，打造随时随地都可以进行教学与学习的全天候培训平台。广大党校系统的党员学员都是肩负各项重要工作的在职人员，他们既要把本职工作做好，又要经常接受党校培训，有时难免有时间上的冲突，解决问题的可行办法就是改进教学方式，把到现场培训课程更多搬到在线培训平台上，让广大党员可以在工作的同时参与党校培训学习。特别是那些离党校距离比较远的偏远地区的党员，可以在当地通过远程教学参与学习，大幅度增加他们学习的机会，减少他们学习的困难。市县一级党校，特别是县一级党校要把在线远程教学平台建设作为教学基础

---

① 孙少磊，周雪松，黄勇. 关于乡村人才培育的思考［J］. 农业农村部管理干部学院学报，2019（36）：12-17.

设施的重要组成部分，提供相应的财政经费，或者以平台服务外包方式使用具有实力的互联网平台企业的远程教学设施。还可以在全省党校系统内建立面向全省所有党校的远程教学培训平台，提供给所有党校免费使用。这样既可以提升全省党校的办学质量，又可以避免重复建设，减少财政支出，还可以加强对全省所有党校教学的集中管理，提高办学管理水平。利用全国性党员学习平台也有利于远程教学培训。

加强网络平台系统建设。要深入推进远程教育站点、教学网站、手机APP、手机微信、手机报、IPTV、电视栏目、电子杂志"天府先锋"全媒体党员教育管理服务"八大平台"建设，进一步扩大影响力和覆盖面，努力将这些网络平台打造为与时俱进的教育平台、从严治党的工作平台和广大党员的精神家园。要继续抓好"全国党建网站联盟"向基层延伸工作，确保基本覆盖所有县、市、区，逐步延伸到有条件的乡镇街道和基层单位，在更大范围内实现党员教育培训互联互通、资源共享。要加快开发、整合地方教育平台，积极创办党员教育QQ群、微信群等，大力推动各级各类平台彼此联动、资源整合，构建人人皆学、时时可学、处处能学的网络教育培训新格局。

加强乡村县级党校分类建设。乡村基层党校分布不平衡情况比较突出。基层党校是指县一级党校。县一级党校的运行经费主要来自各县财政。各个县的运行经费由于与该县经济发展状况、财政收入水平密切关联，各个县党委政府重视程度不一样，再加上各个县党校办校历史不一样，这就造成了各个县党校发展水平不一样。从当前情况来看，四川省基层党校确实存在发展不平衡问题，也存在总体发展不足问题。经济社会发展水平相对较好的地区的党校建设与其他地区的党校建设之间确实存在较大差异。经济相对发达的县区，党组织重视，财力人力有保障，党校财政资金充裕，软件硬件建设好，各项活动不折不扣地开展，人才济济，工作高效高质。经济发展水平较低的区县，政府财力不足，对党校的经费拨付较少，党校也难以聘到高素质人才，各项活动经费也有限。有些偏远地区，农村党员长期得不到培训的现象还存在，也制约了农村党员素质的提高，进一步造成党员对当地经济社会发展的带动作用有限。县区基层党校承担了党校系统绝大部分的教育培训任务，如果基层党校由于各种原因不能高效高质量运行，对党的建设会有明显的不利影响。鉴于县区基层党校在国家党校体系中的重要地位，我们需要加强基层党校建设，增强基层党校能力，更好完成赋予它的各项职责和任务。随着乡村振兴战略的实施，乡村党员干部的责任和担当更大，基层党校的责任和担当也更大。如果我们不能将基层党校建设好，我们的党校系统就很难完成党中央赋予我们的重任，我们就会拖乡村振兴战略实施的后腿。

现阶段，四川省基层党校建设，需要解决几个方面的问题。首先是县区党委要认识到县区党校的重要地位，要把加强本县区党校建设作为一项重要职责，让其勇担重任。其次是要为其提供必要的经费支持，增加设施设备和师资。

实施乡村县级党校分类建设计划，让党员干部得到高质量的培训。全域一盘棋，推进分类建设。为了加强四川省基层党校建设，省委组织部做了专门部署，制订了四川省基层党校分类建设方案。针对四川省基层党校的具体情况，省委提出对党校进行分类，并制定了具体的建设措施。通过基层党校建设，为乡村党员和干部接受高水平教育搭好平台，让乡村党员干部得到良好的教育培训。

县级党校建设如何适应现实需求？在县区基层党校建设方面我们首先需要摆脱县区地域限制，要从全省基层党校大视野出发，把各个地方的基层党校进行统一规划。从全省基层党校布局合理化、有效化角度来考虑基层党校建设。要把不同县区党校进行合并与整合，让几个县区联合起来办党校，通过合并，实现设施设备和师资的整合，壮大办学能力。要把市一级党校与县一级党校建设联系起来考虑，促进市县党校资源整合和职能分工。有基层单设的党员干部培训基地的市县，要将培训基地与党校进行合并，减少机构数量，提高机构能力。有些县一级党校，办学条件确实较差的，可以考虑合并到市党校，成为市党校的地方分部。与市党校空间距离不远的县区党校也可以合并进市党校。还要从党校管理体制入手，加强党校管理，制定县级党校分类建设的系列政策措施。

抓好县级党校师资队伍建设。四川省要在党校系统继续深入实施党政领导在党校和学院任职制度，让每个县的党校不仅有党校牌子还要有党校机构，有专职人员负责党校的教学培训组织管理工作，把县一级党校建设为有活力、有事情可干、能干成事情的基层党校。对于党校系统我们要进一步探索教学人员的管理模式，在身份上我们可以探索党校教职员工与政府公务员和事业单位身份都有所区别的人员管理模式。在人员身份上要体现党组织系统的特殊性，同时还要考虑党校一般管理人员与党校教师身份之间的差异，要确保县一级党校专职教师占有较大比重。

在加强基层党校组织和人员配置的基础上，还需要加强全省党校体系内的教师序列的素质提升。除了确保进人环节的科学合理之外，还应当加强在职教师队伍的在职培训。对党校序列的教师首先要进行培训，对每一位教师都要有思想政治素质和业务能力方面的培训。在全面培训的同时还要对骨干教师和能力突出的教师进行重点培训，把他们培养成为忠诚党和人民事业的中坚力量，成为党务系统的重要力量。各级党组织负责人要管好各项事务，当然也包括党校系统事务。各级党组织一把手要从培养党组织高素质人才出发，把到党校讲课作为自己的例行工作。省市县党组织领导都应当担负起这份责任，在思想政治上加强党校系统教师党史教育，加强中国特色社会主义教育，让他们不仅有理论知识，也对中国特色社会主义的历史必然性有正确、深刻的理解。

在四川省党校系统内部的各个党校之间也要形成传帮带的相互支持、相互帮助的组织关系。能力强、素质高的要帮助新人和其他人，拉着他们一起往前走。办学条件较好和师资队伍较强的党校要帮助办学条件较差和师资力量比较弱的党校。帮助基础较差的市县党校开展课程设计和教学活动，与他们一起组建教学团队，并参与这些党校的日常管理。作为四川省党校系统的领头羊，省委党校要在全省党校系统建设方面发挥更大的作用。比如，进一步完善四川省各级党校办学质量评价指标体系，制定市县级党校各种形式的培训班办学规范，制定市县级党校办学基础设施标准。我们在这方面已经有所行动，我们还需要进一步加强这方面的工作，带领全省党校一起进步①。我们在日常工作中一定要坚持实施这些规章制度②。

9.3 加强农村社区工作者队伍建设

9.3.1 选优配强农村社区工作队伍

拓宽选人渠道，选优配强村社班子。首先要做到精准选人。鉴于村社成员大都是近邻，大家大都比较熟悉，每位居民的能力大家大都比较了解，有利于把最能干、最有奉献精神的能人选为村社两委班子成员。村社班子选举也存在不足，比如某一个姓氏在村里面是多数姓，村支书和社长人选基本上是在这些姓氏人数占多数的一两个姓氏中产生，并且存在多年甚至几十年不变的现象。在这种情况下，选出来的干部缺乏公平心，也缺

---

① 中共中央办公厅印发《2019—2023 年全国党员教育培训工作规划》[EB/OL]. (2019-11-11) [2022-08-08]. https://www.gov.cn/zhengce/2019-11/11/content_5450978.htm.

② 四川省委组织部、省委党校已经出台《市县级办学质量评估指标办法》和指标体系，配套制定《市县级党校主体班班次办学规范》和《市县级党校基础设施建设规范》。

乏为所有村民服务之心。遇到这种情况，乡镇党政班子应当对村社选举进行一定的指导和监督。要进一步完善村社班子选举规则和程序，要让有知识、有能力、有精力的年轻人进入两委会班子。要做好择优用人，不断加大下派干部驻村任职工作力度，从镇（街道）选派工作能力强的干部到村（社区）任职，帮助理顺发展思路，为班子注入活力。

做好后备干部储备工作。首先是要严选后备干部储备人员。消除身份和地域的限制，采取组织推荐、自荐、群众举荐等多种方式选拔后备干部，优中选优。

规范村社工作职业准入。要规范村社两委班子成员选任聘用。对新进专职社区工作者采取公开招聘、选任等方式配备，由县区政府统一确定专职社区工作者选聘程序和资格条件。公开招聘专职社区工作者，按照公开、平等、竞争、择优原则，由县区民政局会同区委组织部、人力社保局等部门组织实施。依法选举社区两委专职成员，镇街党（工）委应在选举前严把人选标准和资格条件关，产生人选符合聘用条件的，报县区委组织部、县区民政局同意后，由镇街办理相关手续，任期内享受专职社区工作者待遇。对社区急需的专业人才、持有《社会工作者职业水平证书》人员和表现特别优秀的社区志愿者，在同等条件下优先聘用。注重从政治素质过硬、群众基础好、服务本领强的本社区居民、复员退伍军人、大学生村官中选聘专职社区工作者。注重选用有基层工作经验的人员，每个社区应有1名以上专职社区工作者为本社区常住居民。探索在具有一定基础的农民中培养社会工作人才。

规范录用方式。专职社区工作人员以聘用形式任用，每5年换届1次。聘用一般采取村民全体或者代表投票或者举手表决方式。非本村的外地人员参选村社工作人员可以采取考试方式，考试内容为村社治理管理方面的知识。招考对象条件可以设为：年龄不超过50周岁、具有中等院校学历、愿意为村社发展服务等。成功人士可放宽到55周岁，并给予适当加分。优先招聘政治素质优、群众基础好、服务本领强的本社区居民、退伍军人、大学生村官进入专职社区工作者队伍。

规范村社工作人员用工。专职村社工作人员，他们依靠所从事的工作维持生活，要有劳动用工制度保障他们的权利，让他们生活有保障，能够安心工作。签订一定期限的劳动合同，明确工作内容和薪酬社保等方面的待遇。劳动合同一般由镇街与专职社区工作者签订。有条件的村社应当为专职村社工作人员购买社保，缴纳社保的费用由村集体支付或者由乡镇财政支付。要做好专职工作人员的人事档案的建档和保存。

加强工作方式方法管理。在工作方式上，以走村串户、深入群众和田间地头走访为主要方式，把服务送到村民家里，送到村民手里。规范薪酬管理。真正重视基层、关爱基层。规范考核管理。专职社区工作者考核由镇街党（工）委组织实施。多听一听村民们的真实感受，多看一看他们所做的实事，多深入老百姓家里和田间地头，少在办公室里看材料。村社专职工作人员是为特定村社服务的，乡镇等部门不得借调使用。确实需要借调优秀人才的，要有一定的程序，办理必要的手续，并且需要向所服务村社民众公示和说明。鼓励专职村社工作人员参加相关职业资格证书和学历教育学习，为他们提供必要的支持和条件。利用业余时间和节假日为他们举办一些学习培训活动。利用远程教育学习平台为他们搭建学习通道。对积极主动学习的工作人员进行补助与奖励，培养他们爱读书、爱学习的习惯。

拓宽发展通道。合格称职的专职村社工作人员在参加乡镇公务员和事业单位招聘时，可以给予适当的加分或照顾，以鼓励人们投身乡村基层建设。比如，乡镇公务员考试可以留一定名额给专职村社工作人员。或者他们参加招聘时可以有一定分值的加分。在乡镇人大和政协招聘名额中也应当有他们的一席之地，推荐优秀的人员成为乡镇人大代表和政协委员。

9.3.2 加强农村社区工作者队伍岗位素质能力培训

加强乡村社区工作者素质能力培训，提高其履职能力。入职前，应建立"优秀社区工作者—党员—社区后备干部—社区两委干部"阶梯式培养机制，将优秀社区工作者发展为党员，纳入后备干部培养，经测评考察合格后，按照相关程序入职社区两委，县区社区后备干部常态保持在50名左右。入职后，选拔优秀社区两委干部到街道学习、外地挂职锻炼、跟班学习，提升社区工作者岗位能力。

健全培训体系。将专职社区工作者纳入人才发展规划，分层分类开展政策法规、业务知识和专业技能培训。县区级负责社区主职干部和初任上岗的培训工作，镇街负责其他专职社区工作者的培训工作。分期分批举办培训班，按照干部的定岗分类进行岗位素质培训，组织社区工作人员每年至少参加1次县区级以上集中培训、1~2次镇（街道）级常规培训，累计集中培训时间不少于7天。培训情况纳入专职社区工作者的年度考核，作为续聘、晋升、评先评优的重要依据。

强化系统培训。每年度开展社区工作人员培训，将社区工作实务及乡村基层治理纳入培训内容，邀请社区离退休干部开展经验交流座谈会。组织参加社会工作者考前培训及继续教育培训，由专人负责培训点名等考勤工作，保证参加培训时间，提升专业知识水平及专业技能。对村社专职工作人员要有能力提升方面的培训，要有职业道德、工作责任心方面的培训，要有"四史"教育和法治方面的培训，不断提高他们的基层工作能力①。抓法制教育，强化依法从事村社工作意识。抓技能培训，提升致富能力。每年不定期组织村（社区）干部进行农村实用技术培训，强化电子商务和网络技术培训，帮助村（社区）干部掌握电脑使用技术、网上营销知识和技能，充分利用互联网营销优势，推销农特产品，帮助群众增收致富。

强化专业教育。要求50周岁以下专职社区工作者在3年内或具备考试报名资格后的3年内取得《社会工作者职业水平证书》。鼓励在岗50周岁以上的专职社区工作者参与社会工作者职业水平考试。鼓励和支持50周岁以下的专职社区工作者参加与社区社会工作相关的本科及以上学历教育。推动专业发展。加快推动专职社区工作者向专业社会工作者转变。每个社区设立社会工作室，组织开展社区社会工作，每个持证的专职社区工作者每年实施1个以上社会工作个案服务项目。组织优秀社区工作者赴先进地区学习交流，开阔专职社区工作者视野。

抓好学历教育，提高文化水平。坚持岗位培训与学历培训并举，实施村干部学历提升计划，依托开放大学、党校等资源，对符合条件的党支部书记，村（居）委会主任、副主任及村级后备干部进行学历提升教育。

要做好后备干部的培育。面向村社后备成员，开展思想道德教育、党史教育、政治觉悟教育以及法律法规和村庄建设管理等方面的培训，让他们尽快达到基层党组织人员素质能力和业务能力要求。还要围绕各自擅长的业务领域加强相关业务知识的学习。要多用四川省各地村社先进人物的典型事迹案例来感染和熏陶他们。

9.4　创新基层治理模式

9.4.1　坚持村民在村社治理中的主体地位

村民在基层治理中处于主体地位。村民是村社的主人，村社治理就是村民们自己的事情。发动村社民众参与村社治理是国家乡村振兴的一个重

---

① 贺喜灿. 农村公共服务人员要提高六个方面的能力［J］. 中国人才, 2009（4）: 59-60.

要要求①。用村民自治的组织形式发动村民全面参与村社治理，把村社基层治理搞好。村民最了解本村社的实际情况，最清楚自己需要什么，他们直接参与村社治理更能达成自己的心愿。要维护村民在村社事务中参与讨论和决策的表决权，村社事情不能只是少数人说了算。乡镇要广泛开展村社自治方面的规章制度宣传，要加强村民对国家政策的学习了解，增强他们的参与意识和参与能力。

提高村民对村社集体经济经营活动和社会事务的参与程度。动员社会参与，维护人民群众的合法权益②。村社农业生产发展是当地村民最关心的事情。只有农业农村产业发展起来了，村社其他方面的建设才有资金等物力财力的支持。要把搞活、发展壮大村集体经济，依托集体经济带动所有农户等个体经济发展作为村社自治的首要任务。在这个问题上要让大家开动脑筋，集聚全体村民的聪明才智，积极采纳外部人士的建议，主动借鉴其他地方的经验。不要搞一言堂，要让大家主动去尝试，多元化实践，在村一级经济范围内引入竞争机制和比赛机制，哪种模式好，哪种经济组织方式更有活力，让事实来说话，以事实服众。改进村集体经济具体组织形式和运行方式，让村集体经济实现质的进步，让村民的经营能力也得到质的提升。

要调动村民参与本村社其他事务的积极性。村社生态环境、村社交通物流基础设施、村社农田基本建设、村社生活废弃物循环利用、村社健身娱乐设施等，都是与村民息息相关的事情，每一件事情都关系着村民的幸福生活。在这些事情上，我们要增强大家的参与意识和参与能力，让村民事事关心，并积极提出自己的想法。在这个过程中乡镇党政要适时加强相关知识的普及，这样不仅可以把村社建设搞好，还可以提升村民的素质和能力，让他们成为熟悉现代农业产业组织和现代乡村治理的合格村民。

发挥好乡村乡贤在乡村治理中的积极作用。组建一支新乡贤队伍，让他们利用人熟、地熟、村情熟等优势，在产业发展、道德引领、矛盾调和等方面施展才能。与此同时，从技术专家、新乡贤等各类人才中选聘一批名誉村主任。从成长于乡土、奉献于乡里的新乡贤中遴选具备法律知识、善于调解纠纷、热心公共事务的乡贤评理员建成乡贤评理堂，并将其发展为乡村振兴强有力的民间智囊团③。

① 唐忠，陈卫平. 深化农村改革，推动乡村振兴 [J]. 中国农村经济，2019（2）：137-144.
② 汪三贵. 脱贫攻坚与精准扶贫：理论与实践 [M]. 北京：经济科学出版社，2020.
③ 李建兴. 乡村变革与乡贤治理的回归 [J]. 浙江社会科学，2015（7）：82-87.

要创新村社组织议事规程。在农村村社基层治理模式上，我们可以在以下几个方面对议事规程进行完善。一是建立相关各方共同参与治理的模式。村社治理涉及村里的居民、设在村里的企业、事业单位以及其他组织，涉及在村里工作和生活的非本村居民等群体。我们要让这些组织和群体都能表达自己的要求和想法，他们都应当参与到村社治理中来①。这些相关各方可以以多种渠道参与村社治理。召开相关各方都参加的村社会议或者代表会议，把涉及大家利益的事情让大家商量着办。二是协调好各方利益，最大化村社整体利益，减少相互之间的利益冲突。在投票表决方面，我们不能以简单的少数服从多数原则决策，少数人的利益也应当得到尊重和维护。要建立利益受到损失的一方的利益补偿机制，决策应当更具有包容性和共享性。让村社表决机制成为促进村社和睦和谐的机制，而不是让一部分人受到伤害的机制。三是乡镇党组织和政府要随时观察留意和矫正存在的不足和问题，并及时提出改进办法。四是提升乡村德治水平②。积极探索村民自治的有效实现形式，充分发挥自治章程、村规民约在农村基层治理中的独特功能，弘扬公序良俗，组织村民制定村规民约，建立起以村规民约为重要载体的民主治村工作机制。五是健全村务档案管理制度。确保相关决议被记录，事后需要时可以查询。

9.4.2　加强村民法治和道德教育

提升村民法律素质。法治是现代社会的基本治理手段。让广大村民知道法律知识，认识到法治的重要性，学会将法律手段用于社会治理，做守法村民和用法村民，在遇到各种矛盾和冲突的时候，首先要想到用法律手段来解决问题，维护各方的利益。依据国家法律法规来推动乡村建设，用法律手段来促进乡村产业发展，用法律手段来保护乡村生态环境，用法律手段来协调乡村各方利益。要培养村民自觉遵守法律的思想觉悟。要加强乡镇及上级党和政府对村社基层的法律宣传和普及。对于乡村存在的各种问题相关党政部门也要习惯用法律方式进行善后处理。要有为村民进行法律救助的组织及机制。随着法治社会的推进，各种法律法规条文不断增加，为了让村民及时知晓最新的法律法规知识，需要乡镇及县一级党政部门及时向村民宣传讲解法律知识，跟上法治建设的步伐。在村民集聚的场

---

① 赵晓峰，马锐. 乡村治理的理论创新及其实践探索："落实乡村振兴战略，推进乡村治理体制机制创新"研讨会综述［J］. 中国农村经济，2019（2）：131-136.

② 冯俊锋. 乡村振兴与中国乡村治理［M］. 成都：西南财经大学出版社，2017.

合增加法治宣传的内容更容易为民众乐见。比如，在村民赶集买东西的时候，在过年过节上街买东西的时候，在村民集中议事的时候都可以顺便将相关法律知识告诉大家。乡镇部门还应当将最新的法律法规读本送到乡下百姓手中。将国家出版的法律法规单行本和普及读本免费送给村民，并且让法律服务者将相关内容讲解给大家听，方便大家理解掌握。法律服务人员最好用案释法的方式让村民学会如何利用相关法律知识，让村民不仅知法守法，也要学会用法律维护自身利益。村社广播也是宣传法律的有效渠道，早晚播报内容里可开辟普法知识专栏。

加强村民道德教育，提升乡村德治水平。现代社会是法治社会，也是德治社会。法治手段要高效低成本运用也需要民众有一定的道德水平，道德是法治的社会基石。我们部分同志片面看待法治，认为法治社会不需要道德建设，这是不正确的。道德是我国传统社会的根本治理手段，正是道德建设让我国成为世界的文明古国，文化传承几千年。儒家文化和道家文化等都是主张道德教化的文化，是我国道德教育的主要思想体系。我国传统乡村也是道德社会的主要组成部分。道德社会讲究每个社会成员的自觉自愿，讲求道德力量对个体的自觉约束，在任何场合都能够遵守社会规范，维护社会正常有序运行。道德社会注重人性的发扬，注重用善、义、信、勤劳、节俭等美德来自觉规范自己的行为，从而形成良好的社会秩序。这些美德更是现代社会需要的。有道德观念再加上法制约束，内外兼修，社会将会更加和谐有序。

要加强村民道德建设，就必须加强道德宣传。高尚的道德不是自发就有的，也不是天生的，是社会教化的结果。一个重视和崇尚美德的社会，才会让更多人认可和树立道德观念。为此，要在全社会树立道德模范，每个年度评选道德先进人物，评选尊老爱幼家庭，表彰重情守信的个人，批评教育失德失信的个人，批评教育不承担家庭义务的个人。

10　大力培育乡村基层公共服务人才

10.1　加强乡村教育人才培养

要深刻认识加强新时代乡村教师队伍建设的重要意义。提升乡村小学和中学教学水平，是实现国家教学公平的需要，同龄人读书机会公平也是社会公平的重要组成部分。乡村教师是乡村教育体系的灵魂和主体。读书改变命运，有了高素质的乡村教师队伍，才会有高水平的教育，乡村孩子才有机会接受更好的教育，也才有改变自己人生的机会。乡村教育是乡村发展的薄弱环节，一些家庭为了让子女接受更好的教育就只能到县城买房子或租房子陪子女读书，增加了家庭负担。为此，应办好乡村中小学，让村民子女就近读上书，接受好的教育。就近读书还可以增加子女对家乡的感情，为他们以后进入社会回乡就业打下感情基础。就近读书，还可以让带子女的大人多干一些农活，减少农村土地抛荒，增加农业生产劳动力，让乡村人口重新积聚起来，让乡村的炊烟重新冒起来①。

随着我国二孩三孩政策的放开，乡村民众家庭的新生孩子还会不断增加，让众多的孩子大规模到县城或乡镇去读书会不断增加县城学校的负荷，将本村的学校重新用起来，让琅琅读书声在各个村庄小学上空回荡很有必要。

要加强乡村教师队伍建设，大力培育乡村教育事业合格人才。在乡村教师队伍培养上，我们首先要弄清楚哪些部门对此负有领导责任，哪些部门对此负有主体责任，哪些部门是具体实施部门。省市县党委和政府是乡村教师队伍建设的领导部门，各级教育主管部门是乡村教师队伍建设的具体实施部门，县一级教育主管部门是乡村教师队伍建设政策的落实部门。

---

① 教育部等六部门关于加强新时代乡村教师队伍建设的意见［EB/OL］.（2020-09-04）
［2022-08-08］. https://www.gov.cn/zhengce/zhengceku/2020-09/04/content_5540386.htm.

各级党政部门要切实承担起领导责任，做好基本政策的制定，做好相关路线方针政策的部署以及执行落实的监督检查。主管部门要做好大政方针的细化，做好大政方针的落实和部署，县一级主管部门要落实好相关政策。各级党政都要把抓好乡村教师队伍建设作为本职工作之一，要有评价考核指标，作为对他们年度工作考评的重要指标。

强化乡村教师编制配备。向乡村教师序列增加更多编制，确保每个行政村都有一定数量的教师编制，为乡村教师配置提供体制基础。21世纪初，随着乡村裁村并校的实施，一些行政村小学被撤掉了，村民子女只能到更远的乡镇或者其他村小学去读书，小小年纪跋山涉水，既不便于学习也增加了人身安全风险。一些家庭子女因为没有人接送，就辍学了。结果一些村社校舍已经修好了，但是由于教师编制原因，不能安排教师来任教，校舍等设施一直闲置，这无疑是资源浪费。

在落实村小学教师编制的基础上，向乡村小学加派更多的教师。为了让教师们愿意来乡村任教，在待遇方面、生活条件方面、职业发展和晋升方面都应当有一定的激励措施。特别是四川省秦巴山区等革命老区，凉山、甘孜、阿坝等为革命做出过重大贡献的地区，这些地区经济社会发展至今还相对滞后，教育经费匮乏，乡村教学生活条件差，更需要有一定的补助和扶持政策。省委省政府可以通过针对这些地区乡村学校教师的专门计划，在财政经费上加大支持力度。在职称评定方面，可以单列序列，定向评定。在师生比要求上，乡村学校的师生比可以比城镇学校的要求宽松一些。

每个村小学的教师应当配置规定数量的专业教师，不能让一个教师承担所有课程，语、数、外、德、智、体、美都要有相应专业的教师。在乡村教师培育上，要加强在职培训，以每位教师承担1~2门课程为限，培养复合型教学人才，在充分利用教学人才的同时，保障学生得到良好教育。

要在全县教育系统内统筹教师资源，乡村教师与县城教师在全县各个学校之间流动，均衡配置。为了减少教师流动给教师家庭带来的不便，教师流动不能过于频繁，每5年流动一次比较合适。愿意长期在乡村从教的教师，在工作一定年限后，应当补发一定的补助金，以示奖励和鼓励。

将特岗教师纳入正式教师序列。以"三支一扶"形式进入偏远地区乡村任教的大学生，可以不设服务年限。如果他们自愿在这些地方继续工作应当鼓励，工作一定年限后自动进入教师编制。继续为那些支边支教的志愿者提供志愿服务政策，完善相关体制机制，确保他们的合法权益。让那些有一技之长的人们、有爱心的人们有机会去奉献爱心，服务社会，促进社会均衡发展。

要解决好乡村教师两地分居等生活问题。夫妻双方分隔太远不利于家庭子女成长，也会影响双方安心教学。省市县各级党政部门都应当关注这个问题，为不在同一个地方工作的夫妻解决两地分居问题①。

加强乡村教师师德师风培养，激发教师奉献乡村教育的内生动力。师德师风是对教师职业群体的基本思想道德品质要求。做一行就要爱一行。教师为人师表，更需要具有高尚的道德情操和奉献精神。教师不仅要学问好，还要为人正派；不仅要认真执教，还要有一颗关爱学生的炽热之心；不仅有道德、美德，还要有正确的政治立场。要把学校党组织建设好，要加强乡镇村教师思想政治教育，改进教育方式，让教育内容深入人心、融入血液。开展乡村教师先进人物事迹宣讲，加强"四史"教育，让他们对中国共产党、社会主义和改革开放有更深刻的认识。有了高素质的教师就可以通过他们培养出一批又一批合格的学生②。

加强村社学校基础设施标准化建设。在乡村教师生活方面，可以为教师提供办公室、生活补助和厨房宿舍等设施，方便他们在教学点生活和工作，可以在村小学所在的乡镇建设安置房或福利房，以成本价提供给本乡村教师，方便他们就近安家落户。在学校还应当为学生配置一定的休息宿舍。在村上还应当有可供学生热饭的炉具等设施。在村社学校增加学生宿舍，为愿意留校住宿的学生提供方便。

重视村社学前教育基础设施建设，在每个乡镇至少要设立一所具有一定规模的幼儿园，在每个村小学，还应当增加幼儿教育设施设备，把村幼儿教育也发展起来。乡镇幼儿园要达到国家规定的中心幼儿园标准。在四川省甘孜、阿坝、凉山等民族地区的乡村幼儿园要配备普通话教师和民族语教师，让他们既可以学习本民族的语言，也能从小开始学习普通话，为他们以后学习和工作打下坚实的语言基础。

在农村还要发展面向初中生的中等职业技术学校。中等职业技术学校设施设备要达到办学要求，教学师资配置要达到四川省规定标准。在专业设置上要突出县域产业发展特色，同时也要重视一般职业技能培养③。

要重视乡村特殊群体的学习教育需求。建设帮助残疾人康复的服务中

---

① 教育部等六部门关于加强新时代乡村教师队伍建设的意见［EB/OL］.（2020-09-04）［2022-08-08］. https://www.gov.cn/zhengce/zhengceku/2020-09/04/content_5540386.htm.

② 吴振华. 教育与农村居民增收研究［M］. 北京：经济科学出版社，2019.

③ 中共中央 国务院关于抓好"三农"领域重点工作确保如期实现全面小康的意见［EB/OL］.（2020-02-05）［2022-08-08］. https://www.gov.cn/zhengce/2020-02/05/content_5474884.htm.

心。建设老年人学习休闲娱乐中心等。

在全省范围内，推动乡村学校优秀师资力量的均衡化。在制度上支持乡镇和村一级学校的校长到县城等办学质量较好的学校任教，提高他们的业务水平。鼓励省市县办学质量较好学校的校长、教师到乡镇村学校任职一定时间，比如2~3年，带动乡镇村学校发展。以县区为单位，加强城乡教师交流轮岗，把到乡镇村学校任职作为他们职务晋升和职称评定的条件之一。建设联系城乡学校的义务教育学习阶段的线上教学平台。以线上远程教学方式把优质学校的师资与乡镇村学校学生对接起来，让乡镇村学校的学生在当地就能听知名教师讲课。

10.2 加强乡村卫生健康人才队伍建设

有效解决医疗卫生公共服务领域人员和人才短缺问题。一是要提升基层医务人员待遇，改善基层工作环境，保持其服务农村的积极性。二是通过政策促进医务人员向基层合理流动。在二级以上综合医院建立人才梯队，35岁以下的管理和专业技术人员，在职务和职称晋升前，需要到基层工作服务至少半年。对基层人员编制统筹规划，县区医疗机构每年招聘人员的1/3，经过全科培训后，派驻到有需求的乡镇卫生院。工作期满，经考核合格后，可以回到所聘岗位。

加大乡村现有医疗队伍学历教育和技能提升力度。加强职业资格培训，让他们获得职业资格证书，包括职业医师资格证书和职业护士资格证书。为基层医疗卫生人员学习进修提供便利条件，让他们接受正规的相关专业知识教育。增加乡镇基层医疗卫生编制，让更多医务人员到基层一线服务。加强乡镇村医务人员综合业务能力培养，培养能够胜任更多专科的西医医师和中医医生。还要打通中医与西医之间的渠道。在县域范围内对全县医务人员实行编制与工作单位适度分离的制度。让那些编制在县城中心医院、中医院等医疗卫生机构的医务人员经常到乡镇卫生院坐诊看病以及提供医疗服务，让村民可以就近方便看病，减少看病的奔波和相关费用。县中心医院和中医院医疗卫生设备在全县范围内实行开放共享。县中心医院和中医院设备科、检验科接受乡镇医生开来的检验检测单，并依据这些检验化验结果开处方。

10.3　加强农村社会服务工作人才队伍建设

一是加强乡村社会工作队伍建设和人才培养。乡村社会工作人才是乡村社会服务的重要提供者。健全乡村社会工作组织机构，要用清单形式明确乡村社会工作的职责。乡村社会工作职责要以成文形式制度化，让乡村群众知晓，也让社会工作队伍清楚自身职责。提升乡村社会工作者素质和业务能力。现有乡村社会工作队伍成员大多数来自农村，人员素质差异很大，部分成员不懂社会工作业务，难以胜任岗位职责，也影响乡村社会工作开展。提升乡村社会工作者素质和业务能力是现实社会的需要。为此，要让他们参加在职学习等学历教育。与当地职业技术学校达成代培协议，让他们有机会接受职业技术学校学历教育。与省内高等院校签订合作协议，代为培养社会工作专业在职学生。要鼓励或者要求社会工作者参加相关职业资格考试，拿到职业资格证书。要加强社会工作者思想政治教育，做有道德、遵纪守法的公民。提高进入乡村社会工作人员序列的门槛。在学历方面要有相应的规定，要把接受过中等或高等教育作为基本条件之一。要采取考试方式选录人员。对进入组织机构的人员实行聘用制管理，聘用周期一般为 5 年，在聘用协议中明确双方的责任和义务，在聘用期内考核合格的自动进入下一个聘用周期。要加强乡村社会工作服务站点建设。服务站点要加强基础设施建设，达到四川省规定的最低要求。要为社会工作人员提供更多的发展晋升通道和出路。在公务员考试和事业单位招聘方面有一定的加分录取机会。

二是加强乡村仲裁队伍建设。随着农业农村改革的深化和农业农村现代化的推进，农民对土地的维权意识不断增强，农村土地纠纷随之不断增加，涉及的范围不断扩大，妥善处理好农村土地承包经营纠纷是新形势下农业农村工作的一项重要任务。要进一步提高农村土地纠纷调解仲裁人员业务素质和实际操作能力，推动全省农村调解仲裁工作规范化建设。加强农村土地承包经营纠纷调解仲裁人才队伍建设，要求各县区相关部门进一步增强做好土地承包纠纷调解仲裁工作的责任感和紧迫感，要切实加大农村土地承包法律政策宣传力度，加快完善纠纷调解仲裁体系。着力加强仲裁员队伍建设，积极调处化解乡村矛盾纠纷，努力将纠纷解决在当地，将矛盾化解在基层，为促进平安乡村建设、实现乡村振兴和农村社会的长治久安奠定坚实基础。在人员队伍建设方面要鼓励各地探索建立仲裁员等级评价制度。

三是加强农村法律人才队伍建设。乡村法治建设离不开懂法律的人士的参与。要通过乡村法律服务人员的社会服务让法治深入乡村、深入群众。要规范乡村法律服务人员的业务范围，做到法律服务不缺项、无遗漏。用清单形式明确乡村法律服务的内容，用规章制度明确法律服务的方式方法。把乡村法律服务内容和服务方式张贴在村社合适地点，方便村民知晓。要在村会议上对村民进行讲解，让村民明白。要提升法律服务人员的业务能力，随时对他们进行法律法规学习培训，要更多通过案例方式告诉他们应当怎样为村民提供法律服务，要用大家喜闻乐见的方式普及法律知识、解决社会矛盾。新招聘员工时要有学历方面的要求，要通过考核等方式进行招聘，同时采用招聘合同方式进行管理。对新招聘的法律服务人员要加强入职培训，包括思想道德教育、政治教育和服务意识教育。要把对村民的普法作为他们的主要工作，要把深入田间地头与村民谈心作为主要工作方式。

四是加强乡村安防队伍建设。在乡村建设安全维护队伍。随着乡村年轻人外出的增加，乡村成为老年人和妇女儿童集聚的地方，确保乡村社会治安就成为一件很重要的事情。在乡村社会治安建设方面，要从两个方面入手。一是从技术安防入手。建设乡村监控网络基础设施。在乡村道路关键节点，比如三岔路口、危险地段、河沟、集居点等地方安装监控设备，在每个村的办公点进行统一监控，监控记录要保存一定期限。二是加强人防队伍建设。组织在村里的青壮年和中年劳动力，建立联防队，既负责本村的社会治安，也负责本村的自然灾害及火灾防范。人防队伍组织队员轮流在村里巡视，特别是晚间和发生恶劣天气时要加强巡视，让大家有安全感。要利用闲暇时间定期开展应急演练，提升队员的应变能力。要为每个村的安防队伍配备必要的随身安防设备，要加强队员使用监控和其他安防设备的技能培训。

五是加强乡村文化体育人才建设。随着乡村经济社会发展，村民对文体活动的需要也在逐步增长。为此，应加强乡村文体设施建设，为群众提供体育锻炼等文体活动的器械和场所。要发展乡村体育锻炼群众组织和文化活动群众组织，比如篮球队、乒乓球队、羽毛球队以及民间艺体活动组织，还可发展唱歌、跳舞、绘画、书法、棋类组织。经常开展相关文体活动或比赛。组织市县一级文工团、杂技团等文艺体育工作者到乡村演出、开展体育比赛，丰富村民的文体生活。让坝坝电影重新流行起来，让乡村的篮球场重新热闹起来。对乡村的文体艺术人才进行适当的培养，比如，请文体能人来乡村与村民切磋技艺和传授技艺。让有文体特长的村民到县里和市里去参加比赛,开阔他们的眼界,提升他们的技能。评选文化乡村、艺术乡村和体育乡村。在传统农村节日组织群众性文体活动①。

六是加强乡村规划人才建设。在市县两级加强乡村规划人才培养。多年来,四川省的乡村建设基本上没有上升到规划层面。村民们的房屋是自己设计的,村里的农田水利建设也是农户自己设计的,村民集居点建设存在一些不科学、不合理的地方。美丽乡村建设,需要我们提升乡村建设的规划设计水平。市县规划部门要增加乡村规划编制和规划人员。要以清单形式明确他们的职责,对规划中严重失职行为要追究责任。要加强乡村规划人员业务素质和规划能力培养。组织他们到高等院校规划专业学习。要加强四川省高校乡村规划类专业建设,提高四川省乡村规划设计研究水平,要将我国传统建筑艺术作为学习培训的重要内容。要加强乡村基础设施建设队伍建设。提高乡村住宅安全性和基础设施建设质量。四川省应当进一步完善乡村住宅建设的安全指标,要进一步细化乡村道路桥梁建设的宽度、厚度、坡度和弯度的指标要求。要加强乡村基础设施建设前地质勘探,排除安全隐患。

---

① 中共中央 国务院关于抓好"三农"领域重点工作确保如期实现全面小康的意见 [EB/OL]. (2020-02-05) [2022-08-08]. https://www.gov.cn/zhengce/2020-02/05/content_5474884.htm.

11　大力培育乡土人才

11.1　乡土人才是各地乡村振兴的重要力量

乡村的发展最终是要实现乡村人民群众的全面发展。乡村经济社会各个方面的发展是要服从和服务乡村人民群众的发展，对这个关系的认识我们不能颠倒了本末。乡村本土人才是各地乡村建设的重要力量。培养壮大本土人才队伍，提升本土人才队伍的素质和能力，是解决乡村建设人才难题的有效途径。要高度重视本土人才培养，就地取材，实现本土人力资源素质和能力提升①。本地的农业生产能人、本地的手工艺人、本地的文化才人都是我们应该很好挖掘和发挥他们才能的难得人才。这些土生土长的本地人，对家乡有着深厚的感情，更盼望家乡尽快发展起来，建设家乡更加心切。只要我们对乡村的体制机制进行合理改进，就可以让本土人才大展拳脚，参与到家乡产业发展、社会建设各个方面中去。只要我们把乡村本地人民的积极性、能动性调动起来了，我们的乡村建设就会有强大的内在动力②。

同时，我们也不得不承认，当前四川省乡村本土人才素质参差不齐，总体素质较低。四川省留在乡村的本土人才有少部分是青壮年劳动力，但是他们很少接受过高等教育。虽然乡村还有精于种养的老把势，但是他们现在年龄都比较大了，很难胜任高强度的体力劳动。其余的就是妇女和儿童，部分妇女还不识字。乡村本土人才中的年轻人大多在外地从事非农工作，还没有加入到家乡建设行列中来。这与当前乡村建设各项任务对劳动力的需求不相适应。培育提升乡村本土人才势在必行，而且任务艰巨。

---

① 蒲实，孙文营. 实施乡村振兴战略背景下乡村人才建设政策研究［J］. 中国行政管理，2018（11）：90-93.

② 赵光勇. 乡村振兴要激活乡村社会的内生资源："米提斯"知识与认识论的视角［J］. 浙江社会科学，2018（5）：63-69.

要尽可能吸引本土人才回乡发展，要为本土人才搭建他们施展才能的舞台。对于在外地的乡村年轻人，我们要想办法把他们吸引回来，加入到家乡建设行列中来。这一部分人包括考上大学到外地工作的年轻人、在外地从事各种工作的年轻人，也包括弃农到外地从事工程建设等工作的庄稼人①。

加强乡村社会治理，让乡村社会治理更加公平公正，重拾大家对家乡建设的信心。搞好乡村集体经济，壮大乡村产业，让他们有发挥才能的舞台。抓好乡村基础设施建设，让乡村生产生活条件改善。为村民创新创业提供更多支持和扶持，让家乡创业不再困难重重。强化政府公共服务职能，为村民创业赋能。这些措施都有利于让更多本土人才回归故里，为家乡建设服务②。对农村土地制度进行改革，让乡村创业可以方便获得必要的用地，包括生产用地和建设用地，只有解决了乡村生产用地和建设用地问题，乡村产业才有发展的空间，与人才相伴的各项资源才能够进入乡村。要为乡村的各种社会组织发展和公益组织发展提供空间，为乡村非农业产业发展提供空间，才能为更多有才能的人才来乡村创业提供机会，乡土才会成为生产和生活的乐土③。

11.2　实施乡土人才培养计划

开展乡土人才示范培训。实施农村实用人才职业素质和能力提升计划，培育一批"土专家""田秀才"，培育一批产业发展带头人，培育一批农村电商人才。扶持一批农业职业经纪人、职业经理人。引导本土人才转变就业观念。一些本土人才、大学生觉得好不容易"鲤鱼跳龙门"，现在要回到村里工作，从内心难以接受。要引导年轻人改变这种过时的陈旧的观念，要让年轻人觉得回村工作是一种情怀。在乡村鼓励年轻人子承父业，学习父辈的农业生产技术和经验，传承我国传统农耕文明，发扬农业

① 赵光勇. 乡村振兴要激活乡村社会的内生资源："米提斯"知识与认识论的视角 [J]. 浙江社会科学，2018（5）：63-69.
② 阙芳菲. 乡村振兴背景下湖南乡土人才队伍建设研究 [J]. 科技经济导刊，2019（27）：239.
③ 谷今. 大学生创新创业与乡村振兴战略融合的实践探索 [J]. 知识经济，2018（17）：17-18.

生产集约化、精细化生产传统。要让那些老农民、老把势发挥自己的余热，让他们通过师徒方式把自己的拿手绝技传给其他人。

完善本土实用人才培养机制。构建"政府+高校+社会力量"三位一体的本土人才培育新机制。在三方培养主体中，政府是组织者和主导者，是培育经费的提供者；高校是本土人才培养的平台和实施主体，是人才技术和技能的施教者；社会培训机构也应当依据自己在实践技能方面的特长参与其中。

大力培育乡村传统工艺人才。振兴乡村传统工艺，培育壮大乡村传统技艺人才队伍。培养一批乡村工匠，培养一批乡村文化能人，培养一批乡村非物质文化遗产传承人，包括乡村传统饮食制作技艺人才队伍、乡村建筑技艺人才队伍、乡村文化技艺人才队伍、乡村手工艺品制作技艺人才队伍。四川省是我国传统农耕文明的主要发祥地。这里有丰富的传统农耕文化，这是我们的瑰宝和财富。我们应该好好保护，也要用它们来为我们更好地生活服务。四川省乡村传统手工艺人包括石匠、木匠、建筑师、竹编艺人、造纸艺人、婚嫁服务人员等，他们把传统文化融入这些工艺活动中，让传统文化得以传承。他们生产的物品提供的服务构成了我们传统的生产生活方式。对于这些村民，我们要鼓励他们继续以传统手艺来谋生，政府要帮助他们寻找产品销路。在乡村建设中要尽可能把建设施工任务交给本土村民，这不仅可以增加他们的收入，还能够传承传统民间工艺技术。要鼓励村里的年轻人学习父辈的手工技艺，让传统工艺后继有人。

大力培育传统农耕文化传承人。现代农业并不意味着不需要传统农耕技术和生产方式。四川是天府之国，在古代，我们用很少的土地生产出大量的粮食和农产品，不仅满足巴蜀的需要还大量输送到其他地方。天人合一，依据农历时令季节播种收割、精耕细作，使用农家肥，不使用农药等化学药品是四川省传统农业生产的显著特点。这些生产特点，恰恰是今天我们所提倡的生态环保有机农业生产方式，是一种高质量农产品生产方式，是与生态环境相容互生的生产方式。传统农业主张顺应自然，顺河流修渠道灌溉，顺地势开垦旱地水田，农业用具也主要用自然生长物做原材料，对自然危害很小。乡村传统的农业生产技术技能和经验是我国农业产业发展的重要资源，拥有传统农业生产知识的从业人员是我国农业发展的宝贵财富，也是我们需要尊重、保护和壮大的人才群体。现代农业不是抛弃传统农业的理念和方式，二者是继承与发扬的关系。对于传统农业生产活动中的各种工艺技术，我们要珍惜、要学习、要使用。要鼓励农民将传统耕作技术广泛应用于农业生产活动中。要加强对他们的耕种技术的收集与整理，鼓励年轻人学习这些耕种技术。我们要加强与传统农业生产有关的物质文化遗产的保护和非物质文化遗产的保护。我们要加强对乡村拥有传统农业生产技术技能的从业人员的保护，支持他们采用传统的农耕生产技术精耕细作。政府可以通过财政资金支持乡村田间道路、农田水利设施建设，加强相关农产品的市场推广和销售，加强数字技术与传统农业生产活动的融合，为传统农业生产技术技能的推广使用提供更好条件。

12　鼓励社会各界投身乡村建设

12.1　鼓励城市人才投身乡村建设

畅通城市人才投身乡村建设的渠道。乡村振兴不应当只是乡村群众的舞台，就像当年城市改革开放一样，也为广大农村群众提供了广阔的舞台和工作机会，成为多年来乡村发展的外部动力。从乡村外部引进人才是解决乡村振兴人才短缺的重要渠道。乡村要吸引更多的人才就不应当把愿意来的人才排除在外。我们应当给所有愿意参加乡村建设的人一个公平的机会，这也是建设共同富裕社会的需要①。

从乡村外部引进现代农业人才是乡村农业人才培育的重要途径。现代农业的发展需要具有现代农业科学技术知识的现代农业从业人才队伍。畅通高等院校科研院所农业以及相关专业毕业生到乡村就业工作的渠道，支持这些毕业生到乡村创业就业，是壮大乡村产业人才队伍的重要渠道。乡村产业发展所需的各个专业的大学生，可以为乡村各个产业的发展提供人才保障，为农村产业发展提供新鲜血液。随着这些人才源源不断地来到乡村，乡村产业从业人员队伍的素质、能力将会得到根本性提升。

要形成科学合理的乡村人才流入机制，引导各类人才理性流向乡村②。我们要破除限制、制约乡村外部人才流入乡村的各种不合时宜的政策制度，适应乡村振兴新形势，营造吸引乡村外部人才参与乡村振兴建设的政策环境③。打破制度的藩篱，扩大选才范围，为社会有识之士提供一个创业的平台，助推形成人才、土地、资金、产业汇聚于乡村的良性循环④。

---

①　何忠国. 以乡村人才振兴推进农业农村现代化 [J]. 光明日报, 2018-10-29 (06).
②　罗俊波. 推动乡村振兴需补齐"人才短板"[J]. 人民论坛, 2018 (30)：72-73.
③　卞文忠. 别让"人才短板"制约乡村振兴 [J]. 人民论坛, 2019 (1)：76-77.
④　李群峰，侯宏伟. 返乡创业精英如何引领乡村振兴：缘起、机理分析与隐忧 [J]. 世界农业, 2019 (8)：11-16.

要通过各种渠道引进乡村经济社会文化发展所需的各种专业技术人才①。

为城市国有企业、党政机关、事业单位以及其他人才参与乡村建设提供便利和机会。随着党和国家共同富裕理念深入人心，越来越多的企业和事业单位以及个人参与乡村建设，实现全民共同富裕的愿望越来越强烈。让国有企业积极承担社会责任，让机关公务员利用业余时间支援乡村建设，与乡村缺乏致富能力的家庭结对子，对其进行帮扶。让事业单位的个人发挥自己的专业特长来支持乡村建设②。为城市民营企业参与乡村建设牵线搭桥，让他们把企业发展与乡村发展紧密结合起来。

探索各类人才服务乡村建设的可行途径。鼓励通过促进成果转化、政府购买服务等方式，引导退休农业专家、科研人员投身乡村振兴。落实乡镇工作补贴标准逐步提高机制，落实农业有毒有害保健津贴、畜牧兽医医疗卫生津贴等待遇。探索公益性推广与经营性服务融合发展机制，引导农技人员提供增值服务并合理取酬③。落实小额贷款税收优惠政策，对符合条件的家庭农场等新型农业经营主体按规定给予小微企业税收优惠。提供乡村人才社会福利保障，引导符合条件的新型职业农民参加城镇职工养老、医疗等社会保险，制定返乡入乡创新创业人员参加相应的社会养老保险政策④。深入研究资本下乡问题，引导社会资本有序参与乡村建设，让广大工商业从业人员有机会下乡参与乡村建设。既要让工商资本有用武之地，又要防止资本伤害普通劳动者和农民的利益。要探索乡村共同富裕的可行路径。联合四川省相关县市区开展乡村振兴专家服务基地建设，签订专家资源共享协议，搭建专家服务基层平台。

继续实施"三区"人才支持计划。四川省甘孜、阿坝、凉山是全省乡村发展比较滞后的地区，本土人力资源匮乏是乡村发展滞后的重要原因。为这些地区引入更多外来人才是推动这些地方乡村振兴建设的迫切需要。四川省的革命老区也存在乡村建设普遍滞后的问题，本地人才外流严重，为这些地方引入外地人才也是当地经济社会发展的需要。鼓励全国大学毕业生到四川省边远地区、少数民族地区和革命老区参与乡村建设，为他们融入当地生产和生活创造良好条件。继续在这些地区实行大学生村官制

---

① 袁金辉. 推动多元力量参与乡村振兴［J］. 中国党政干部论坛，2018（10）：65-68.

② 中共中央 国务院关于抓好"三农"领域重点工作确保如期实现全面小康的意见［EB/OL］.（2020-02-05）［2022-08-08］. https://www.gov.cn/zhengce/2020-02/05/content_5474884.htm.

③ 赵秀玲. 乡村振兴下的人才发展战略构想［J］. 江汉论坛，2018（4）：10-14.

④ 刘坤. 乡村振兴与职业教育研究［J］. 乡村科技，2020（6）：42-43.

度，继续在这些地区开展"三支一扶"行动，为非本土大学生参与乡村建设打开方便之门，提供创业就业机会；允许外来大学生在这些地方落户和安家，为大学生在这些地方创业提供全方位服务与支持。

发挥好乡贤在乡村治理和产业发展中的积极作用。要吸引乡贤回乡建设家乡。乡贤主要是指那些有一定资产、有较高文化水平、有高尚道德情操、有理想和情怀的社会群体①。乡村要振兴，就需要充分发挥具有经济发展推动能力的乡贤的作用，需要充分发挥乡村治理能人类乡贤的作用，要给这些乡贤以舞台和职责。要让这些乡贤流入乡村，就需要我们从社会治理、经济、文化各个方面着力，形成推动乡贤服务乡村建设的合力。政府应当通过人力资源管理制度改革创新，通过柔性人才引进等政策引导乡贤将一部分精力和财力用于乡村经济社会发展和建设。

要建立民主科学的乡贤荐举评价机制。采取从下到上和从上到下等多种方式举荐乡贤候选人，实行公开公平公正的民主评选制度，广泛听取相关部门和广大群众的意见。要建立各村乡贤吸纳机制，让退休干部、高级知识分子、社会贤达、企业家乐于载誉回乡，为家乡发挥自己的才能。要为乡贤参与乡村治理、参政议政、参与乡村文化建设、参与乡村经济建设提供渠道和机会。畅通各界人士报效乡梓的渠道，鼓励支持原籍企业家、专家学者、人大代表、政协委员、经济文化能人等群体，以投资兴业、援建项目、助学助教等多种方式反哺故里②。乡村教师也是乡村乡贤的重要组成部分③。增加各级人大代表、政协委员中农业企业家的比例。充分发挥群团组织和民主党派的优势，共同推动乡村振兴。积极引导和支持退休干部、知识分子和工商界人士等新乡贤返乡。实施"夕阳红"示范工程，鼓励老年人积极参与乡村振兴。探索设立乡贤参事会、乡村发展顾问团等乡村新型岗位，支持专家学者、退休干部、致富能人等下乡服务，为乡村治理解难纾困④。每个乡每个村都有乡贤，通过乡贤的人脉、资源，对接产业项目，吸引产业资金回归乡村。产业项目的投资要按市场化运作，鼓励引导民间工商资本参与乡村振兴。

---

① 钱再见，汪家焰."人才下乡"：新乡贤助力乡村振兴的人才流入机制研究［J］.中国行政管理，2019（2）：92-97.
② 焦长权，周飞舟."资本下乡"与村庄的再造［J］.中国社会科学，2016（1）：100-116.
③ 肖正德.论乡村振兴战略中乡村教师的新乡贤角色［J］.教育研究，2020（11）：135-144.
④ 徐军海.为乡村振兴提供人才支撑［J］.唯实，2020（6）：38-40.

12.2 用好东部省份对口支援

东西部协作和对口支援是西部地区乡村振兴的重要力量。东部相对发达省份对口支援中西部欠发达省份是国家实现东中西部均衡发展的重大战略。多年来，四川省依托这一战略，将东部省份的一部分资源引入四川省，对四川省边远地区、少数民族地区和革命老区经济社会发展起到了重要作用。今后我们还要继续做好这项工作，主动对接对口帮扶四川省的浙江省和广东省。抓好抓实东西部扶贫协作和对口支援行动。加强与浙江、广东两省的沟通对接，围绕脱贫攻坚和乡村振兴目标，全力做好产业合作、劳务协作和人才支援。

浙江省和广东省民营经济发达，浙江省还是国家共同富裕的试点省份，在发展民营经济和数字经济方面拥有成功经验。我们要主动与浙江省和广东省政府沟通交流，邀请他们组织民营企业团队来四川省考察投资，邀请市县相关部门为四川省民营企业开展如何发展民营企业方面的培训，邀请浙江省和广东省民营企业来四川省乡村投资农业产业开发。

当然浙江省和广东省党政班子也会认真贯彻落实党中央和国务院的这项重大战略，积极与我们对接，我们要把我们乡村建设中存在的问题和遇到的困难与他们充分沟通，方便他们对症下药，找到合适的解决办法。四川省是农业产业大省，拥有丰富的具有地方特色的农产品和地道中药材，但是在农产品品牌化、产业规模化、网络营销方面却做得不够好。而浙江省和广东省则在农产品品牌化、产业规模化和农产品电子商务方面拥有成功经验，我们要请他们在这些方面多开展一些针对四川省农业农村群体和组织的专题培训，培养这方面的本土人才和本土企业。鼓励支持浙江省和广东省企业家来四川省乡村投资兴办农业产业方面的企业，开拓农产品出口市场，打通四川省农产品海外市场。

强化对帮扶地区的人才支持。积极探索智力帮扶新模式，通过挂职锻炼、专题培训、继续教育、结对帮扶等形式，把帮扶项目的建设运营与人才培养结合起来，进一步加大援受双方互派党政干部、教师、医生等人才交流力度。东部地区可以针对四川省帮扶县区乡村人才需要，加大各类人才选派和接收力度，做好人才的挂职交流和培训工作，并且要向边远贫困地区倾斜。

深化教育医疗领域扶贫协作。针对四川省对口帮扶县区被帮扶学校、医院的薄弱环节，通过人才培训、学科建设、资源共享、远程教育、远程医疗等方式开展帮扶活动，切实提升被帮扶学校、医院的发展水平。实施"三结合"帮扶举措，即：前方专家帮扶和后方专家指导，前后结合；技术帮扶和管理帮扶，技管结合；人才长期派驻和不定期往来，定柔结合。推动组团式帮扶往深里走、往实里走、往基层走。

参考文献

《关于加快构建政策体系培育新型农业经营主体的实施意见（征求意见稿）》公开征求意见 ［EB/OL］.（2018-05-30）［2022-08-08］. https://www.sc.gov.cn/10462/10771/10795/12400/2018/5/30/10452605.shtml.

卞文忠，2019. 别让"人才短板"制约乡村振兴 ［J］. 人民论坛（1）：76-77.

蔡弘，黄鹂，2016. 谁来种地？：对农业劳动力性别结构变动的调查和思考 ［J］. 西北农林科技大学学报（2）：104-112.

曹江宁，2019. 中国战略性新兴产业发展评价与路径选择研究 ［M］. 北京：经济科学出版社.

陈龙，方兰，2017. 试论新常态下的农业供给侧结构性改革 ［J］. 西北农林科技大学学报（社会科学版）（6）：25-31.

陈锡文，2021. 乡村振兴应注重发挥好乡村功能 ［N］. 社会科学报，2021-03-11.

陈晓红，蔡宗朝，2020. 职业教育服务乡村振兴战略路径探索与实践 ［J］. 职业技术（11）：22-27.

陈学云，程长明，2018. 乡村振兴战略的三产融合路径：逻辑必然与实证判定 ［J］. 农业经济问题（11）：91-100.

陈英，2018. 多方着力破解乡村振兴人才瓶颈 ［N］. 湖南日报，2018-11-07.

丁卓智，李子涵，许婷婷，等，2020. 以合作社为平台科技支撑乡村人才振兴的现状及对策 ［J］. 农业科技管理（4）：9-14.

杜佳，2020. 乡村振兴战略下人才强农路径研究 ［J］. 农村经济与科技（16）：247-248.

杜林，2015. 四川省农村党员教育培训问题研究 ［D］. 成都：西南交通大学.

方伟，杨震宇，梁俊芬，2018. 基于 SFA 模型的广东省农业现代化示范区技术经济效率测评及改进策略［J］. 南方农业学报（6）：1249-1255.

方应波，易文芳，王艳君，2021. 乡村振兴视角下的高职院校涉农人才培养［J］. 教育与职业（4）：47-51.

冯俊锋，2017. 乡村振兴与中国乡村治理［M］. 成都：西南财经大学出版社.

高桂华，张南，2013. 数据包络分析方法的应用：以内蒙古农业循环经济分析为例［J］. 内蒙古农业大学学报（社会科学版）（1）：159-163.

高鸣，武昀寰，邱楠，2018. 乡村振兴战略下农村人才培养：国际经验视角［J］. 世界农业（8）：176-182.

谷今，2018. 大学生创新创业与乡村振兴战略融合的实践探索［J］. 知识经济（17）：17-18.

郭铖，2019. 中国农民涉农创业［M］. 北京：经济科学出版社.

郭军，张效榕，孔祥智，2019. 农村一二三产业融合与农民增收：基于河南省的农村一二三产业融合案例［J］. 农业经济问题（3）：135-144.

郭晓鸣，张克俊，虞洪，等，2018. 实施乡村振兴战略的系统认识与道路选择［J］. 农村经济（1）：11-20.

国务院办公厅关于清理规范各类职业资格相关活动的通知［EB/OL］.（2008-03-28）［2022-08-08］. https://www. gov.cn/zhengce/content/2008-03/28/content_6634.htm.

何金梅，刘芬华，何强，2020. 乡村振兴战略初期新型职业农民多元主体重塑［J］. 经济与管理（3）：62-69.

何忠国，2018. 以乡村人才振兴推进农业农村现代化［J］. 光明日报，2018-10-29（06）.

贺喜灿，2009. 农村公共服务人员要提高六个方面的能力［J］. 中国人才（4）：59-60.

贺雪峰，2015. 老人农业：留守村中的"半耕"模式［J］. 国家治理（30）：43-48.

贺雪峰，2017. 谁的乡村建设：乡村振兴战略的实施前提［J］. 探索与证明（12）：71-76.

洪文滨，2020. 乡村振兴看浙江［M］. 北京：社会科学文献出版社.

洪雨萍，2019. 乡村人才振兴从外推转向内生的必要性和路径：以湛江乡村振兴发展为例［J］. 继续教育研究（4）：45-55.

胡小武，2019. 市场理性与文化乡愁：乡村振兴战略中的青年镜像与群体心态［J］. 中国青年研究（9）：5-10.

胡永万，2017. 为推进乡村振兴提供有力的人才支撑 [J]. 农村工作通讯 (24)：27-30.

黄建颉，罗兴录，2020. 乡村振兴背景下新型农业人才培养探讨 [J]. 农学学报，10 (5)：97-100.

季雨亭，郑兴明，2021. 习近平关于农民主体地位重要论述的三重维度 [J]. 福建农林大学学报（哲学社会科学版）(6)：21-27.

姜长云，2015. 推进农村一二三产业融合发展，新题应有新解法 [J]. 中国发展观察 (2)：8-22.

蒋高明，2019. 乡村振兴选择与实践 [M]. 北京：中国科学技术出版社.

焦长权，周飞舟，2016. "资本下乡" 与村庄的再造 [J]. 中国社会科学 (1)：100-116.

教育部等六部门关于加强新时代乡村教师队伍建设的意见 [EB/OL]. (2020-09-04) [2022-08-08]. https://www.gov.cn/zhengce/zhengceku/2020-09/04/content_5540386.htm.

解读：《四川省县（市、区）实施乡村振兴战略分类考评激励办法》[EB/OL]. (2021-11-15) [2022-08-08]. https://www.sc.gov.cn/10462/10464/13298/13303/2021/11/15/4fa17bb0755 344478414708119cc3683.shtml.

孔祥智，等，2018. 乡村振兴的九个维度 [M]. 广州：广东人民出版社.

赖德胜，陈建伟，2018. 人力资本与乡村振兴 [J]. 中国高校社会科学 (6)：21-28.

李博，2020. 乡村振兴中的人才振兴及其推进路径 [J]. 云南社会科学 (4)：137-143.

李成吾，2019. "五位一体" 培养乡村振兴人才 [J]. 农村·农业·农民 (10B)：13-15.

李建兴，2015. 乡村变革与乡贤治理的回归 [J]. 浙江社会科学 (7)：82-87.

李俊霞，2020. 四川乡村振兴人才支撑战略研究 [M]. 成都：西南财经大学出版社.

李俊霞，曾佳，李志遥，等，2019. 四川乡村振兴人才支撑能力现状及对策研究 [J]. 四川农业与农机 (6)：16-19.

李娜，李文生，2021. 乡村振兴背景下农村实用人才队伍建设路径研究 [J]. 山西农经 (2)：9-10.

李宁，2018. 乡村振兴背景下推进人才强农战略路径研究 [J]. 农业经济

（10）：95-96.

李群峰，侯宏伟，2019. 返乡创业精英如何引领乡村振兴：缘起、机理分析与隐忧 [J]. 世界农业 (8)：11-16.

李文明，2014. 中国农民发展的现实困境与改革路径 [J]. 农业经济问题 (6)：10-15.

李越恒，2016. 新型城镇化视角下的农村人力资本投资效率研究 [J]. 农业经济 (2)：62-64.

刘爱玲，薛二勇，2018. 乡村振兴视域下涉农人才培养的体制机制分析 [J]. 教育理论与实践 (33)：3-5.

刘春桃，柳松，2018. 乡村振兴战略背景下农业类高校本科人才培养模式改革研究 [J]. 高等农业教育 (6)：16-21.

刘坤，2020. 乡村振兴与职业教育研究 [J]. 乡村科技 (6)：42-43.

刘馨，2018. 关于乡村人才振兴的研究 [J]. 农场经济管理 (10)：18-22.

刘玉娟，丁威，2018. 乡村振兴战略中乡村人才作用发挥探析 [J]. 大连干部学刊 (8)：11-17.

卢秋萍，2016. 我国农村人口老龄化对农业经济的影响研究 [J]. 改革与战略 (5)：88-91.

罗俊波，2018. 推动乡村振兴需补齐 "人才短板" [J]. 人民论坛 (30)：72-73.

罗骏，贺意林，2017. "农业共营制" 下土地股份合作社资金融通模式：以四川省崇州市为例 [J]. 农村经济 (7)：83-89.

罗敏，2019. 从 "离乡" 到 "返乡"：青年参与乡村振兴的行动逻辑 [J]. 中国青年研究 (9)：11-17.

罗嗣亮，2021. 乡村文化振兴要处理好五对关系：基于习近平相关重要论述的分析 [J]. 党的文献 (6)：48-53.

吕辉，2020. 广东省乡村振兴人才支撑的思考 [J]. 南方农机，51 (15)：71-72.

蒙颖，2020. 乡村人才振兴实现路径研究 [J]. 农村经济与科技 (11)：14-16.

孟祥海，徐宏峰，2018. 乡村振兴战略下双创农民培育提升策略研究 [J]. 云南民族大学学报（哲学社会科学版）(6)：59-65.

缪雄，卢先明，2021. 乡土人才成长发展的动力因素评价体系构建 [J]. 现代农业 (2)：6-8.

农业部办公厅关于进一步加强农产品加工业人才队伍建设的意见 [EB/

OL]. (2017-12-19) [2022-08-08]. https://www.moa.gov.cn/nybgb/2015/jiuqi/201712/t20171219_6103776.htm.

农业部关于印发《"十三五"全国新型职业农民培育发展规划》的通知 [EB/OL]. (2017-12-27) [2022-08-08]. http://www.moa.gov.cn/nybgb/2017/derq/201712/t20171227_6131209.htm.

农业部关于印发《现代农业人才支撑计划项目资金管理办法》的通知 [EB/OL]. (2018-05-15) [2022-08-08]. https://www.moa.gov.cn/nybgb/2018/201802/201805/t20180515_6142136.htm.

蒲实, 孙文营, 2018. 实施乡村振兴战略背景下乡村人才建设政策研究 [J]. 中国行政管理 (11): 90-93.

钱再见, 汪家焰, 2019. "人才下乡": 新乡贤助力乡村振兴的人才流入机制研究 [J]. 中国行政管理 (2): 92-97.

阙芳菲, 2019. 乡村振兴背景下湖南乡土人才队伍建设研究 [J]. 科技经济导刊 (27): 239.

单振生, 2020. 乡村振兴人才需求侧和供给侧锻造 [J]. 淮南师范学院学报 (4): 41-45.

省委省政府印发《关于坚持农业农村优先发展推动实施乡村振兴战略落地落实的意见》[EB/OL]. (2019-03-07) [2022-08-08]. https://www.sc.gov.cn/10462/10464/10797/2019/3/7/4364e6fbce8041d68b57c02de7dd3737.shtml.

石学军, 王绍芳, 2020. 新时代视阈下乡村人才成长机理与振兴路径选择 [J]. 辽宁工业大学学报 (社会科学版) (1): 111-115.

税国洪, 刘银, 2020. 乡村振兴女性人才生态环境理性审视 [J]. 重庆社会科学 (8): 136-144.

四川省"十四五"推进农业农村现代化规划 [EB/OL]. (2021-07-26) [2022-08-08]. https://www.sc.gov.cn/10462/zfwjts/2021/7/26/4027648ea73543adadc03c0172d50948.shtml.

四川省出台推进乡村振兴战略实绩考核办法 [EB/OL]. (2021-03-17) [2022-08-08]. https://www.sc.gov.cn/10462/10464/10797/2021/3/17/a3cabc68211f4535badc50a2568fc514.shtml.

四川省发展改革委员会. 四川省乡村振兴战略规划 (2018—2022年) [EB/OL]. (2020-04-01) [2022-08-08]. https://fgw.sc.gov.cn/sfgw/njzc/2020/4/1/a66d12f9c2524fd78397756ceee4d5e9.shtml.

四川省人民政府办公厅关于加快新型职业农民培育工作的意见 [EB/OL].

(2015－08－26)［2022－08－08］. https：//www.sc.gov.cn/10462/10883/11066/2015/8/26/10349945.shtml.

四川省实施乡村振兴战略考评激励办法出台［EB/OL］.（2018－11－09）［2022－08－08］. https：//www.sc.gov.cn/10462/10464/10797/2018/11/9/10462556.shtml.

宋才发，2020. 传统文化是乡村振兴的根脉和基石［J］. 青海民族研究（4）：36-43.

宋欢，2019. 乡村振兴战略背景下大学生返乡创业研究［J］. 教育与职业（22）：58-61.

苏昕，刘昊龙，2017. 农村劳动力转移背景下农业合作经营对农业生产效率的影响［J］. 中国农村经济（5）：58-72.

苏于君，2020. 发展职业教育 为乡村振兴提供人才支撑［N］. 经济日报，2020-12-02.

孙少磊，周雪松，黄勇，2019. 关于乡村人才培育的思考［J］. 农业农村部管理干部学院学报（36）：12-17.

谭金芳，张朝阳，孙育峰，等，2018. 乡村振兴战略背景下人才战略的理论内涵和制度构建［J］. 中国农业教育（6）：17-22.

唐语琪，那晴，尹俊梅，等，2020. 乡村振兴人才队伍建设存在的问题与对策研究［J］. 农业科研经济管理（2）：41-43.

唐忠，陈卫平，2019. 深化农村改革，推动乡村振兴［J］. 中国农村经济（2）：137-144.

腾明雨，2019. 乡村振兴战略下"一懂两爱"人才培养理论实践研究［M］. 北京：中国社会科学出版社.

田真平，王志华，2019. 乡村振兴战略下职业教育与农村三产融合发展的耦合［J］. 职教论坛（7）：19-25.

图解：《四川省人民政府办公厅关于加强农业职业经理人队伍建设的意见》［EB/OL］.（2018-05-29）［2022-08-08］. https：//www.sc.gov.cn/10462/10464/13298/13300/2018/5/29/10452073.shtml.

汪三贵，2020. 脱贫攻坚与精准扶贫：理论与实践［M］. 北京：经济科学出版社.

王秉安，2019. 乡村振兴与高校人才培养模式创新［M］. 厦门：厦门大学出版社.

王富忠，2020. 乡村振兴战略视域下乡村人才机制建设研究［J］. 农村经济（8）：48-49.

王肖芳，2018. 农民工返乡创业集群驱动乡村振兴：机理与策略 ［J］. 南京农业大学学报（社会科学版）（6）：101-108.

王轶，熊文，2018. 返乡创业：实施乡村振兴战略的重要抓手 ［J］. 中国高校社会科学（6）：6-8.

吴一鸣，2019. 乡村振兴中职业教育的"角色"担当 ［J］. 现代教育管理（11）：106-110.

吴振华，2019. 教育与农村居民增收研究 ［M］. 北京：经济科学出版社.

吴忠权，2018. 基于乡村振兴的人力资本开发新要求与路径创新 ［J］. 理论与改革（6）：44-52.

习近平，2019. 把乡村振兴战略作为新时代"三农"工作总抓手 ［J］. 社会主义论坛（7）：4-6.

习近平，2022. 坚持把解决好"三农"问题作为全党工作重中之重 举全党全社会之力推动乡村振兴 ［J］. 乡村振兴（4）：8-15.

肖正德，2020. 论乡村振兴战略中乡村教师的新乡贤角色 ［J］. 教育研究（11）：135-144.

谢俐，彭振宇，2019. 高等职业院校在脱贫攻坚战中的作用与贡献 ［J］. 中国职业技术教育（34）：5-8.

徐军海，2020. 为乡村振兴提供人才支撑 ［J］. 唯实（6）：38-40.

薛金林，戴青华，姚雪霞，2019. 高等农业院校新工科建设分析与路径 ［J］. 高等农业教育（2）：15-19.

严先锋，毛挺刚，2020. 乡村振兴背景下高职院校服务社会能力提升策略研究 ［J］. 经济研究导刊（10）：25-26.

晏育伟，何秀古，刘建峰，等，2020. 人才下沉 科技下乡 为脱贫攻坚和乡村振兴提供科技支撑：广东省农业科学院农村科技特派员工作探索与实践 ［J］. 广东农业科学，47（11）：264-270.

杨帆，梁伊馨，2021. 职业化发展：民族地区乡村振兴的人才困境与路径选择 ［J］. 民族学刊（4）：57-63.

叶惠娟，2019. 乡土人才开发的途径、制约及策略分析 ［J］. 佳木斯职业学院学报（4）：54.

雍支康，梁胜朝，白宇川，2019. 基于乡村振兴视角的农村人力资源现状调查研究：以四川省梓潼县为例 ［J］. 中国西部（1）：89-93.

袁金辉，2018. 推动多元力量参与乡村振兴 ［J］. 中国党政干部论坛（10）：65-68.

岳健鹰，刘学录，2018. 基于超效率 DEA 模型的农用土地利用效率分析：

以甘肃省庆阳市为例 [J]. 甘肃农业大学学报 (2)：127-143.

曾阳，2019. 乡村振兴战略下职业教育服务城乡融合发展的路径研究 [J].
国家教育行政学院学报 (2)：23-30.

曾远东，王威，李学术，等，2017. 基于 DEA 模型的西部地区农业生产效
率研究 [J]. 山东农业大学学报（社会科学版）(1)：37-44.

张富刚，刘彦随，2008. 中国区域农村发展动力机制及其发展模式 [J].
地理学报 (2)：115-122.

张海燕，2021. 培育新型职业农民 夯实乡村振兴人才支撑 [N]. 山西党校
报，2021-05-25 (03).

张怀英，2018. 农村创业助推乡村振兴的模式选择及其实现机制 [J]. 吉
首大学学报（社会科学版）(3)：92-98.

张军，2018. 乡村价值定位与乡村振兴 [J]. 中国农村经济 (1)：2-10.

张开，王声啸，郑泽华，等，2021. 习近平新时代中国特色社会主义经济
思想研究新进展 [J]. 政治经济学评论 (4)：140-166.

张瑞娟，2017. 农村人口老龄化影响土地流转的区域差异及比较 [J]. 农
业技术经济 (9)：14-23.

张雅光，2018. 新时代乡村人力资本现状及开发对策研究 [J]. 中国职业
技术教育 (36)：61-66.

赵光勇，2018. 乡村振兴要激活乡村社会的内生资源："米提斯" 知识与认
识论的视角 [J]. 浙江社会科学 (5)：63-69.

赵卫东，2020. 高素质农民培育为乡村振兴提供人才支撑 [J]. 江苏农村
经济 (9)：49-50.

赵晓峰，马锐，2019. 乡村治理的理论创新及其实践探索："落实乡村振兴
战略，推进乡村治理体制机制创新" 研讨会综述 [J]. 中国农村经济
(2)：131-136.

赵秀玲，2018. 乡村振兴下的人才发展战略构想 [J]. 江汉论坛 (4)：
10-14.

赵月枝，沙垚，2018. 被争议的与被遮蔽的：重新发现乡村振兴的主体
[J]. 江淮论坛 (6)：34-40.

郑传东，2020. 高职院校服务乡村振兴战略的实践路径 [J]. 现代农村科
技 (11)：118-120.

中共四川省委 四川省人民政府：关于全面实施乡村振兴战略开启农业农村
现代化建设新征程的意见 [EB/OL]. (2021-03-24) [2022-08-08].
https://www.sc.gov.cn/10462/10464/10797/2021/3/24/e6c67319234d4

edf864fa5ba8322d709.shtml.

中共四川省委 四川省人民政府：关于实施乡村振兴战略开创新时代"三农"全面发展新局面的意见［EB/OL］.（2018-02-08）［2022-08-08］. https://www.sc.gov.cn/10462/10464/10797/2018/2/8/10444762.shtml.

中共四川省委 四川省人民政府：关于推进"三农"工作补短板强弱项 确保如期实现全面小康的意见［EB/OL］.（2020-03-31）［2022-08-08］. https://www.sc.gov.cn/10462/10464/10797/2020/3/31/2cac376276e843a89a0b177f11b5d1e0.shtml.

中共四川省委关于集中力量打赢扶贫开发攻坚战 确保同步全面建成小康社会的决定［EB/OL］.（2015-07-16）［2022-08-08］. https://www.gov.cn/10462/12771/2015/7/16/10343771.shtml.

中共中央 国务院关于全面推进乡村振兴加快农业农村现代化的意见［EB/OL］.（2021-02-21）［2022-08-08］. https://www.gov.cn/zhengce/2021-02/21/content_5588098.htm.

中共中央 国务院关于实施乡村振兴战略的意见［EB/OL］.（2018-02-04）［2022-08-08］. https://www..gov.cn/zhengce/2018-02/04/content_5263807.htm.

中共中央 国务院关于抓好"三农"领域重点工作确保如期实现全面小康的意见［EB/OL］.（2020-02-05）［2022-08-08］. https://www.gov.cn/zhengce/2020-02/05/content_5474884.htm.

中共中央 国务院印发《乡村振兴战略规划（2018—2022 年）》［EB/OL］.（2018-09-26）［2022-08-08］. https://www.gov.cn/xinwen/2018-09/26/content_5325534.htm.

中共中央办公厅 国务院办公厅印发《关于加快构建政策体系培育新型农业经营主体的意见》［EB/OL］.（2017-05-31）［2022-08-08］. https://www.gov.cn/zhengce/2017-05/31/content_5198567.htm.

中共中央办公厅 国务院办公厅印发《关于加快推进乡村人才振兴的意见》［EB/OL］.（2021-02-23）［2022-08-08］. https://www.gov.cn/zhengce/2021-02/23/content_5588496.htm.

中共中央办公厅印发《2019—2023 年全国党员教育培训工作规划》［EB/OL］.（2019-11-11）［2022-08-08］. https://www.gov.cn/zhengce/2019-11/11/content_5450978.htm.

中共中央关于制定国民经济和社会发展第十四个五年规划和二〇三五年远景目标的建议［EB/OL］.（2020-11-03）［2022-08-08］. https://www.

gov.cn/zhengce/2020-11/03/content_5556991.htm.

周倩，许传新，2018. 农民工返乡创业与乡村振兴关系解析 [J]. 中南林业科技大学学报（社会科学版）（6）：68-73.

周伟，徐军田，2020. 乡村振兴战略下新农科人才培养教育改革思考 [J]. 科学咨询（45）：56.

周晓光，2019. 实施乡村振兴战略的人才瓶颈及对策建议 [J]. 世界农业（4）：32-37.

转发国家发展改革委等 16 部委《关于推动公共实训基地共建共享的指导意见》的通知（1）[EB/OL].（2021-03-09）[2022-08-08]. http://www.nanhu.gov.cn/art/2021/3/9/art_1229493426_59020426.html.

邹进泰，卢青，2021. 以人才振兴支撑乡村振兴 [N]. 湖北日报，2021-05-28.

后记

本书是四川省社会科学研究规划项目"四川乡村振兴人才成长环境和培养路径研究"成果。

民族要复兴，乡村必振兴。当前，我国正处于大力实施乡村振兴战略的新时代，乡村振兴内容丰富，涉及经济、社会、文化、生态各个方面，是全方位的乡村建设。乡村振兴，人才是关键。为四川省乡村振兴提供充足的源源不断的人才是四川省乡村振兴的基础和前提。怀着一颗投身祖国乡村振兴时代洪流的报国之心，课题组全体成员潜心于该问题的辛勤研究之中。

《四川乡村振兴人才成长环境和培养路径研究》一书在撰写过程中，得到了很多单位、专家学者、同事和朋友的关心、支持与帮助，值得我一一感谢。

首先，要感谢老一辈专家学者对课题研究的指导与帮助。感谢课题顾问四川著名区域经济专家杜肯堂教授在课题申报、专著写作过程中的悉心指导。

其次，感谢眉山职业技术学院院长徐井万研究员在课题研究过程中整合各种研究资源，为研究和撰写专著发挥了积极的建设性作用。

再次，感谢四川省社会科学规划办公室对课题研究的指导与帮助。在本书的撰写过程中，四川省社会科学规划办公室领导给予了大力支持和帮助。感谢他们在与相关政府部门对接、资料收集、实地调研方面提供的帮助与支持。

特别感谢黄昭昭博士、四川省社会科学院郭晓鸣研究员。他们为本书撰写出主意、想办法、提建议、做修改，付出了大量心血。

由于撰写时间仓促，书中难免有疏漏和舛误，敬请各位读者指正。

2022 年 5 月